Peter Bamm:

Frühe Stätten der Christenheit

Knaur

Dieses Buch ist das Ergebnis zweier Orientreisen, die der Autor in den Jahren 1952 und 1953 im Auftrag des Nordwestdeutschen und des Bayerischen Rundfunks unternommen hat.

ISBN 3-426-03042-0 780

Inhalt

In Memoriam
Anna Reinach

»Am Anfang schuf Gott Himmel und Erde ...«

Mit dem ersten Kapitel des ersten Buches Mosis beginnt nicht nur die Welt, sondern zugleich auch die Weltgeschichte. Adam ist eine historische Persönlichkeit.
Anderthalb Jahrtausende lang war es das Ziel der europäischen Wissenschaft, die Wahrheit der Bibel zu erforschen und ihre Wahrheiten mit der griechischen Philosophie in Übereinstimmung zu bringen. Aus Antike und Christentum ist Europa entstanden.
Die Bibel ist das am weitesten verbreitete und das am meisten gelesene Buch der Weltliteratur. Auch der Islam rechnet große Teile der Bibel zu seinen heiligen Schriften. Nach dem Propheten Mohammed sind der Menschheit einhundertundvier Offenbarungen zuteil geworden. Davon seien vier erhalten geblieben – der Pentateuch des Moses, die Psalmen Davids, das Evangelium Jesu und der Koran Mohammeds. Isa ben Mirjam, Jesus, Sohn der Maria, ist ein Prophet des mohammedanischen Glaubens.
Für eine Reise in die Vergangenheit des Abendlandes ist die Bibel als Quelle unersetzlich.

Die Religionen des alten Orient lassen den Kosmos aus dem Chaos entstehen. Der Kosmos, das Geordnete, entsteht aus etwa Vorhandenem, dem Chaos, dem Ungeordneten. Das Chaos gehört zur Natur. Im altbabylonischen Schöpfungsbericht ist das Chaos symbolisiert in Tiamat, einem weiblichen Drachen. Es ist ein Symbol von archaischer Schrecklichkeit. Tiamat wird von dem Gott Marduk erschlagen. Aus der Leiche Tiamats wird das Weltall geformt. Dieser Mythos bewahrt das Bewußtsein, daß im Kosmos das Chaos enthalten ist.
Diesem Bewußtsein entspricht die Annahme der modernen Physik, daß im Bereich der Atome absolute Unordnung herrsche und alle Ereignisse, die sich aus den Bewegungen von Atomen ergäben, ein Ergebnis des Zufalls seien. Der Marduk der Physik, der Ordnung in das Chaos bringt, ist die Wahrscheinlichkeitsrechnung, diejenige Mathematik, welche die Gesetze formuliert, denen der Zufall statistisch unterworfen ist. Zweifellos wäre der Gott Marduk eines Nobelpreises seiner Zeit wert gewesen.
Die altorientalischen Schöpfungsmythen gehen von der Voraussetzung aus, daß die Natur allumfassend sei und daß es außer der Natur im Kosmos nichts gebe. Der klassischen Naturwissenschaft des 19. Jahrhunderts lag die gleiche Idee zugrunde.

Nun besitzt aber die Menschheit seit alten Zeiten den Schöpfungsbericht des Alten Testamentes der Hebräer. Er vermittelt uns die Überlieferung von einer Idee, welche höheren Ranges ist als die Schöpfungsberichte der anderen frühen Kulturen. Der Gott des Alten Testamentes ist ein transzendenter Gott, ein Gott, der die Natur transzendiert, sie »überschreitet«, sie als solche erst erschafft.

Es ist hier nicht die Frage zu erörtern, wie der Mensch zum Bewußtsein einer solchen »über seine Natur« hinausgehenden Idee kommen kann. Es soll hier nur festgestellt werden, daß die Idee eines transzendenten Gottes, der die Welt aus dem Nichts erschafft, höheren Ranges ist als jede abstrakte, wenn auch noch so umfassende Vorstellung von der Natur.

Eine überzeugende Theorie der Entstehung des Menschen hat die Naturwissenschaft heute nicht mehr zu bieten. Nur eine astrophysikalische Hypothese der Entstehung des Weltalls gibt es noch. Für die Astrophysik ist der Schöpfungsbericht der Bibel so aktuell wie je. Die letzten Ergebnisse dieser Sternphysik stehen mit den zwei ersten Worten der Bibel in unmittelbarem Zusammenhang.

Luther, dieser unübertroffene Meister der deutschen Sprache, übersetzt mit genialer Hellsicht »Am Anfang ...«. Hieße es »Im Anfang ...«, so wäre es, philologisch gesehen, nicht auszuschließen, daß der Akt der Schöpfung sich im Ablauf unserer irdischen Zeit vollzogen habe. Die Fassung »Am Anfang ...« läßt offen, daß im Akt der Schöpfung unsere irdische Zeit miterschaffen worden ist. Genau das nimmt die neueste philosophische Forschung an. Die Einsteinsche allgemeine Relativitätstheorie besagt, daß, wenn es vor der Schöpfung keine Materie gegeben habe, es auch keinen Raum gegeben haben könne. Unser Raum ist mit der Schöpfung zugleich erschaffen worden. Auch für die Zeit, jedenfalls für unsere irdische Zeit, muß man annehmen, daß sie erst mit der Erschaffung der Welt entstanden ist.

Die Welt ist endlich. Sie hat einen Anfang gehabt. Das lehrt die moderne Physik. Die Welt wird ein Ende haben.

Wie alt die Schöpfungsgeschichte ist, wissen wir nicht. Ein herrlich geschliffener, funkelnder Diamant von archaischer Schönheit, leuchtet dieser Bericht von der Erschaffung der Welt aus der ältesten Erinnerung des Menschen über alle Jahrtausende seiner Geschichte hinweg bis in unsere Zeit hinein.

Als im Jahre 1853 in Ninive die Bibliothek des Königs Assurbanipal im Tempel des Nabu, der ein Gott der Literatur war und als Symbol den Schreibgriffel hatte, ausgegraben worden war, entdeckte man in den Keilschrifttexten zahlreiche Parallelen zu den Berichten der Bibel. Die Parallelen zwischen den sumerischen, assyrischen und babylonischen Überlieferungen auf der einen Seite und den Überlieferungen der Bibel auf der anderen Seite nahm man zum Anlaß, der Bibel ihre Originalität abzusprechen. Sie sei ein literarisches Compositum, das keinen Wert für die Überlieferung einer Offenbarung haben könne. Das ging so lange, bis die Wissenschaft die Frage stellte, worin sich die Überlieferungen unterscheiden. Allein die Hebräer hatten die Vorstellung, daß Gott der Schöpfer der Natur sei.

Diese Vorstellung ist vom ersten Augenblick, von dem an wir die Gottesidee in der hebräischen Überlieferung kennenlernen, frei von Mythologie, frei von Symbolismus, monotheistisch. Das Althebräische hat für »Göttin« nicht einmal ein Wort. Von allem Anfang an ist allein das hebräische Volk im Besitz dieser Idee höchsten intellektuellen Ranges. Dazu waren die Juden nicht allein die Träger der Gotteslehre, sie waren auch die ersten, die Theologie getrieben haben. Dabei kommt das Wort »Gehirn« im ganzen Alten Testament nicht vor.

Niedergeschrieben wurde der Schöpfungsbericht wahrscheinlich am Anfang des ersten Jahrtausends vor Christi Geburt, also in der Zeit zwischen Moses und dem König David und nur etwa hundertfünfzig Jahre vor Homer. Doch besagt in diesen alten Zeiten das Datum einer Niederschrift nichts über das Alter einer Überlieferung. Es besteht sogar guter Grund, anzunehmen, daß schon bei der Niederschrift des uns überlieferten Schöpfungsberichtes ältere schriftliche Quellen vorlagen.

Die historische Wissenschaft, die durch das systematische Studium der Quellen so große Erfolge erzielt hat, neigt dazu, die schriftliche Überlieferung zu überschätzen.

Die mündliche Überlieferung war in Zeiten, in denen die Menschen im allgemeinen noch nicht schreiben konnten, von genau so großer, wenn nicht größerer Sicherheit als die schriftliche Überlieferung. Die schriftliche Überlieferung, die das Gedächtnis an die Ereignisse zu bewahren versucht, ist nicht zuverlässiger als die mündliche Überlieferung, die die Erinnerung an die Ereignisse bewahrt.

Noch heute gibt es im Orient Gelehrte, die nicht nur den ganzen Koran auswendig können, sondern dazu noch vielbändige Kommentare. In Bethanien, wo Jesus den Lazarus von den Toten auferweckte, hat sich der Name des Lazarus in dem arabischen

Dorfnamen »el-ᶜAzarîyeh« erhalten. Die Araber hielten das L von Lazarus für den Artikel. Im Nildelta, im Lande Gosen, wo das Volk der Hebräer gesessen hat, bevor Moses es in die Wüste und in die Freiheit führte, ist ein Ortsname, San al-Hajar, erhalten geblieben, der unzweifelhaft hebräischen Ursprungs ist. In Ma'lulah, einem kleinen Flecken tief in einem Gebirgstal des nördlichen Antilibanon, sprechen, als die letzten auf dieser Erde, die Bauern noch heute aramäisch, die Sprache, die Jesus gesprochen hat.

Auch Homer war, wie die Ausgrabungen in Mykene, im Palast des Agamemnon, und in Pylos, der Heimat Nestors, gezeigt haben, nicht etwa ein Poet, der nur phantasiert hat. Er war nüchtern, genau und hatte ein glänzendes Gedächtnis. Was er in der Ilias beschrieben hat, muß dreihundert Jahre lang in mündlicher Überlieferung weitergegeben worden sein. Daß Homer nüchtern und genau ist, ist eine Voraussetzung dafür, daß er einer der großen Dichter der Weltliteratur geworden ist.

Abraham, noch vor hundert Jahren eine ganz und gar legendäre Figur, für das Bewußtsein des 19. Jahrhunderts eine Art Rübezahl der Wüste, ist unterdessen zu einer scharf konturierten, klar aus der Vergangenheit heraustretenden historischen Persönlichkeit geworden. Doch dürften nur wenige Menschen sich dessen bewußt sein, daß der Erzvater Abraham aus einer Hafenstadt von hunderttausend Einwohnern stammte, welche am Persischen Golf gelegen war, daß er der Erbe einer über tausend Jahre alten Kultur war und daß man heute auf dem Ziegelpflaster einer Gasse entlanggehen kann, auf der er als Kind gespielt hat. Ich bin diese Gasse entlanggegangen.

Abraham hat im 20. Jahrhundert gelebt. So lange ist das also noch gar nicht her. Die Forschung hat hier den Schleier der Legende durchstoßen. Sie hat eine Welt, die bisher durch diesen Schleier nur in unbestimmten Umrissen zu erkennen war, mit den trigonometrischen Landmarken der Geschichtsforschung, mit Jahreszahlen abgesteckt. Die sumerischen Könige sind älter als Abraham. Der große babylonische Gesetzgeber, König Hammurabi, ist jünger.

Wie fern Abraham dem modernen Bewußtsein noch immer ist, kann man daraus ersehen, daß er, verglichen mit einem Apostel, kaum das Gefühl erweckt, ein sehr heiliger Mann zu sein. Noch nicht einmal bei Moses ist das der Fall. Auf sehr frühen Darstellungen sind Abraham und Moses zuweilen noch mit dem Heiligenschein dargestellt. Später erscheinen sie ohne Nimbus.

Bei den Juden und bei den Moslems haben Abraham und Moses das Numinosum der Heiligkeit niemals verloren.
Das Legendäre dieser frühen Gestalten beginnt sich aufzulösen. Je deutlicher sie aus dem Nebel der Vergessenheit heraustreten, um so mehr gewinnen sie den Charakter des Sanctum zurück.
Während der westliche Mensch in die Eiswüste der modernen Naturforschung starrt, fasziniert von jedem Punkt, den die Scheinwerfer der Wissenschaft in dieser Wüste aufleuchten lassen, haben die alten humanen Wissenschaften, Archäologie und Geschichte, unserer Erinnerung ein ganzes Reich zurückerobert, in dem das Leben pulst, das Leben des Menschen in der Gloria seiner Siege und seiner Niederlagen. Dieses Reich ist unsere eigene Vergangenheit.
An welcher Stelle der biblischen Überlieferung werden Archäologie und Geschichte auf die Grenze stoßen, die sie nicht mehr werden überschreiten können?
Wenn amerikanische Archäologen heute am Berge Ararat die Arche Noahs suchen, ist das keineswegs mehr so phantastisch, wie es zunächst scheinen mag. Ich gebe zu, es ist nicht sehr wahrscheinlich, daß man Spuren der Arche finden wird, aber unmöglich ist es nicht. Es ist vorstellbar, daß man noch ein Stück der steinernen Gesetzestafeln findet, die Moses, als er vom Berge Horeb herabkam und das Volk um den goldenen Stier tanzen sah, zerschmettert hat. Die Wissenschaft besitzt Inschriften, die älter sind als die Tafeln vom Sinai.
Über die Erkenntnisse, die der Spaten der Gelehrten in künftigen Jahrzehnten aus der Erde graben wird, lassen sich keine Voraussagen machen. Wird Adams Grab gefunden werden? Gemäß einer Legende, die voll tiefen Sinnes ist, liegt Adams Grab unter dem Hügel von Golgatha. Als das Blut Christi durch eine Spalte des Felsens auf seinen Leichnam herabtropfte, ward er zum Leben erweckt.
Die archäologische Entdeckung von Adams Grab ist zwar noch unwahrscheinlicher als die Entdeckung von Noahs Arche. Aber nach der Vertreibung aus dem Paradies ist der Mensch Adam irgendwo gestorben und irgendwo begraben worden. Es ist nicht unmöglich, daß sein Grab gefunden wird.
Die Verwirrung der Geister im 19. Jahrhundert ist kein Grund anzunehmen, daß zwischen Adam und Noah eine »Entwicklung«, etwa vom »Vormenschen« zum »Vollmenschen«, stattgefunden habe oder gar, daß Adam »ein Primitiver« gewesen sei. So besteht auch kein Grund zu der Annahme, daß der Mensch

als historisches Wesen erst zwischen Adam und Noah angefangen habe. Auch wenn wir die Beweise, welche die Geschichtswissenschaft für den Nachweis der historischen Existenz Adams fordern müßte, nicht finden werden, das Fehlen dieser Beweise ist kein Beweis dafür, daß Adam als historische Persönlichkeit nicht existiert habe. Mit der Vertreibung aus dem Paradies fängt die Geschichte des Menschen an.

Was auch immer künftige Wissenschaft noch entdecken möge, was sie bisher schon entdeckt hat, ist eine unerhörte, großartige und aufregende Fülle von Tatsachen. Diese Tatsachen erlauben uns, von unserer geschichtlichen Vergangenheit uns ein Bild zu machen, das erhabener Züge nicht ermangelt. Wie sehr auch unser eigenes Zeitalter solcher Züge zu ermangeln scheint, wir wollen, wie Cyprian, der Bischof von Carthago in der Mitte des 3. Jahrhunderts, einer Zeit der unseren nicht unähnlich, zwischen den Trümmern aufrecht stehen und nicht am Boden liegen mit denen, die ohne Hoffnung sind.

»Ihr Männer von Athen!«

Donnernd fegen die Propeller der viermotorigen Douglas der Koninklijke Luchtvaart Maatschappij den Staub des Flughafens von Rom über die Campagna. Die schwere Maschine hebt sich vom Boden ab. Ihr Ziel ist Athen. Nach zwanzig Sekunden kreuzt sie einen Aquaedukt, eine jener alten römischen Wasserleitungen, deren weite Bogen, hie und da von der Zerstörung der Jahrhunderte unterbrochen, sich von den Albaner Bergen durch die Landschaft schwingen.

Diese Aquaedukte haben die Marmorbäder des kaiserlichen Rom mit frischem Wasser versorgt. Technik und Luxus sind Geschwister. Zuweilen wurde mit einer Hand, der Hand eines Apostels voll dieses Wassers, an dessen Quellen Nymphen verehrt wurden, ein Heide zum Christen getauft.

Die Maschine steigt. Die perspektivische Verkleinerung der Landschaft infolge der zunehmenden Höhe des Flugzeugs verwandelt die Welt in den Spielzeugtraum eines Kindes. Einige Wolkenfetzen fliegen am Fenster der Kabine vorbei. Dann sind wir in dichtem Nebel. Nach wenigen Minuten bricht die Sonne durch. Die Fläche der Wolken, die Landschaft der Adler, glitzert weiß. Riesige Wolkentürme, bizarre Einfälle eines himmlischen Meisters des Barock, steigen leuchtend aus der weißen Landschaft auf – ein Anblick, den vor unserer Zeit kein menschliches Auge hat bewundern können. Der Schatten des Flugzeugs huscht über die Wolken dahin.

Der Pilot stellt den Kurs auf Athen ein. Ein Wolkenengel, eine bildhübsche Stewardeß, bringt mit einem ebenso bezaubernden wie sicherlich hochdotierten Lächeln einen wunderbaren Kaffee, dessen Aroma mit einem Genever sorgfältig unterbaut ist. Mir fällt ein, daß es erst sieben Jahre her ist, daß ich, um nach zehn Uhr abends auf der Straße nicht verhaftet zu werden, einen Curfew, einen Ausweis der britischen Militärregierung, in der Tasche haben mußte. Was ich jetzt in der Tasche habe, ist ein Paß mit zahlreichen Visen. Sie sind voll der Poesie der Fremde. Einige von ihnen kann ich nicht einmal lesen. Sie sind in arabischer Schrift geschrieben. Das offensichtliche Ende von sieben mageren Jahren ist geeignet, das Behagen, welches der Luxus der Technik hervorruft, vollkommen zu machen.

Nach zwei Stunden geht am imaginären Horizont der weißen Wolkenlandschaft die Sonne unter, ein verschwenderisches Orgelkonzert in allen Farben des Spektrums. Die Barocktürme verwandeln sich in purpurne Säulen. Der Himmel darüber nimmt eine smaragdgrüne Farbe an. Die Wolkenfläche beginnt, in einer Dämmerung von perlgrauer Transparenz zu versinken. Einsam zieht der gespenstische Aluminiumvogel durch die äonenalte Pracht.

Über dem griechischen Festland reißt die Wolkendecke auf. Kurz vor Athen wird der Himmel klar. Auch unten auf der Erde ist die Nacht hereingebrochen. Kleine weiße Wolkeninseln, Wattebäusche des Abendfriedens, schweben über, neben und unter dem Flugzeug. In der Höhe leuchten die Sterne. In der Tiefe blitzt das Silberfiligran des Hafens Piraeus. Zahlreiche über die Toppen festlich mit Lichtern geschmückte Schiffe liegen in der Bucht.

Die Douglas, zur Landung ansetzend, zieht eine Kurve über Athen. Plötzlich taucht in meinem Kabinenfenster die Akropolis auf, der alte Burgberg von Athen, mit einem in geheimnisvollem weißem Licht erstrahlenden marmornen Säulenbau. Der aus der attischen Nacht aufleuchtende Parthenon, dieses Juwel in der Krone der Prinzessin Europa, schwebt über dem Lichtermeer der Stadt – für den Primaner eines sächsischen Gymnasiums, ein Menschenalter nach dem Abitur, ein feierlicher Augenblick.

Athen ist heute eine lebhafte und elegante Großstadt. Es ist eine Ville à femme. Von der ausgezeichneten Stellung, die, im Vergleich zu den Völkern des alten Orient, die griechische Frau in der Antike innehatte, hat die Tradition einen noblen Rest bewahrt. Die Frauen von Athen sind vermutlich nicht weniger tüchtig als die Frauen in anderen großen Städten der Welt. Aber sie legen keinen Wert darauf, dieserhalb ästimiert zu werden. Sie wollen schön sein.

Schönheit und Klugheit bezeugt den griechischen Frauen Homer. Ihren Charme zeigen die Vasenbilder. Ihre Offenheit zur Welt lobt das Neue Testament. Daß der Stiefelputzer Themistokles heißt, der Zeitungsverkäufer Sokrates und der Geldwechsler Odysseus, das freilich ist eine Tradition, die weniger auf die Antike als auf Lord Byron zurückgeht. Es ist ein liebenswürdiges Symptom der mit den Freiheitskriegen beginnenden Renaissance des Griechenvolkes nach den stumpfen und trostlosen Jahrhunderten der Türkenherrschaft.

Athen liegt, wie im Altertum, einige Meilen von der Küste entfernt in einem weiten, welligen Tal, das von Bergen begrenzt ist. Im Osten steigt der Hymettos auf, der berühmt war wegen seines Honigs, im Nordosten der Pentelikon, noch berühmter wegen seines Marmors. Aus dem herrlichen Stein des Pentelikon haben die Hellenen ihre Statuen und Tempel geschaffen. Nach Südwesten öffnet das Tal von Athen sich zum Saronischen Golf. In der blauen Ferne schwimmt wie ein Götterschiff auf dem Wasser die Insel Aegina. Die Berge ringsum sind über tausend Meter hoch. Sie waren in der Antike bewaldet. Heute sind die Hänge grau und kahl.

Aus dem Häusermeer von Athen erheben sich einige von Ruinen gekrönte Hügel, deren Felswände steil in die Tiefe stürzen. Der höchste dieser Hügel, der Lykabettos, dreihundert Meter hoch, liegt im Nordosten. Die weißen Häuser branden wie Schaumkronen gegen den dunklen Felsen. In der Mitte liegt die Akropolis, westlich davon der Areopag, die alte Gerichtsstätte der Athener.

Die Hochfläche der Akropolis ist dreihundertundzehn Meter lang und in der Mitte einhundertunddreißig Meter breit. Steigt man die Straße zum Burgberg an der südlichen Längsseite hinauf, kommt man an dem gut erhaltenen Theater des Dionysos vorbei. Das ist der Platz, an dem die ersten Dramatiker der Weltliteratur, Aischylos, Sophokles und Euripides, uraufgeführt worden sind.

Die sanft ansteigende Straße schwingt sich um die westliche Schmalseite des Berges hinauf zur Akropolis. Eine breite Marmortreppe führt in hohen Stufen zu den Propylaeen, dem Eingangstor, hinauf. Der Durchgang dieser Säulenhalle wird von je sechs Säulen gebildet, die in vier Reihen hintereinanderstehen. Mit einer feierlichen Fermate fangen die Propylaeen den mächtigen Schwung der Marmortreppe auf. Klar zeichnen sich die Konturen gegen den Himmel ab.

Das attische Licht! Es ist ein scharfes, helles, durchdringendes Licht. Es ist das Licht, in welchem der scharfe, helle, durchdringende Logos der Griechen seine schöpferische Leistung vollbracht hat. Die Sonne brennt vom Himmel des Oktober. Doch hat sie hier noch nichts von der sengenden Unerbittlichkeit, die sie in den Wüsten und Steppen im Süden und Osten jenseits des Meeres zum Feind des Menschen macht. Der Gott dieser attischen Sonne ist Apoll, der Herr der Musen.

Durch die Propylaeen hindurchschreitend gelangt man auf die

Hochfläche des Burgberges. Der Parthenon ist nahe an die Südkante der Hochfläche gebaut. Seine Längsachse weicht in einem eigentümlichen, wohlberechneten Winkel von der Längsachse der Hochfläche ab. Das Bauwerk ist gewaltiger, als man es sich nach den Bildern, die man kennt, vorstellt. In seiner Majestät hat dieser Tempel etwas von dem Stolz seiner Erbauer über die Zeiten bewahrt. Die Verwitterung der Jahrhunderte hat die weiße Farbe des Marmors vom Pentelikon in ein warmes Gelb verwandelt.

Die Harmonie der Maßverhältnisse des Parthenon ist berühmt. Er ist rings von Säulen umschlossen. Die Längsseite hatte siebzehn, die Giebelseite acht Säulen. Vom Mittelteil des Tempels ist ein Stück zerstört, so daß von einigen Säulen nur die Stümpfe stehen geblieben sind. Die Säulen sind eine Spur nach innen geneigt. Die Abweichung von der Senkrechten beträgt nur wenige Zentimeter. Die sich ergebende geringfügige Verjüngung des ganzen Baus nach oben ruft den Eindruck vollkommener Festigkeit hervor. Die horizontalen Linien erscheinen dem Auge von schwebender Gradheit. Tatsächlich verlaufen sie in sorgfältig berechneten, leicht nach außen gekrümmten Kurven. Durch diesen Kunstgriff werden die perspektivischen Verschiebungen aufgehoben, welche sonst bei der Betrachtung aus so geringer Entfernung entstehen würden. Diese Feinheiten in der Konstruktion und die erlesenen Maßverhältnisse geben dem Bauwerk jenes funkelnde Leben, das seit mehr als zweitausend Jahren die Bewunderung der Welt erregt.

Der Tempel war der Athene Parthenos geweiht, der eulenäugigen Tochter des Zeus, der jungfräulichen Göttin der Weisheit, der Schutzgöttin Athens. Begonnen wurde der Bau dreißig Jahre nach der Vernichtung der persischen Flotte in der Seeschlacht von Salamis und dem Landsieg über das persische Heer bei Plataeae.

Das Zeitalter des Perikles, in dem der Parthenon erbaut wurde, ist die glänzendste Epoche der hellenischen Kultur. Diese Epoche liegt zwischen der Bedrohung der griechischen Freiheit durch das asiatische Imperium der Perser und ihrer tatsächlichen Vernichtung als Folge des Zusammentreffens äußeren Unglücks mit der eigenen politischen Torheit der Griechen.

Während Phidias aus Gold und Elfenbein die Statue der Athene für den Parthenon schuf, erklärte der Philosoph Protagoras, daß der Mensch das Maß aller Dinge sei.

Während die prunkenden Festzüge zu Ehren der Gottheit die

Marmortreppe der Propylaeen hinaufzogen, wanderte Sokrates über die Agora von Athen und lehrte die Menschen, der Stimme ihres Gewissens zu gehorchen.
Während die Regierung Gesandtschaften nach Delphi schickte, das heilige Orakel zu befragen, stellte Demokrit, der Begründer der theoretischen Physik, die Atomtheorie auf.
Während Hippokrates die Medizin auf eine wissenschaftliche Grundlage stellte, nahte sich aus der Tiefe Asiens eine Gefahr, die weit schrecklicher war als die persische Drohung. Das Zeitalter des Perikles wurde beendet durch eine Pest, die ein Viertel der Bürger Athens dahinraffte.
Das war die Zeit, als der Jude Nehemia mit Vollmachten des Perserkönigs aus dem babylonischen Exil nach Palästina zurückkehrte und in zweiundfünfzig Tagen die Stadtmauer von Jerusalem wieder aufbaute.
Auch die kühnste Phantasie dürfte nicht leicht auf den Gedanken kommen, zwischen den Griechen des perikleischen Zeitalters und den Juden des babylonischen Exils eine geistige Verwandtschaft festzustellen. Und doch schuf jedes dieser Völker eine Voraussetzung unserer Kultur. Die Griechen der klassischen Zeit schufen eine Weltbildung. Das babylonische Exil schloß im jüdischen Volk eine Entwicklung ab, in der die Grundlagen einer Weltreligion entstanden waren.
Hätte Sokrates seinerzeit den Nehemia auf der Agora getroffen und ihn in einen seiner berühmten und gefürchteten Dispute verstrickt, Nehemia wäre dem Sokrates keine einzige Antwort schuldig geblieben. Sokrates hätte von Nehemia erfahren können, worin das Geheimnis des menschlichen Gewissens bestehe. Nehemia hätte durch den Philosophen erfahren, daß ein Mann fromm sein könne, ohne etwas von der Lehre der Propheten zu wissen. Beide wären übereinander ziemlich erstaunt gewesen.
Ein solcher Disput zwischen den beiden für den Fortgang der Geschichte entscheidenden geistigen Welten des Altertums hätte schon hundertfünfzig Jahre vor Sokrates und Nehemia stattfinden können. Solon, der Gesetzgeber Athens, hat zur gleichen Zeit wie der Prophet Jeremias am ägyptischen Königshof geweilt.
Dem Parthenon gegenüber liegt an der Nordseite der Akropolis das Erechtheion mit den berühmten Karyatiden, den Frauengestalten, die an Stelle von Säulen das Gebälk tragen. Der Name des Tempels stammt von Erechtheus, der nach der Sage der Begründer der Stadt Athen gewesen ist. Eine Stelle, an der einst

Poseidon, der Gott des Meeres, seinen Dreizack in den Fels gestoßen hatte, wurde respektvoll verehrt.
Blickt man vom Erechtheion hinunter auf die Stadt, sieht man die alte Agora von Athen liegen. Die Ausgrabungsstätte ist nicht mehr als ein Trümmerfeld zerbrochener Steine. Fleiß und Genie der Gelehrten haben die Steine zum Reden gebracht. Über das Pflaster dieses berühmtesten Marktplatzes der Welt sind alle die Männer, die den Glanz des griechischen Namens ausmachen, dahingeschritten. Es ist derselbe Platz, auf dem die erste Begegnung der griechischen Weltbildung mit der in Juda entstandenen Weltreligion stattgefunden hat.
Von diesem Ereignis besitzen wir einen präzisen Bericht. Da die Heilige Schrift nicht auf jedes Christen Tische liegt, zitiere ich aus dem siebzehnten Kapitel der Apostelgeschichte.
»Die aber Paulus geleiteten, führten ihn bis gen Athen. Und nachdem sie Befehl empfangen an den Silas und Timotheus, daß sie aufs schnellste zu ihm kämen, zogen sie hin.
Da aber Paulus ihrer zu Athen wartete, ergrimmte sein Geist in ihm, da er sah die Stadt so gar abgöttisch. Und er redete zu den Juden und Gottesfürchtigen in der Schule, auch auf dem Markte alle Tage zu denen, die sich herzufanden. Etliche aber der Epikurer und Stoiker Philosophen stritten mit ihm. Und etliche sprachen: »Was will dieser Lotterbube sagen?« Etliche aber: »Es sieht, als wolle er neue Götter verkündigen.« Das machte, er hatte das Evangelium von Jesu und von der Auferstehung ihnen verkündigt.
Sie nahmen ihn aber und führten ihn zum Areopag und sprachen: »Können wir auch erfahren, was das für eine neue Lehre sei, die du lehrst? Denn du bringst etwas Neues vor unsere Ohren. So wollten wir gerne wissen, was das sei.«
Die Athener aber alle, auch die Ausländer und Gäste, waren gerichtet auf nichts anderes, denn etwas Neues zu sagen oder zu hören.
Paulus aber stand vor dem Areopag und sprach: »Ihr Männer von Athen! Ich sehe, daß ihr in allen Stücken gar sehr die Götter fürchtet. Ich bin herdurchgegangen und habe gesehen eure Gottesdienste und fand einen Altar, darauf war geschrieben: ›Dem unbekannten Gott.‹ Nun verkündige ich euch denselben, dem ihr unwissend Gottesdienst tut.
Gott, der die Welt gemacht hat und alles, was darinnen ist, Er, der ein Herr ist Himmels und der Erde, wohnt nicht in Tempeln mit Händen gemacht; sein wird auch nicht von Menschenhänden

gepflegt, als der jemands bedürfe, so Er selber jedermann Leben und Odem allenthalben gibt. Und Er hat gemacht, daß von einem Blut aller Menschen Geschlechter auf dem ganzen Erdboden wohnen, und hat Ziel gesetzt und vorgesehen, wie lange und wie weit sie wohnen sollen; daß sie den Herrn suchen sollten, ob sie doch ihn fühlen und finden möchten; und fürwahr, Er ist nicht ferne von einem jeglichen unter uns. Denn in Ihm leben, weben und sind wir. Wie auch etliche Poeten bei euch gesagt haben: ›Wir sind seines Geschlechts.‹

So wir denn göttlichen Geschlechts sind, sollen wir nicht meinen, die Gottheit sei gleich den goldenen, silbernen und steinernen Bildern, durch menschliche Kunst und Gedanken gemacht. Und zwar hat Gott die Zeit der Unwissenheit übersehen; nun aber gebietet Er allen Menschen an allen Enden, Buße zu tun, darum daß Er einen Tag gesetzt hat, an welchem Er richten will den Kreis des Erdbodens mit Gerechtigkeit durch einen Mann, in welchem Er's beschlossen hat und jedermann vorhält den Glauben, nachdem Er ihn hat von den Toten auferweckt.«

Da sie hörten die Auferstehung der Toten, da hatten's etliche ihren Spott; etliche aber sprachen: »Wir wollen dich davon weiter hören.«

Also ging Paulus von ihnen. Etliche Männer aber hingen ihm an und wurden gläubig. Unter welchen war Dionysos, einer aus dem Rat, und ein Weib, mit Namen Damaris, und andere mit ihnen.«

Der Berichterstatter ist offenbar ein Augenzeuge der Vorgänge gewesen. Alles, was er erzählt, stimmt auf das genaueste mit den Verhältnissen, die damals in Athen herrschten, überein.

Eine Zeitlang ist die Frage erörtert worden, ob nicht die Rede des Paulus erst zu einer sehr viel späteren Zeit in den Text eingebaut worden sei. Adolf v. Harnack hat mit überzeugenden Gründen dargetan, daß die Rede ein ursprünglicher Bestandteil der Apostelgeschichte ist.

Athen war zu jener Zeit ein einzigartiger Platz. Politisch machtlos, war es der Wallfahrtsort aller Gebildeten der griechisch-römischen Welt. Man muß sich von der Vorstellung lösen, daß damals noch die Verehrung der olympischen Götter die einzige Form der Religion in Athen gewesen sei. Die Zeiten des Perikles und des Sokrates lagen vierhundert Jahre zurück. Die Mysterien, insbesondere der Geheimkult von Eleusis, der Athen benachbarten heiligen Stadt am Saronischen Golf, waren von immer größerer Bedeutung geworden. Die Verehrung der olym-

pischen Götter war zwar immer noch die Staatsreligion. Aber die Götter waren vor allem Träger nationaler Erinnerungen.
Die öffentlichen Gottesdienste in Athen hatten in dem gleichen Maß an Wert verloren, wie die Bedeutung der Mysterien zugenommen hatte. Alexander der Große hatte Asien erobert. Die griechische Kultur war bis Indien vorgedrungen. Zahlreiche asiatische Götterkulte waren in Athen eingeführt worden. So war die Stadt das bunteste Spiegelbild der Religionen des großen Römischen Reiches. Die alte Frömmigkeit der Athener hatte sich in abergläubische Götterangst verwandelt.
Andererseits gab es seit den ältesten Zeiten den Dienst eines ohne Standbild verehrten höchsten Gottes, des Zeus Hypsistos, des Vaters der Götter und Menschen. Die einfachen Feiertage dieses höchsten Himmelsgottes waren in Athen Volksfeste von ehrwürdiger Überlieferung.
Wer den Wert dieser Szene aus der Apostelgeschichte in ihrer wissenschaftlichen Bedeutung als historische Quelle verstehen will, lese, was Ernst Curtius, der gelehrte Kenner Athens, im Jahre 1893 in einer Sitzung der Preußischen Akademie der Wissenschaften berichtet hat.
Es hat sich hier nicht um eine Gerichtsverhandlung gehandelt. Im Griechischen steht das Wort Areopag. Luther übersetzt es mit »Gerichtsplatz«. Es ist aber nicht der Hügel des Areopag gemeint, auf dem sich die Richter an bestimmten Tagen des Monats versammelten, um unter freiem Himmel ihre Urteilssprüche zu fällen. »Areopag« ist in diesem Fall die Regierungsbehörde, die sich in der Königshalle an der Agora versammelte. Diese Behörde hat über Paulus nicht zu Gericht gesessen. Es ist ja auch kein Urteil gefällt worden. Der Berichterstatter hätte das bei der ihm eigenen Genauigkeit auf jeden Fall erwähnt. Die Regierungsbehörde wollte lediglich den Paulus anhören, um ihm gegebenenfalls das öffentliche Predigen zu verbieten. Aber auch das ist nicht geschehen.
Bei diesen Verhören war das Volk als Zuhörer und Zeuge zugegen. Es ist eine bunt gemischte Menge von Einheimischen und Fremden, die Paulus in seine Ansprache einbezieht. Insbesondere faßt er die Sophisten ins Auge, die sich der Menge zugesellt hatten, um ihrem liebsten, dem griechischsten aller Laster, ihrer Neugier einen Spaß zu bereiten.
Paulus beginnt seine Rede mit »Ihr Männer von Athen!«, denselben Worten, mit denen einst Sokrates seine Verteidigungsrede vor Gericht begonnen hatte.

Der nördliche Teil der Agora war der Marktplatz, auf dem die Geschäfte gemacht wurden, der südliche ein öffentlicher Versammlungsplatz. Auf dieser internationalen Bühne, auf der jede neue Lehre des Erdkreises ihre Probe bestehen mußte, spielt sich die Szene ab. Man muß sie sich genau vorstellen – die von Säulenkolonnaden umgebene Agora, die bunte Volksmenge, den Lärm des Marktes, die würdigen Beamten der Kanzlei des Areopag, die eleganten Philosophen, mit erwartungsvollem Lächeln ihre gepflegten Fingernägel betrachtend, Pflasterliteraten, vornehme Fremde, Lastträger, die ihre Witze machen, neugierige Sklaven, einen Dandy mit seinem teuren Windspiel, dazu die Bauern vom Land mit ihren Eseln. Ihnen allen gegenüber steht der ärmlich gekleidete Jude aus Tarsos, dieser Mann, von dem die Überlieferung sagt, daß er zuweilen »wie ein Engel« ausgesehen habe. Das Reden fällt ihm nicht leicht. Er hat eine schwere Zunge. Aber er weiß, was er zu verkünden hat. Er ist allein, aber er hat die Zukunft der Welt im Herzen. Welch eine Szene!

Wer von den Leuten auf diesem Markt der Eitelkeiten hätte vermuten können, daß der alltägliche Vorgang, der sich da vor aller Augen und Ohren abspielte, von weltbewegender Bedeutung war? Wer von ihnen hätte ahnen können, daß vor dem unbekannten Gott, den der Zeltmacher aus Tarsos verkündete, einmal die Imperatoren des Weltreiches ihre Knie beugen würden?

Paulus beginnt seine Rede mit urbaner Höflichkeit. Die Athener, von der ganzen Welt umschmeichelt, waren von der Einmaligkeit und Unübertrefflichkeit ihrer Stadt ebenso überzeugt, wie die Franzosen es heutzutage von Paris sind. So war eine kleine Schmeichelei eine diplomatische Notwendigkeit.

Von der Agora aus sieht man die Akropolis liegen. Während die Sonne in dem goldenen Helm der Athene des Phidias aufblitzte, erklärte Paulus, daß die Gottheit nicht gleich sei den goldenen, silbernen und steinernen Bildern, durch menschliche Kunst und Gedanken gemacht. Der Ausdruck »durch menschliche Gedanken gemacht« ist die Übersetzung des griechischen Wortes »ἐνθυμήσεως – enthymeseos«. Damit kann Paulus nichts anderes meinen als die Gedanken, welche der Mensch in seine Werke legt. Neben der Technik der Herstellung sind sie die Quelle, der die Kunstwerke entspringen. Paulus benutzt das seltene und sehr gebildete Wort, um zu zeigen – vielleicht, daß er kein anatolischer Bauer sei, aber jedenfalls auch um zu zeigen, wie töricht es sei, Gegenständen, die einen menschlichen Gedanken zum Ausdruck bringen, göttliche Ehren zu erweisen.

Mit wohlüberlegter Einfühlung, fast listig, geht Paulus gegen seine Zuhörer vor. Aber eben, er weiß genug, um zu wissen, wie er vorzugehen habe. Er zitiert etliche ihrer Poeten, die bezeugen, daß die Sterblichen göttlicher Natur und Herkunft seien. Der wunderbare Satz »In Ihm leben, weben und sind wir« ist christlich in seinem Gefühl, in seinem Gedanken griechisch. Auch bei den Griechen ist der Vater der Götter und Menschen kein unfaßbares pantheistisches Wesen, sondern ein persönlicher Gott, jedem Einzelnen nahe und zu finden von dem, der ihn sucht. Mit dieser Formulierung trifft Paulus das Grundbewußtsein der Hellenen.

Ein Mann, der so fest im griechischen Geistesleben verwurzelt und so erfüllt von seiner Aufgabe war, eignete sich natürlich in hervorragender Weise dazu, das Euangelion, die frohe Botschaft, in der griechischen Welt zu verbreiten.

Den Semiten hatten die Griechen mehr zu verdanken, als sie damals wissen konnten. Die Phönizier haben ihnen die Seefahrt und den Handel gebracht. Europa, die von Zeus geraubte Tochter des Königs Agenor von Tyros an der Küste des Libanon, war eine syrische Prinzessin. Die Phönizier hatten den Griechen das Alphabet, das Kupfer, den Weinbau und die Olive gebracht. Zenon, der Begründer der stoischen Philosophie, war ein Semit aus Zypern. Paulus, dem Volk der Hebräer entstammend, brachte die neue Weltreligion in hellenischer Zunge nach Hellas.

Die Welt war reif geworden für diese geschichtliche Begegnung.

Wir wissen, welche Gedanken den Paulus bewegt haben, während er zur Agora schritt, vorüber an den glänzenden Denkmälern der Vergangenheit, vorüber an den großen Erinnerungen an eine Geschichte, die die Zivilisation seines Zeitalters geschaffen hatte.

Sein Geist ergrimmte in ihm. Der Grimm dieses Geistes hat die Welt verändert.

Äonische Aspekte

Ein Caféhaus, das am Ufer des Aegaeischen Meeres zwischen dem Olymp, dem alten Götterberg der Antike, und dem Athos, dem heiligen Berg der östlichen Kirche der Christenheit, liegt, ist ein würdiger Platz, ein wenig zu träumen.

Über die Bucht von Saloniki streicht eine leichte Brise. Obgleich das Jahr schon weit vorgeschritten ist, ist die Sonne noch immer herrlich warm. Das Caféhaus liegt am Quai, auf dem sich ein lebhafter Verkehr abspielt. Saloniki, heute der Exporthafen für den berühmten Tabak von Mazedonien, ist das Thessalonike der Apostelgeschichte. Der Name stammt von der Schwester Alexanders des Großen. Thessalonike war die Gemahlin des Königs Kassandros von Mazedonien, der die alte Stadt Therma nach ihr benannt hat.

Um die Schiffe und Boote, die an der Pier liegen, ist ein fröhliches Gewimmel von Matrosen, Lastträgern, Fischern, Orangenverkäufern und nichtsnutzigen Knaben. Überall stehen bescheiden, friedlich und rührend anzuschauen diese entzückenden kleinen Eselchen herum, die alle so aussehen, als ob sie auf Renée Sintenis warteten. Zwischen den Männern, die eifrig tätig sind, treiben sich andere herum, die auf eine gelassene Weise nichts weiter tun als da zu sein. Existentialisten! Im ganzen Orient sind sie die pittoresken Randfiguren im großen Theater des öffentlichen Lebens. Der eine, mit einer alten Militärmütze auf dem Kopf, hat die Hände tief in die Taschen seiner zerrissenen Hose versenkt. Es ist nicht ganz sicher, ob da überhaupt Taschen sind. Sicher ist nur, daß, wenn sie da sein sollten, nichts darin ist. Ein anderer stelzt auf einer Krücke durch den Frieden der Sonne. Ein dritter steckt sich mit Behagen eine der köstlichen mazedonischen Zigaretten an. So ärmlich die Kleidung aller dieser Männer ist, noch ihre Lumpen wissen sie mit Grazie zu tragen. Sie alle können sich rühmen, in der Bibel mit den Lilien auf dem Felde verglichen worden zu sein.

Auf Reede liegt, von vielen kleinen Booten umgeben, ein eleganter schneeweißer Passagierdampfer. In einer Stunde wird er nach Konstantinopel in See gehen. Die Möwen spielen um die Maste. Ein Flugzeug zieht brummend über die Bucht dahin. Da es aus Nordwesten anfliegt, wird es aus Belgrad kommen oder vielleicht sogar aus Frankfurt am Main.

Hinter diesem Bild fröhlicher Geschäftigkeit und heiterer Faulheit des Menschen erhebt sich im Südwesten, schneebedeckt, fast dreitausend Meter in den tiefblauen Himmel ragend, der alte Olymp. Auf der anderen Seite, im Südosten, wird die Bucht von Saloniki von den grünen Hügeln der Chalkidike begrenzt. Die Chalkidike hat drei, etwa fünfzig Kilometer lange Halbinseln, die sich nach Süden ins Aegaeische Meer hinein erstrecken. Auf der äußersten Spitze der östlichsten der drei Halbinseln liegt hinter dem Horizont der Ὄρος ἱερὸν Ἄθως, der Heilige Berg Athos.

Schon immer hat die Frömmigkeit sich die großartigsten Landschaften des Erdballs zu ihrem Schauplatz ausgesucht. Auch wenn der Mensch in Frömmigkeit von der Welt sich abwenden will, muß er sich nicht von der Schöpfung abwenden. Um in Übereinstimmung mit Gott zu kommen, braucht er nicht darauf zu verzichten, in Übereinstimmung mit der Natur zu sein. Zwischen der Schönheit der Schöpfung und der Frömmigkeit derer, die sie preisen, ist eine Harmonie möglich, die man auf dem Athos in eindrucksvoller Weise erleben kann.

Verlassen wir den träumerischen Caféhaustisch an der Pier von Saloniki! Brechen wir auf in das zehnte Saeculum nach Christi Geburt, das hundert Meilen von der großen Hafenstadt lebendig geblieben ist.

Auf dem Berg Athos bin ich zweimal in meinem Leben gewesen. Das erstemal habe ich ihn mit der Maschinenpistole betreten, das zweitemal mit Ehrerbietung. Die Biographien unseres Zeitalters haben eine allzu große Streuung.

Mein Reisegefährte, der auf den Namen des Bruders der Königin Thessalonike hört, spricht ausgezeichnet griechisch. Wir beschlossen, den Landweg quer durch die Halbinsel Chalkidike zu nehmen.

Das erste Stück der Reise fuhren wir eine berühmte Straße entlang, die Via Egnatia. Sogleich nach der Eroberung Mazedoniens hatten die Römer, die großen Straßenbauer, die Via Egnatia quer durch den Balkan gebaut von Dyrrhachium, dem heutigen Durazzo, nach Thessalonike. Später wurde die Straße bis zur Mündung der Maritza weitergeführt.

Teile des alten römischen Pflasters dieser Straße werden noch heute benutzt.

Große Feldherren, heimkehrend von Siegen oder Niederlagen, reiche Kaufleute aus aller Herren Ländern, hohe Verwaltungsbeamte mit wichtigen Staatsaufträgen für die entfernten Provinzen des Reiches sind diese Straße hoch zu Roß entlang gezogen. Veteranen, die in die Heimat zurückkehrten, Abenteurer und Vagabunden, die keine Heimat hatten, sind sie fürbaß gewandert in Hitze und Staub. Ihrer aller Spuren sind verweht. Nur eines Mannes Wanderschaft, dessen Heimat nicht diese Welt war, wird noch immer im Gedächtnis der Menschen bewahrt. Auf dieser Straße ist der Apostel Paulus von Osten, von Philippi kommend, nach Westen gezogen, um in Thessalonike angesichts des Olymp, auf dem nach dem Glauben der Hellenen die Götter thronten, die erste christliche Gemeinde auf europäischem Boden zu gründen. So hat Paulus allezeit eine große Liebe für die Thessaloniker gehabt. Seine Briefe an seine erste Gemeinde sind voll liebenswürdiger Freundlichkeit und warmer Herzlichkeit.

Den Athos zu besuchen, ist kein ganz einfaches Unternehmen. Man braucht, wenn man glücklicherweise keine Maschinenpistole mehr besitzt, eine Erlaubnis des griechischen Innenministers, und wenn man nicht als armseliger Strolch hinkommen will – es sei denn, man sei ärmer, aber seliger als ein Strolch, nämlich ein Pilger –, muß man ein Empfehlungsschreiben des Erzbischofs von Athen an den Heiligen Synod in Karyäs, der kleinen Hauptstadt der Mönchsrepublik, vorweisen können.

Kurz vor Sonnenuntergang waren wir in Saloniki weggefahren. Die Nacht stieg über die Chalkidike herauf. Nach etwa zwanzig Kilometern erreichten wir das Cholmongebirge, das sich von Westen nach Osten quer durch die Halbinsel zieht. Es ging Hunderte von engen Kurven die Vorpässe des Cholmongebirges hinauf und hinunter. Einmal lag ein großer Feldstein mitten im Weg. Wir hielten an, um ihn für unsere Nachfolger wegzuräumen. Wir hätten ihnen keinen Gefallen damit getan. Fünf Meter hinter dem Feldstein fehlte eine Brücke. Sie war eingestürzt. Der Abgrund war achtzig Meter tief. Wir machten eine kleine Pause. Aus der Tiefe der Wälder erscholl ein fremdartig heiseres, heulendes Gebell. Wölfe!

Gegen Mitternacht erreichten wir ein einsames Haus an der Straße. Es schien ein Gasthaus zu sein. Es war ein »Wirtshaus im Spessart«. Wir betraten den großen Raum. Um einen rot glühenden eisernen Ofen geschart saßen fünf Männer. Eine trübselig blakende Petroleumlampe hing von der Decke. Hinter einer Theke im Hintergrund hantierte ein griechisches Mädchen, schön wie ein Bild. Unseren Gruß erwiderten die Männer kaum. Alexander sah mich an. Die Männer waren Waldarbeiter. An der Wand lehnten ihre Äxte, dazwischen einige Gewehre. Die Männer waren ärmlich gekleidet. Sicher waren sie Partisanen gewesen. Der Bürgerkrieg war erst seit kurzem vorüber.

In einer solchen Lage darf man keinen Fehler machen. Das ist nicht schwer, wenn man die Spielregeln kennt. Die Spielregeln auf dem Parkett der Herzogin von Alba sind bekannt. Welches aber waren hier die Spielregeln?

Wir steckten uns eine Zigarette an. Man darf in diesem Land nicht sogleich eine Zigarette anbieten. Es macht einen schlechten Eindruck, weil es als aufdringlich empfunden wird. Anbieten

darf man die Zigarette erst nach einer längeren Unterhaltung, wenn man zum Ausdruck bringen will, daß man den Partner des Gesprächs sympathisch finde. Alexander wußte das.
Wir bestellten einen Uso, den scharfen, griechischen Anisschnaps. Das schöne Mädchen, eine Nausikaa des Waldes, brachte zwei ziemlich große Gläser. Wir taten, als sähen wir das Mädchen nicht. Wir kippten den Schnaps herunter. Alexander schüttelte sich kräftig und sah dabei, eine Aufforderung zum Lächeln in seinen Augenwinkeln, seinen bärtigen Nachbarn an. Der Bärtige war ein alter Mann. Er lächelte. Das Spiel war gewonnen.
Es entspann sich eine lebhafte Unterhaltung. Nichts in der großen Politik gab es, wozu diese Partisanen im Ruhestand nicht in ihrer temperamentvollen Art gescheite Meinungen geäußert hätten. Man erlaubte uns, zu einigen Usos einzuladen. Seit zehn Jahren hatten diese Männer Krieg geführt, legal und illegal. Seit zehn Jahren hatten sie nur Elend gesehen, das sie uns zu verdanken hatten. Sie hatten nichts dagegen, daß wir Deutsche seien. Die Griechen sind ein sehr altes Volk. Sie haben viel, allzuviel in ihrer Geschichte erlebt. Der bärtige Alte meinte, Vergessenkönnen sei eine weise Kunst.
Nun durften wir auch Nausikaa sagen, wie schön sie sei. Unsere Bewunderung nahm sie lächelnd entgegen. Die Waldmänner gaben uns die Schaffelle, die sie als Mäntel tragen. Zwischen den Äxten und den Gewehren schliefen wir ein paar Stunden. Als wir, noch vor dem Morgengrauen, aufbrachen, versammelten die Männer sich um das Auto. Einer fuhr ein Stück mit dem Wagen. Zum Abschied wurden wir zu Kaffee und Uso eingeladen. Armut ist nobel.
Die erste Morgenröte zog von Osten herauf. Wir erreichten in tausend Meter Höhe den Hauptpaß des Cholmongebirges. Das Gebirge ist mit Wäldern bedeckt. Wir fahren an riesigen alten Nußbäumen vorbei, an Zypressen, lorbeerumwachsenen Steineichen, Kastanien, weitausladenden Platanen, bizarren Eukalyptosbäumen, Feigen- und Maulbeerbäumen. Dazwischen liegen weite Wiesen. Die Wälder durchzieht eine Macchia von Weißdorn, Koronilla, Myrten, Baldrian, Oleander, Limonien und wildem Rosmarin. Seit der Antike hat diese Landschaft sich nicht verändert.
Im Tal und weit über das Meer hinaus liegt eine brauende Schicht morgendlichen Nebels. In der Tiefe tauchen zuweilen die Kuppeln einer Kirche auf. In der Ferne steigt, ein Wunder der Schöpfung, der Athos auf. Er zeichnet sich in einer unvergleich-

lich stolzen Linie gegen den Horizont ab. Wenn die Sonne aufgegangen ist, schwebt der alte heilige Berg wie eine in purpurnes Licht getauchte Pyramide über dem glitzernden Glast, der auf dem Meer liegt.
Seit einem Äon findet Morgen für Morgen dieses erhabene Schauspiel in einer ungeheuren Verschwendung von Schönheit statt. Etwas von der Frische der Schöpfung schimmert durch die Pracht hindurch aus einer Sphäre, die unser Auge nicht erblicken kann, der Geist aber zu ahnen vermeint.
Eine halbe Stunde später, vor dem Kirchdorf im Tal, bremste Alexander. An der Straße stand ein Ortsschild: »Stagira«. Wir sahen einander an. Der Name kam uns merkwürdig bekannt vor, aber wir kamen nicht auf den Zusammenhang. So hielten wir vor der kleinen Dorfschenke, bestellten einen Kaffee und fragten den Wirt. Mit nicht geringem Stolz erklärte er: »In diesem Dorf ist Aristoteles geboren. Er war ein sehr kluger Mann.«
In der Literatur wird der große Philosoph des Abendlandes gern der Stagirite genannt.
Wie oft mag Aristoteles in seinen jungen Tagen, wenn er mit den Buben des Dorfes oben auf den Hängen bei den Ziegenherden war, das Schauspiel des Sonnenaufgangs über dem Athos beobachtet haben. Schon für die Griechen der Antike ist der Athos ein heiliger Berg gewesen. Von seiner Spitze, von der Stelle, an der heute eine kleine Kapelle steht, blickte im Altertum das mächtige Standbild des Thrazischen Jupiter weit auf das Meer hinaus. In der Tragödie »Agamemnon« des Aischylos schildert Klytaimestra mit einer für eine Dame erstaunlichen geographischen Präzision den Weg des Feuertelegraphen, der den Fall der Festung Troia nach Argos meldete. Das Feuersignal, von Hephaistos auf dem Ida entflammt, nimmt seinen Weg über den Hermesberg auf der Insel Lemnos, den »Athoischen Steilfelsen des Zeus«, den Makistos auf Euboia, das Messapergebirge, den Kithairon und so weiter bis Argos. Die zentrale Stellung des Athosmassivs in der nördlichen Aegaeis wird in Aischylos' Versen sehr schön klar. Die genannten Bergkuppen sind tatsächlich jeweils in Sicht voneinander, so daß kein Zweifel bestehen kann, daß dieses glänzend organisierte Relais wirklich abgelaufen ist.
Vielleicht ist der Keim zu dem großartigen äonischen Weltbild, das Aristoteles entworfen hat, angesichts eines Sonnenaufgangs über dem Athos in die Seele des Knaben gelegt worden. Die

Naturwissenschaft unserer Tage wendet sich dem Weltbild des Aristoteles wieder zu.
Dem Sonnenaufgang und dem Stagiriten verdankten wir, daß wir unseren Dampfer verpaßten. Er geht nur zweimal in der Woche von Jerissos, einem großen, wohlhabenden Fischerdorf an der Ostküste, ab. Wir brachten den Wagen bei der Polizeistation von Jerissos unter. Dann charterten wir eine Kaïki, ein Zehntonnenschiffchen mit einem kräftigen Dieselmotor. Das halbe Dorf brachte uns mit Lachen und fröhlichem Geschwätz an Bord.
Südlich des Dorfes sind noch heute die Reste eines Kanals zu sehen, mit dem der Perserkönig Xerxes 483 vor Christi Geburt die Landenge der Halbinsel Athos durchstechen ließ. Zehn Jahre vorher war die Flotte des Darius unter dem Admiral Mardonios an den Felsen des Athos zerschellt. Es ist eine gefährliche Wetterecke, an der Stürme zuweilen aus heiterem Himmel losbrechen. Die Flotte des Xerxes kam heil durch den Kanal nach Attika. Sie kehrte nicht zurück. Bei Salamis, in jener berühmten Seeschlacht im Jahre 480, wurde sie von den Griechen vernichtet. Damals wurde, zum erstenmal, das Abendland vor der Eroberung durch ein Großreich des Ostens gerettet.
Wir saßen an Deck und tranken Rezina, den mit Harz versetzten griechischen Wein. Der Schiffer ließ sich nicht lange nötigen mitzuhalten. Die See war nur leicht bewegt. Kleine Wellen klatschten gegen die Bordwand. Zwei Delphine begleiteten das Boot mit ihren graziösen Spielen. Wacker tuckerte unsere Kaïki dicht unter Land an der Küste entlang. Die Sonne schien.
Nach einer Stunde tauchte das erste Kloster auf, eine auf einer Klippe am Ufer erbaute Festung. Massig und nackt steigen die Mauern vierzig Meter hoch. Sie sind gekrönt von einem Kranz von Fenstern. Kleine, gebrechliche, mit schrägen Hölzern abgestützte Altane, die wie Schwalbennester hoch oben an der Mauer kleben, gehen aufs Meer hinaus.
Hie und da blickt eine Ruine von einem Bergvorsprung melancholisch auf das blaue Wasser. Dann kamen die Klöster Pantokrator und Stavronikita. Nach drei Stunden Fahrt gingen wir in dem kleinen Hafen des Klosters Iwiron an Land.
Wir betraten den Boden der tausendjährigen frommen Republik.

Der Proigumenos Nikardos Lavriotes, Abt von La Grande Lavra, dem ältesten der Klöster auf dem Berge Athos, Protepistatis, Vorsteher des Heiligen Synods in Karyäs, dem Sitz der Regierung, betrat den einfachen Raum, in dem die Gäste der Republik empfangen werden. Dieser stattliche, hoch aufgerichtete Greis von sicher achtzig Jahren, mit seinen gemessenen Bewegungen, dem scharfen Blick aus hellen, offenen Augen, dem langen weißen Bart, in schwarzer Kutte, geschmückt mit einem kostbaren Kreuz und einem juwelenbesetzten Medaillon mit dem Bild der Muttergottes, die er an silbernen Ketten um den Hals trug, das schneeweiße Haupthaar bedeckt von dem hohen schwarzen Barett der byzantinischen Mönche, war ein Ehrfurcht gebietendes Bild der Würde. Es war die Würde eines Jahrtausends der Frömmigkeit. Wir verbeugten uns tief.
Der Abt war begleitet von einem älteren Mönch, der in der rechten Hand, als Zeichen, daß der Abt in seiner Eigenschaft als regierender Protepistat auftrat, einen Ebenholzstab mit schwerem, silbergetriebenem Knauf trug.
Der Begleiter des Abtes forderte uns auf, Platz zu nehmen. Sein Benehmen war von ausgesuchter Höflichkeit. Manieren sind nicht ohne Bedeutung. Sie sind Ausdrucksformen der Sitte. Wir wollten warten, bis der Abt Platz genommen hätte, aber der Gast im Osten ist so hoch geehrt, daß uns das nicht erlaubt wurde. Nach einer gemessenen Zeit überreichten wir das Empfehlungsschreiben Seiner Herrlichkeit des Erzbischofs von Athen. Der ältere Mönch erhob sich ein wenig von seinem Sitz, als Alexander ihm das Schreiben übergab. Der Proigumenos ließ sich den griechischen Text des Schreibens Seiner Herrlichkeit vorlesen. Dabei betrachtete er seine Gäste.
Einer solchen Betrachtung standzuhalten ist nicht leicht. Der Abt hatte einen Blick von einer Art, der man in dieser Welt nicht oft mehr ausgesetzt ist. Schon der seltene Lidschlag des Greises bewies seine innere Ruhe und Überlegenheit. Sein Blick war freundlich, aber durchdringend bis auf den Grund der Seele. Man wird sich dabei der Weltlichkeit dieser Seele bewußt. Nicht alles an dieser Weltlichkeit ist geeignet, das Wohlgefallen eines Abtes vom Berge Athos zu erregen. Irgendwann schlägt man zwischendurch einmal das Auge nieder.
Die Gesichter dieser ehrwürdigen Väter, die vor einem Menschenalter, lange bevor man selbst geboren wurde, diese Welt

von sich getan und dem Himmel sich zugewandt haben, zeigen einen Ausdruck, der weise und unschuldig und zugleich von einer eigentümlichen Transparenz ist. Wie das Gesicht Mosis erglänzte, als er aus der Wolke vom Berge Sinai herabkam, so liegt auch auf diesen Gesichtern ein Schimmer von dem Glanz, dem sie ein Leben lang in Askese und Gebet zugewandt waren.

Was mag sich der weise alte Mann über diese fragwürdigen Weltvögel für Gedanken gemacht haben?

Wir erklärten ihm, daß wir der Christenheit des Westens berichten wollten von dieser Stätte Athos, an der die Überlieferung der Christenheit des Ostens so treu über die Jahrhunderte bewahrt werde. Der Abt nickte voller Wohlwollen. Er meinte, das sei um so nützlicher, als der Jüngste Tag nicht mehr allzu fern sei. Er sagte das sehr leise, aber er sprach vom Jüngsten Tag mit der natürlichen Selbstverständlichkeit, mit der man von einem Kalenderdatum von übermorgen redet. Sub specie aeternitatis ist es ja auch nicht mehr. Die Tatsache, daß heute schon ein schizophrener Narr der Atomphysik die Erde der Vernichtung preisgeben kann, gab der leisen Bemerkung eine gewisse Aktualität.

Von einem Evzonen wurde ein Glas erfrischend kalten Wassers mit einem Löffel köstlichen Gelées gereicht, danach ein Mokka mit einem kleinen Schnaps. Die Evzonen sind eine kleine weltliche Truppe. Sie dienen dem Synod als Polizisten. Man bedarf ihrer Dienste selten zu mehr, als Gästen Gelée, Mokka und Uso zu reichen. Die Evzonen tragen noch immer die malerische griechische Volkstracht, die man auf den alten Stichen sieht aus der Zeit, als Lord Byron am Freiheitskampf der Griechen gegen die Türken teilnahm. Der Abt hob sein Gläschen mit heiterem Auge, gleichsam um Verständnis bittend dafür, daß er zu Ehren der Gastfreundschaft diese kleine Konzession an die diesseitigen Freuden der Welt mache.

Der Abt stellte die liebenswürdige Frage, wie es unserem Lande ergehe. Wir konnten ihm berichten, daß es auch bei uns zwischen Export und Import immer noch Christen gebe. Es schien ihn zu befriedigen. Er war von weltmännischer Herzlichkeit und, ohnbeschadet der Nähe des Jüngsten Tages, von amüsanter Neugier in bezug darauf, wie wohl die Ereignisse bis dahin sich gestalten würden. Das Gespräch verlor sich in die Weltpolitik.

Rußland, in der Person des Zaren noch vor einem Menschenalter der mächtige Beschützer der kleinen Republik, ist heute, nachdem die Barbaren des Hakenkreuzes verschwunden sind, der gefährlichste Feind des Glaubens und der Kirche. Der Abt wollte wissen, was die bolschewistische Revolution in China bedeute. Alexander, ein Kenner, machte zu diesem Thema einige treffende Bemerkungen.

Die Athosrepublik liegt am Rand der Geschichte. Aber die Wirkungen der internationalen Politik sind auch hier zu spüren. Der Abt Nikardos war in seinen jungen Jahren noch ein Untertan des letzten türkischen Sultans. In den Kriegen dieses Jahrhunderts haben die einstmals reichen Klöster den größten Teil ihrer Besitztümer in Rußland, in Anatolien, in Rumänien, in Bulgarien und sogar in Griechenland verloren. Aber es ist nicht die weltliche Tradition, die die Mönche auf dem Athos pflegen. Es ist die Überlieferung des Glaubens, die ihnen anvertraut ist seit den letzten Tagen Konstantins XI., des letzten Herrschers auf dem byzantinischen Kaiserthron. Die alte Frömmigkeit von Byzanz, untergegangen vor fünfhundert Jahren bei der Eroberung der Stadt durch die Türken, auf dem Athos hat sie das Weltreich der Türken überdauert.

Wir bekamen einen Brief des Heiligen Synods an die Klöster, der uns als Brüder in Christo der Gastfreundschaft der Mönche empfahl. Noch immer wird dieser Brief mit einem Stempel versehen, der das Bild der Panagia, der Allerheiligsten Muttergottes, trägt. Zugleich ist es ein höchst demokratischer Stempel. Er besteht aus vier Teilen. Er ist erst gültig, wenn alle vier Epistaten ihren Stempelteil aufgedrückt haben.

Der Abt entließ uns, indem er, als Andeutung eines Segens, ein wenig die rechte Hand erhob. Es war, als ob er etwas von der Gnade des Himmels, die über seinem weißen Haupt schwebte, an seine Gäste weiterreichte. Ein kostbares Geschenk, das die fragwürdigen Weltvögel so leicht nicht vergessen werden. Der ältere Mönch geleitete uns mit vielen Höflichkeiten an die Pforte. Die Audienz bei Ihrer Majestät der Vergangenheit war beendet.

Die autonome Mönchsrepublik auf dem Berg Athos ist die älteste Demokratie der Welt. Für Thomas Morus' berühmte »Utopia« war sie einst das Modell. Das Gebiet der Republik erstreckt sich über die ganze etwa fünfundvierzig Kilometer lange und im Durchschnitt zehn Kilometer breite Halbinsel. Durch die Halbinsel zieht sich ein dichtbewaldeter Bergrücken. In Wellen von Norden nach Süden allmählich ansteigend, geht er in das nackte, felsige Marmormassiv der Athospyramide über, auf der die Adler horsten. Über diesen Bergrücken oder an seinem Hang entlang läuft ein Saumpfad durch den Wald. An den steileren Stellen ist der Pfad gepflastert. Die breiten Steinplatten sind von den Maultierhufen der Jahrhunderte glatt geschliffen. Von Zeit zu Zeit wird der Saumpfad von einer Treppe unterbrochen. Wagen können ihn nicht befahren. Auf der ganzen Halbinsel gibt es nicht ein einziges Motorfahrzeug. Zuweilen begegnet man einem Mönch, der auf seinem Maultier friedlich dahinzieht. Dann wird die Stille des Waldes für ein paar Minuten durch ein freundliches Gespräch über Woher und Wohin unterbrochen.

Vom Kamm des Bergrückens führen nach beiden Seiten Wege in die Seitentäler hinab. Unter weit ausladenden Bäumen spannen verträumte Brücken ihre graziösen Bögen über Bäche, die zwischen Weiden und Haselnußbüschen mit fröhlichem Gemurmel von Felsstufe zu Felsstufe zur Küste hinabspringen. Die Wälder sind von herrlicher Unberührtheit. Zuweilen öffnet sich bald links, bald rechts ein Blick auf das in der Sonne glitzernde Meer. Zuweilen taucht die blaue Kuppe des Athoskegels über den näheren grünen Hügeln auf. In dieser Verlorenheit zwischen Meer und Himmel erheben sich die Klöster mit bleigedeckten Dächern, ihrer zwanzig, mächtige Burgen Gottes, trotzige Festungen der Frömmigkeit. Ihre moosbewachsenen Mauern bewahren die Eirene, den Frieden der Herzen, inmitten des Friedens der Natur.

Einige der Klöster sind an der Küste erbaut und haben dann gewöhnlich einen kleinen Hafen. Andere sind mitten in der Einsamkeit der Wälder errichtet. Von ihren Zinnen aus sieht man die Aegaeis leuchten.

Die Klöster sind wirkliche Festungen. Im Lauf der Zeiten hatten sich in den Klöstern bedeutende Schätze angesammelt. Diese Kostbarkeiten waren es, die immer wieder die Habgier der Seeräuber des Mittelmeers aufstachelten. So wurden die Klöster auf hohe Felsen gebaut und mit starken Mauern geschützt. Noch heute werden mit Sonnenuntergang die Tore geschlossen. Wer nach Sonnenuntergang ankommt, muß die Nacht im Freien verbringen.

Dieser Festungscharakter bringt es mit sich, daß die Räume sich nach dem Inneren der Anlage öffnen. Die Galerien und Treppen, die zu den oberen Stockwerken führen, sind fast ganz aus Holz und offen gebaut. Sie bieten einen malerischen Anblick. Das

Katholikon, die Kirche, liegt in der Mitte der Klosteranlage. Die meisten der Klöster sind zufolge ihrer Armut ein wenig verwahrlost. Um so erstaunlicher ist die Pracht in den Kirchen dieser weltfernen Halbinsel. Silberne Ampeln hängen von der Decke. Goldene und silberne Gefäße schmücken den Altar. Der Ikonostas ist mit schönen alten Malereien, die Wände sind mit Fresken geschmückt. Zuweilen ist das kostbare alte Marmormosaik des Fußbodens noch erhalten. Diese Pracht steht in einem eigentümlichen Gegensatz zur Einfachheit und Bescheidenheit der Mönche.

Außer den zwanzig Klöstern sind über die Halbinsel noch vierzehn dörfliche Mönchsgemeinden verstreut. Sie werden Skitae genannt, nach der uralten Mönchssiedlung Skitis in Ägypten. Außerdem gibt es noch zahlreiche Gruppen von Mönchen, die, ohne klösterliche Ordnung, in kleinen Gemeinschaften leben. In den Schluchten der Felshänge des Athosberges hausen die Eremiten. Freilich, sogar das bescheidene Wort »hausen« ist zuweilen noch eine Übertreibung. Oft sind es nur Felshöhlen, in denen die Asketen ihre Tage verbringen bis zu ihrem mit Sehnsucht erwarteten irdischen Tod.

Der Heilige Synod, von dem die Republik regiert wird, ist aus den Delegierten der Klöster zusammengesetzt. Jedes Kloster hat das Recht, einen Vertreter in den Synod zu entsenden. Die Regierungsgeschäfte besorgen vier aus dem heiligen Synod jährlich neu gewählte Mönche, die Epistaten. Unter ihnen ist der Protepistat der Primus inter pares. Das Gesetzbuch ist die Bibel.

Die Verfassung der Republik hat eine lange Geschichte. Sie beginnt mit einer Magna Charta, die auf eine Bockshaut geschrieben ist. Diese Urkunde heißt der »Tragos«. Sie stammt aus dem Jahre 972. Tragos ist das griechische Wort für Bockshaut. Der Tragos wird noch heute in Karyäs aufbewahrt. An seiner Echtheit besteht kein Zweifel. Die Unterschrift des Kaisers »Joannis, an Christus Gott gläubiger Kaiser der Römer« ist das früheste erhaltene Beispiel der eigenhändigen Unterschrift eines byzantinischen Kaisers. Urkunden und Unterschriften von Merowingerkönigen gibt es aus dem 7. Jahrhundert. Karl der Große unterzeichnete zwar eigenhändig, aber nur mit dem monogrammartigen Vollziehungsstrich in der von anderer Hand kunstvoll gemalten Signatur. Die früheste Urkunde mit voller Namensunterschrift eines Kaisers des Westens ist eine von Otto III. unterzeichnete Papsturkunde aus dem Jahre 998.

Der Anlaß zur Magna Charta des Tragos war die Errichtung des ersten Klosters La Grande Lavra an der Südspitze der Halbinsel unmittelbar am Fuß des eigentlichen Athosberges. Das Kloster wurde auf Wunsch des Kaisers Nikephoros Phokas von Byzanz gegründet von seinem Freund, dem Mönch Athanasios aus Trapezunt, der später heiliggesprochen wurde. Im Hof des Klosters steht eine von Athanasios gepflanzte Zypresse. Sie ist, wie die Botaniker feststellen konnten, in der Tat etwa tausend Jahre alt. In unzähligen Gewittern an der Wetterscheide dieses Vorgebirges ist dieser Baum niemals vom Blitz getroffen worden.
Die Gebeine des heiligen Athanasios sind in La Grande Lavra beigesetzt. Das Grab ist in der ganzen östlichen Christenheit berühmt. Viele Wunder werden ihm zugeschrieben. Es liegt in einer Ecke des Katholikon, der Hauptkirche des Klosters, unter einer von einer antiken Säule getragenen Kuppel, von deren Rand kostbare Ampeln herabhängen. Die Wände der Nische des Grabes sind mit mittelalterlichen Fresken geschmückt. Die Pracht dieses Grabes und die über tausend Jahre bewahrte Erinnerung an den Heiligen stehen in einem merkwürdigen Gegensatz zu den ärmlichen windschiefen Holzkreuzen, unter denen die sterblichen Überreste der einfachen Mönche auf kleinen, von Gestrüpp überwachsenen Friedhöfen nach wenigen Jahren vergessen sind.
Das eine Fresko in der Grabnische des Athanasios stellt das Begräbnis des Heiligen dar. Es erinnert in seiner Komposition in vielen Einzelheiten an »Das Begräbnis des Grafen Orgaz«, Grecos Meisterwerk in Toledo in der Kapelle S. Tomé. Vielleicht hat der junge Greco das Fresko auf dem Athos gesehen. Greco ist in Kreta geboren, wo gegen Ende des 15. Jahrhunderts die kretische Malerschule eine letzte Blüte der byzantinischen Kunst heraufgeführt hatte. Dieser Schule entstammt Greco. Die merkwürdige Überlängung der Figuren auf Grecos Bildern ist nicht sein persönlicher Stil, sondern eine alte Überlieferung des östlichen Mittelmeers. Es war Greco, der nach Spanien verschlagene Grieche Domenikos Theotokopulos, der als Träger der byzantinischen Überlieferung zum Mitschöpfer des Barock, der letzten großen Stilepoche Europas, wurde. Bis an sein Lebensende hat der Maler die Signatur auf seinen Bildern in griechischen Lettern gemalt.
Die Errichtung des Klosters La Grande Lavra hatte zu Streitigkeiten Anlaß gegeben. Seit vielen Jahrhunderten schon lebten

Mönche als Eremiten auf dem Athos. Die ersten dieser Einsiedler sind wahrscheinlich schon im 4. Jahrhundert nach Christi Geburt in diese Einsamkeit gezogen. Doch sind die Nachrichten darüber spärlich. Die asketischen Eremiten wehrten sich heftig gegen das vom Kaiser Nikephoros reich mit Mitteln ausgestattete Kloster. Sie schickten eine Delegation nach Byzanz und beschwerten sich beim Kaiser. Die Eremiten hielten die Pracht dieser Gründung für einen Angriff des Teufels auf die alte Frömmigkeit.

Der Tragos, der kaiserliche Erlaß, regelte diese Streitigkeiten. Er gab den Mönchen eine für damalige Zeiten ungewöhnliche demokratische Selbstverwaltung. Gleichzeitig stellte er den Heiligen Berg unter den besonderen Schutz des Kaisers.

Unter vielen Schwierigkeiten haben die Mönche diese Verfassung über die Zeiten bewahrt. Noch vor dem Fall Konstantinopels übernahmen die türkischen Sultane als Nachfolger der byzantinischen Kaiser das Protektorat über den Athos. 1430 hatten sich die Mönche dem Sultan Murad II. unterworfen. Mit ihrem Respekt vor dem Heiligtum ihrer christlichen Untertanen haben die türkischen Sultane sich ein schönes Denkmal der Toleranz gesetzt. Schutzbriefe der Sultane werden in verschiedenen Klöstern noch immer mit Dankbarkeit aufbewahrt. Heute steht die Mönchsrepublik auf dem Berg Athos unter dem Protektorat Seiner Majestät des Königs von Griechenland.

Der Streit freilich, der den Kaiser Joannis zur Abfassung des Tragos veranlaßt hatte, ist auf dem Athos niemals ganz verstummt. Noch heute gibt es zwei Arten von Klöstern auf dem Heiligen Berg. In den einen, den koinobitischen Klöstern, herrscht die altüberlieferte Armut und Askese. Die Mönche wählen auf Lebenszeit einen Abt, dem sie bedingungslos zu Gehorsam verpflichtet sind. Sie haben kein Eigentum. Die kärglichen Mahlzeiten werden gemeinsam unter Lesungen aus den heiligen Schriften in der Trapeza eingenommen.

Die Wände dieser Speisesäle sind mit Fresken geschmückt, welche die Vergänglichkeit des Irdischen darstellen. Ein bevorzugtes Motiv ist die Szene, in der ein Patriarch neben dem geöffneten Marmorsarkophag Alexanders des Großen steht und mit spöttischer Miene auf die kläglich grinsende Mumie zeigt, in die der Eroberer der Welt sich verwandelt hat.

In den anderen, den idiorhythmischen Klöstern, ist die Disziplin weniger streng. Den Mönchen ist eine gewisse persönliche Freiheit gewährt. Sie haben Eigentum. Nur die Gottesdienste sind gemeinsam. Ihre kleinen Wohnungen sind zuweilen recht behaglich eingerichtet, insbesondere mit bunten Kissen, die von ergebenen Tanten gestickt worden sind. Fast alle diese Wohnungen haben einen Altan mit einem Blick aufs Meer hinaus. Die frommen Väter lieben es, auf diesen Altanen hin und wieder eine Stunde der Meditation in der warmen Sonne zu verbringen. Eine Katze oder ein Wellensittich leistet ihnen dabei Gesellschaft.

Das östliche Mönchtum hat einen anderen Charakter als das des Westens. Als es im 3. Jahrhundert entstand, vereinigte sich die Weltmüdigkeit der späten Antike mit der Weltabgewandtheit des unter Verfolgungen stehenden jungen Christentums. Die Neigung, von der Welt sich abzuwenden, ist nichts ausgesprochen Christliches. Sie entspricht einem weit verbreiteten Bedürfnis der menschlichen Natur. Schon als der heilige Antonius das erste Kloster der Christenheit in der Wüste am Roten Meer gründete, baute er auf einer alten Überlieferung auf. Eremiten, die hohe Staatsstellungen am Hofe des Pharao aufgegeben hatten, um die Macht ihrem Schicksal zu überlassen und in der Wüste ihr Leben zu beschließen, hat es in Ägypten schon seit den frühesten Zeiten gegeben.

Der östliche Mönch bemüht sich noch heute, so zu leben, wie nach der Überlieferung die Urchristen gelebt haben. Er widmet sich der Askese, der Abtötung der Sinnlichkeit, der Ablösung von der Welt, der inneren Versenkung. Er ist ganz dem Himmel zugewandt. Die östliche Kirche kennt keine Mission. Nur wenige Mönche sind geweihte Priester. Das mönchische Leben besteht aus der immerwährenden Hingabe an die allgegenwärtige Kraft des Hagion Pneuma, des Heiligen Geistes.

Bei allen Gegensätzen, die diese Haltung gegenüber der tätigen, weltzugewandten, missionarischen Haltung der westlichen Christenheit aufweist, sollte nicht vergessen werden, daß die civiltà, diese vom lateinischen civilitas herkommende wunderbare Wortschöpfung Dantes, in der der Begriff dessen, was die deutsche Sprache Kultur nennt, ihren reinsten Ausdruck gefunden hat, die Forderung enthält nach der vita felice, dem glücklichen Leben, welches in der Übung der eigenen Tugend und in der Betrachtung Gottes besteht.

Das Mittel des östlichen Mönchtums, das Ziel der Vereinigung der menschlichen Seele mit Gott zu erreichen, ist die immerwährende Hinwendung zur Herrlichkeit der Herrschaft des Himmels im immerwährenden Gebet. Die Form, innerhalb deren das immerwährende Gebet lebendig ist, ist die Liturgie der östlichen Kirche. Sie ist von sublimer Symbolik, in der in einer Art sakraler Poesie alle Einzelheiten des Ritus zu den Ereignissen der Heilsgeschichte in Beziehung gesetzt sind. Diese Liturgie auch nur zu verstehen, bedürfte es eines Studiums von Jahren. Sie in allen Einzelheiten zu erleben, bedarf es der Übung eines Menschenlebens.

Das östliche Mönchtum hat in der Geschichte des byzantinischen Reiches eine bedeutende Rolle gespielt. Die Macht der Mönche beruhte auf dem Glauben der östlichen Christen, daß ein Mönch um so heiliger sei, je vollständiger er sich von der Welt abgewandt habe, und daß, je heiliger er sei, um so wirksamer seine Gebete seien. Die Macht der Mönche war ursprünglich eine geistige Macht. Es war die große Heiligkeit der Väter vom Athos, die dazu führte, daß die fern der Welt liegende, schwer erreichbare Mönchsrepublik der geistige Mittelpunkt der östlichen Kirche wurde.

Es gibt auf dem Heiligen Berg griechische, serbische, bulgarische, rumänische und russische Klöster. So ist der Athos noch heute ein getreues Spiegelbild der Völker und Jahrhunderte, in denen die Lehre des Evangeliums im Osten lebendig war.

In der östlichen Kirche sind orientalische Überlieferungen erhalten geblieben, die auf dem Kulturboden des Westens niemals hätten Wurzel fassen können. Daraus erklärt es sich, daß es den Frauen von jeher verboten war, den Boden der Mönchsrepublik zu betreten. Auf dem Athos wird man nicht geboren. Auf dem Athos stirbt man.

Die Legende, die in der magischen Welt des östlichen Christentums noch heute den Charakter voller Realität hat, erzählt, daß Mara, die Tochter eines serbischen Fürsten, die mit Sultan Murad II. verheiratet worden war, als Herrin des Reiches das Kloster Agiu Pawlu, ein serbisches Kloster, auf dem Athos besuchen wollte, um den Mönchen die Gaben der Heiligen Drei Könige, Gold, Weihrauch und Myrrhen, als Geschenk zu bringen. Als Mara in die Nähe des Klosters kam, hörte sie eine Stimme: »Gehe nicht weiter! Hier herrscht eine andere Königin als du. Hier herrscht die Königin des Himmels.«

Die Myrrhen der Heiligen Drei Könige, welche die serbische Prinzessin auf dem türkischen Thron zum Athos gebracht hatte, werden noch heute, in Gold gefaßt, im Kloster Agiu Pawlu aufbewahrt.

Während den Frauen das Betreten des Athos verboten ist, wird die Panagia, die Allerheiligste Muttergottes, kaum irgendwo auf der Welt höher verehrt als in dieser Republik der Asketen. Die Mönche des Ordens haben niemals der Kirche gedient. Schon daß die byzantinische Kirche den Kaiser auf dem Thron Konstantins des Großen als weltliches Oberhaupt hatte, hinderte sie daran. Eher kann man sagen, daß die Mönche versucht haben, die Kirche zu beherrschen.

Die byzantinischen Herrscher haben gewöhnlich nicht darauf verzichten wollen, mit Hilfe der Gebete der Mönche die Bilanz ihrer Verbrechen, jener Verbrechen, welche die Mächtigen der Erde so gern die Notwendigkeiten der Politik nennen, um ein Geringes auszugleichen. Die Mönche haben den kaiserlichen Bitten immer entsprochen. Es war ihre christliche Pflicht. Aus Dankbarkeit haben die Herrscher bei Lebzeiten oder bei ihrem Tode den Klöstern Kostbarkeiten und Besitztümer geschenkt. Der Kaiser Andronikos Palaiologos, der von 1282 bis 1328 regiert hat und erst 1332 gestorben ist, hat sein Leben wahrscheinlich auf dem Athos beschlossen. Zweihundert Jahre später folgte Kaiser Karl v. im Kloster von San Yuste seinem Beispiel. Auf seinem Sterbebett hat der Kaiser Andronikos sein Gebetbuch mit einer eigenhändigen Widmung dem Kloster der Iberer auf dem Athos vermacht. Dieses kaiserliche Vermächtnis befindet sich noch heute in der Bibliothek des Klosters.

So haben sich im Lauf der Jahrhunderte in den Athosklöstern Schätze angesammelt, die zu beschreiben es vieler Bände bedürfte. Zu diesen Schätzen gehören einige der ältesten und ehrwürdigsten Reliquien der Christenheit. Das Kloster Vatopedi bewahrt den Gürtel der Heiligen Jungfrau, den Maria bei ihrer Himmelfahrt dem Jünger Thomas in die Hände fallen ließ. Er ist ein einfaches Leinenband. Er wird in einem juwelengeschmückten, mit Emailminiaturen verzierten goldenen Reliquiar aufgehoben. Diese Reliquie befand sich ursprünglich in Byzanz. Sie wird schon um 450 in Urkunden im Besitz der heiligen Pulcheria, Kaiserin von Byzanz, erwähnt.

Auf dem Athos befinden sich die schönsten Tafelbilder der byzantinischen Kunst. Das Bild der berühmten Iberischen Muttergottes, der Madonna Portaïssita, der Madonna am Tor, ist der kostbare Besitz des Klosters Iwiron. Die Legende erzählt, daß, als beim Bildersturm in Konstantinopel ein Soldat seinen Dolch in das Bild gestochen habe, die Stelle, die sein Dolch getroffen hatte, zu bluten begann. Der Soldat habe daraufhin das Bild, um es vor weiterer Profanierung zu bewahren, dem Meer anvertraut. Er gab sein blutiges Handwerk auf und wurde Mönch. Am Ende eines langen Lebens kam er auf den Athos. Als er nach seiner Ankunft auf dem Heiligen Berg am Ufer stand und über die Wasser der Aegaeis blickte, wurde das Bild von den Wellen an Land getragen.

Nikon, Patriarch von Moskau, der Reformator der russischen Kirche in der Mitte des 17. Jahrhunderts, befahl einst, von der Madonna Portaïssita von Iwiron eine Kopie herzustellen. Diese Kopie wurde als Madonna Iwerskaja eines der berühmtesten Heiligenbilder Rußlands. Zar Alexei Romanoff schenkte im Jahre 1648, dem Jahr des Westfälischen Friedens, als kaiserlichen Dank den Mönchen von Iwiron ein Kloster in Moskau. Noch im Jahre 1928 habe ich vor der Madonna Iwerskaja, die damals in einer kleinen Kapelle am Tor zum Roten Platz in Moskau stand, für eine russische Freundin eine Kerze aufgesteckt.

Alte Ikonen werden auf dem Athos aufbewahrt, darunter einige der hervorragendsten Stücke der seltenen frühen, aus kleinsten Steinchen hergestellten Mosaikikonen. In den Bibliotheken findet sich, in alten Bibeln und Liturgien, eine Fülle herrlicher Miniaturen. Dazu sind die Klöster, in deren Einsamkeit die Frommen sich zurückzogen, um von der Welt Abschied zu nehmen, jahrhundertelang zu Ehren des Himmels mit Mosaiken und Fresken von großer Schönheit ausgeschmückt worden. Die Kunsthistoriker unserer Zeit haben meistens vergessen, daß die mittelalterlichen Bilder, deren Schönheit wir mit so viel Recht bewundern, nicht nur von guten, sondern auch von frommen Malern gemalt worden sind.

Das einflußreiche Monopol, das die Mönche hatten, indem sie eine Verbindung zwischen den kaiserlichen Sünden und der Gnade des Himmels herzustellen vermochten, haben die Mönche nicht unausgewertet gelassen. Der Versuchung der Macht hat auf Erden nur Jesus Christus selbst widerstanden. Zu manchen Zeiten gab es im byzantinischen Reich kaum einen Bischofsstuhl, der nicht mit einem Mönch vom Athos besetzt gewesen wäre. Die Mönche zahlten keine Steuern. Sie waren vom Kriegsdienst befreit. Die ungeheuren Reichtümer, die sich allmählich in ihren Händen angesammelt hatten, fingen an, gefährlich zu werden. Auch standen diese Reichtümer in einem schwer zu ertragenden Gegensatz zu der ewigen Geldnot des Staates. Die Mönche waren politisch nicht zu überwachen. Sie waren empfindlich und litten unter Anfällen von Fanatismus. Einzelne byzantinische Kaiser

haben versucht, sich mit gewalttätigen Mitteln des Mönchtums zu entledigen. Es ist keinem gelungen.
Hingegen hat es innerhalb des Mönchtums immer Reformatoren gegeben, welche die Ideale des Urchristentums wieder zur Geltung brachten. Die Mönche selbst kehrten aus den Händeln der Politik zu ihrer Weltabgeschiedenheit zurück. Von Jahrhundert zu Jahrhundert hat das religiöse Leben auf dem Athos sich erneuert.
Auf der Weltabgeschiedenheit der byzantinischen Mönche beruht ihre Abneigung gegen das Wissen. Die europäischen Gelehrten, die den Athos besuchen, sprechen gern mit einem nicht eben christlichen Hochmut von der Unbildung der Mönche und ihrem Mangel an wissenschaftlicher Neugier für die Kostbarkeiten ihrer Bibliotheken und ihrer Klosterschätze. Die Mönche haben darauf eine einfache Antwort. Sie sagen: »Am Jüngsten Tag wird Gott dich nicht fragen, was du weißt. Er wird dich fragen, was du getan hast.«
Die Kunst auf dem Athos ist im Lauf der Geschichte museal geworden. Das Wissen der Jahrhunderte, das in den Bibliotheken ruht, ist verstaubt und verschollen. Westliche Gelehrte allein machen sich die Mühe, es der Vergessenheit wieder zu entreißen. Lebendig geblieben auf dem Heiligen Berg ist allein die Leidenschaft der Frömmigkeit. Das Gebet der Mönche ist noch von dem gleichen feurigen Eifer erfüllt wie an dem Tag, als der heilige Athanasios das Katholikon von La Grande Lavra in der ganzen Pracht des zehnten Saeculum eingeweiht hat.

Wir verbrachten die Nacht in dem in der Nähe von Karyäs gelegenen Kloster Kutlumusi. Der fremdartige Name wird schon in einer Urkunde aus dem Jahre 1169 erwähnt. Er stammt von dem Gründer des Klosters, einem Prinzen aus der Familie des Selçukenfürsten Kutelmish. Die Wiege des Prinzen hatte in einem Zelt in der Steppe Turkestans gestanden. Nach einem Leben voll wilder und tapferer Kämpfe trat der Prinz aus Turkestan zum christlichen Glauben über, um auf dem Athos friedlich und tapfer zu sterben.
Als wir am Klostertor ankamen, blieben die Maulesel von selber stehen. An einer Klosterpforte vorüber oder durch sie hindurch reitet kein frommer Christ. Die Maulesel auf dem Athos wissen das.
Der Gastpfleger empfing uns mit großer Freundlichkeit. Kutlumusi ist ein Kloster der strengen, der koinobitischen Observanz.

Der Gastpfleger wies uns ein Zimmer an. Er bereitete uns einen Mokka. Dann kochte er uns Eier. Ein Ei auf dem Athos ist nach zwölf Vaterunsern weich. Die Einteilung der Zeit ist noch immer die des Alten Testaments. Der Tag hat von Sonnenaufgang bis Sonnenuntergang zwölf Stunden, deren Länge natürlich, je nach der Jahreszeit, wechselt.
Die Nacht war hereingebrochen. Es fing an, kalt zu werden. Der Gastpfleger brachte uns viele Decken. Wir konnten den reizenden Mann mit dem Präsent einer neuen Zeitung erfreuen, die wir aus Saloniki mitgebracht hatten. Eine Stunde noch saßen die Gefährten der Reise in die Vergangenheit am behaglichen Kamin des Bruders Pförtner beisammen, die Ereignisse des Tages, von den Partisanen bis zum Abt Nikardos, noch einmal vorüberziehen zu lassen. Die Eirene, der Frieden des Klosters, umgab uns. Um diese Stunde schlafen die Mönche in ihren Zellen. Kein Laut störte die Stille.
Gegen Mitternacht ertönte die Simantra, ein ehernes Gerät, das zu Beginn der Gebetsstunden mit dem Hammer angeschlagen wird. Wir erwachten. Wir traten ans Fenster. Wir schauten auf den dunklen Klosterhof hinab. Die Umrisse der Gebäude waren nur eben zu erkennen. Aus den Fenstern der Kirche leuchtete schwach das Licht einiger Kerzen. Der Mond war noch nicht aufgegangen. Nur die Sterne strahlten vom Himmel. Der eherne Laut in dieser tiefen Stille mahnte mit einer für unser Ohr unerhörten Eindringlichkeit an die Vergänglichkeit der Welt. Über die Treppen und Galerien des Klosters huschten Lichter, in deren Schein wir die schwarzen Gestalten der Mönche erkennen konnten, die sich mit Laternen in der Hand zum Gottesdienst begaben. Vor fünfundzwanzig Jahren habe ich diese nächtliche Szene schon einmal im Hsi-tien-mu-shan erlebt, dem Kloster am Westlichen Berg des Himmelsauges in der Provinz Chekiang. Damals waren es chinesische Mönche, die, mit Windlichtern aus ihren Zellen kommend, im Tempel des Buddha zum Gebet sich versammelten.
Aus dem Licht des Katholikon von Kutlumusi stieg durch die stille Nacht zu den Sternen an der Peripherie des aristotelischen Äon der feierliche Gesang der Mönche auf, Gott zu loben und zu preisen in den alten ergreifenden Klängen der byzantinischen Liturgie, gesungen von einer Schar von Männern, die vor langer Zeit ihre Schiffe verbrannt hatten, um in der Verlorenheit der Zeit die Ewigkeit zu erwarten.

Konstantinopel ist eine Stadt ersten Ranges. Wenige Städte kommen ihm gleich. Nur von einer wird es an Bedeutung übertroffen.
Die Welt verdankt Konstantinopel die Überlieferung der griechischen Literatur, die Erhaltung des römischen Rechts, einen grundlegenden Beitrag zur christlichen Theologie, einige Errettungen Europas vor den Mächten des Orient, die Anfänge des Humanismus.
Hellas hat die griechische Literatur geschaffen. Aber nachdem Athen von den Römern erobert war, sank es im Laufe weniger Jahrhunderte zu einer unbedeutenden Provinzstadt herab. Erst als politische Hauptstadt des neuen Griechenland hat Athen im letzten Jahrhundert wieder eine Rolle zu spielen begonnen. Die Gelehrten von Byzanz haben die Überlieferung von Hellas ein Jahrtausend lang bewahrt. Als noble Geste des Abschieds hat Byzanz bei seinem Untergang dem Westen den Humanismus vererbt.
Rom war die Hauptstadt des Römischen Weltreiches. Obwohl der politische Schwerpunkt des Imperiums sich vom 4. Jahrhundert an nach dem Osten verlagert hatte, wurde der Primat des römischen Episkopats weiterhin allgemein anerkannt. Rom wurde zum Mittelpunkt der Christenheit. Hinter dem Schutzwall der byzantinischen Macht konnten die Völker des Nordens in Ruhe die Antike zerstören, um aus den Trümmern der Vergangenheit jene kräftigen Staaten aufzubauen, aus denen Europa entstanden ist. Hätte nicht Byzanz in elf Jahrhunderten ununterbrochener Kämpfe die Wacht im Osten gehalten, Rom wäre ein persisches oder arabisches Dorf geworden wie Carthago und der Bischof von Rom ein Dorfprälat, so ehrwürdig auch immer die Überlieferung des Stuhles Petri geblieben wäre.
Kaiser Justinian hat das römische Recht in jenem großen Sammelwerk, das die Wissenschaft heute Corpus iuris civilis nennt, zusammengefaßt. Damit hat Byzanz die kostbarste Errungenschaft des Römischen Imperiums der Welt erhalten und dem Abendland, in dem dieses Recht geschaffen worden war, zurückgegeben. – Byzanz hat Roma Aeterna, die Ewige Stadt, davor bewahrt, eine ewige Erinnerung zu sein.
Es gibt nur eine Stadt auf Erden, welche Athen, Rom und Konstantinopel an Alter und Bedeutung übertrifft. Der Name dieser Stadt erscheint als Urusalim, »Stadt des Friedens«, zum ersten-

mal im 14. Jahrhundert vor Christi Geburt in den Archiven der Pharaonen. Seitdem ist ihre Überlieferung niemals mehr unterbrochen gewesen. Drei Weltreligionen ist diese Stadt heilig. Sie ist die einzige Stadt auf Erden, von der Menschen glauben, daß sie das Abbild einer himmlischen Stadt sei. Älter als Athen, heiliger als Rom, lebendiger als Konstantinopel ist Jerusalem.

Wenn das Schiff vom Aegaeischen Meer in die Dardanellen einbiegt, fährt es zwischen dem Grab des Achilles, der im Trojanischen Krieg gefallen ist, und den Gräbern der türkischen, deutschen und englischen Soldaten, die im ersten Weltkrieg auf Gallipoli gefallen sind, hindurch. Es fährt hindurch zwischen Szylla und Charybdis des Heroismus. Aber wie es bei den Gräbern an Backbord um die politische Herrschaft im Vorderen Orient und um die Bagdadbahn ging, hat es sich auch bei dem Grab an Steuerbord nicht nur um ein Heldenlied gehandelt. Schon das Troja des Königs Priamos hat die Dardanellen bewacht, die das Mittelländische Meer mit dem Marmarameer und dem Schwarzen Meer verbinden. Es ist mehr als wahrscheinlich, daß der Trojanische Krieg, der nur ein Menschenalter später als der Auszug des Moses aus Ägypten stattgefunden hat, nicht nur um der Schönheit der griechischen Königin Helena willen geführt worden ist. Schon damals dürften Exportinteressen des griechischen Handels nach dem Schwarzen Meer eine Rolle gespielt haben.
Das erste Schiff, von dem wir wissen, daß es die Dardanellen passiert hat, war die »Argo«, die unter Kapitän Jason nach Kolchis fuhr, das Goldene Vlies zu holen. Der Kern der vielen Sagen, mit denen die Argonautenfahrt umwoben ist, ist die Erinnerung an eine der ersten großen Entdeckungsreisen der griechischen Geschichte. Die Gelehrten datieren die Argonautenfahrt noch vor den Trojanischen Krieg. Dem Kurs der »Argo« folgend, gründeten Dorer um 660 vor Christi Geburt die Kolonie Byzantion am Bosporus. Weitere griechische Stadtgründungen auf der Krim und an den Küsten des Schwarzen Meeres folgten.
Wenn das Schiff das Marmarameer durchkreuzt hat und sich dem Bosporus nähert, jener Meerenge, die das Marmarameer mit dem Schwarzen Meer verbindet, schließt sich, Europa zur Linken, Asien zur Rechten, das vor dem Auge aufsteigende Land am Horizont zusammen.
Der Bosporus verläuft fast genau von Süden nach Norden. An seinem südlichen Eingang, auf der linken, der europäischen Seite,

öffnet sich eine Bucht ins Land hinein. Diese Bucht ist das Goldene Horn, der Hafen von Konstantinopel, einer der schönsten Häfen der Welt. Der südlich dieser Bucht gelegene Teil der Stadt ist das alte Byzanz. Im nördlichen Teil, auf der anderen Seite der Bucht, erstrecken sich die neueren Handelsviertel Galata und Pera. Konstantinopel liegt vollständig auf europäischem Boden.
Die Einfahrt in den Hafen von Konstantinopel ist ein großartiges Schauspiel. Wenn das Schiff der Stadt sich nähert, gleiten an Steuerbord die grünen Prinzeninseln vorüber, mit Wald und weißen Villen bestanden. Dann steigt Byzanz aus dem Meer herauf.
Die Stadt ist, wie Rom, auf sieben Hügeln erbaut. Die mächtigen Kuppeln der Moscheen, überragt von schlanken Minaretts, setzen sich gegen den blauen Himmel ab. Die Sonne blitzt auf goldenen Dächern. Die Fahrt des Schiffes wird langsamer. Zur Linken, am Eingang des Hafens, gleiten die Gebäude des alten Serail vorüber, des Palastes der türkischen Sultane mit Gärten und Pavillons.
Über dem Serail erhebt sich, ein mächtiges Steingebirge, der gedrungene Bau der Hagia Sophia, der Kirche der Heiligen Weisheit. Auch sie ist von vier Minaretts umgeben. Auf der anderen Seite des Goldenen Horns ragt ein gewaltiger genuesischer Wachtturm zum Himmel. Gegenüber, auf der asiatischen Seite der Meerenge, liegt auf einem Hügel Skutari mit seinen ausgedehnten Kasernen.
Diese Kasernen sind seit dem Krimkrieg in den fünfziger Jahren des 19. Jahrhunderts ein Denkmal der Nächstenliebe. Während in der Britischen Botschaft in Pera, diesem Kastell der Diplomatie, von dem aus hundert Jahre lang das sterbende Reich der Osmanensultane beherrscht worden ist, die Frau des englischen Botschafters ihre Fünfuhrtees gab, kämpfte auf der anderen Seite des Bosporus, in den Kasernen von Skutari, Florence Nightingale, der Engel des Krimkrieges, in Schmutz, Gestank und Verzweiflung ihren heldenhaften Kampf um eine vernünftige Versorgung der verwundeten und kranken Soldaten von Sewastopol, einen Kampf, den sie schließlich, zum Ruhme des 19. Jahrhunderts, gegen die Grausamkeit des Kriegsgottes und den Stumpfsinn der Militärbürokratie gewann.
Nur wenige Menschen werden sich erinnern, daß der Streit zwischen Frankreich und Rußland, welche der beiden Großmächte den ersten Anspruch auf den Schutz der geweihten Stätten im

Heiligen Land habe, eine der Ursachen des Krimkrieges gewesen ist.
Etwas südlich von Skutari liegt der kleine Hafen Haidar Pasha mit dem Bahnhof, in dem die Anatolische Bahn beginnt. Sie führt hinab zum Taurusgebirge. Von Konia an hat sie den in der Politik so berühmt gewordenen Namen Bagdadbahn. An beiden Ufern des Bosporus ziehen sich Villen und Schlösser, Gärten und alte Burgen dahin. Über allem der blaue Himmel, die strahlende Sonne und ein frischer Wind aus Nordost.
Große Schiffe liegen auf Reede oder an der Pier. Ein fröhliches Gewimmel von Motorbooten, Lastkähnen, Prähmen und schneeweißen Passagierbooten, die mit großer Geschwindigkeit das Wasser durchpflügen, füllt den Hafen bis zu der vorderen der beiden Brücken, die in mächtigem Schwung die Ufer des Goldenen Horns miteinander verbinden. Auf den Dückdalben hocken die Kormorane. Tausende von Möwen beleben mit weißen Schwingen und hellen Schreien das Bild. In Rauch und Lärm umfängt den Fremdling die unbeschreibliche, von den tausend Gerüchen der Ferne gesättigte Atmosphäre eines der großen Häfen der Welt.
Dieses glanzvolle Bild ist zu allen Zeiten von den Reisenden aller Völker gerühmt worden. Nur, daß dem Glanz das Elend gegenübersteht. Die Geschichte lehrt, daß der Mensch Prunk und Schönheit der Herrschaft über die Welt mit Strömen von Blut bezahlen muß. Diese wunderbare und märchenhafte Stadt liegt an einem der empfindlichsten Punkte der weltpolitischen Geographie.
Die wichtigsten Daten in der Geschichte der Stadt am Goldenen Horn spiegeln sich in den sieben Namen, welche sie hat. Auch darin ist diese Stadt einzigartig, daß alle ihre Namen in all den wilden Ereignissen ihrer Geschichte lebendig geblieben sind. Sie ist ebensogut Byzanz wie Konstantinopel wie Istanbul. Witzigerweise ist auch Istanbul, der dritte, der türkische Name der Stadt, aus dem Griechischen entstanden: »εἰς τὰν πόλιν, eis tan polin – hinein in die Stadt«. Der vierte Name der Stadt ist Nova Roma, das Neue Rom. Seit Konstantin der Große die Stadt als das Neue Rom gegründet hat, führt Seine Heiligkeit der Allökumenische Patriarch von Konstantinopel den Titel eines Novae Romae Archiepiscopus in seinem Siegel. Der fünfte Name der Stadt ist eine Jahrhunderte alte Drohung. Alle slawisch sprechenden Völker nennen die Stadt des Kaisers Konstantin Zarigrad, die Kaiserstadt. In früher Zeit hat Konstantinopel als

sechsten Namen den heidnisch priesterlichen Geheimnamen »Anthusa – die Blühende« gehabt. Mit dem siebenten Namen nennen die Araber sie »Dar el-Saadat – Stätte der Glückseligkeit«.
Die eigentümliche geschichtliche Beständigkeit der Stadt am Goldenen Horn spiegelt sich in ihrem Symbol, dem Halbmond. Zur Zeit Philipps von Mazedonien, des Vaters Alexanders des Großen, wurde die Stadt einmal vor einem mazedonischen Angriff durch ein Licht gerettet, durch welches die Göttin Hekate das sich nahende feindliche Heer den Bewohnern von Byzantion anzeigte. Aus Dankbarkeit wurde der Halbmond, das Zeichen der Göttin Hekate, zum Stadtzeichen von Byzantion gemacht. Durch alle Wechselfälle der Geschichte hindurch ist der Halbmond das Symbol von Konstantinopel geblieben – ein denkwürdiges Wappen, eines der ältesten der Welt. Die Kraft dieses Symbols zeigte sich zum letztenmal, als die Türken von der Hagia Sophia das Kreuz herabholten und den Halbmond aufpflanzten. Damals wurde nicht Konstantinopel osmanisch, sondern das Osmanenreich wurde byzantinisch.
Es ist der weltpolitischen Einsicht Napoleons zu danken, daß die Stadt nicht schon seit hundertfünfzig Jahren allein noch Zarigrad heißt. Diese Einsicht hat Napoleon auf dem nutzlosesten seiner vielen nutzlosen Feldzüge gewonnen.
1807, beim Friedensschluß von Tilsit, nannte Napoleon Byzanz weltbeherrschend und weigerte sich, es an ein Rußland abzutreten, das durch den Verlauf seiner Ströme dazu bestimmt sei, nach der Beherrschung dieser Stadt zu streben. Außer der Donau, diesem alten ostwestlichen Graben der Völkerwanderungen, sind es der Dnjestr, der Bug und der Dnjepr, die ins Schwarze Meer, der Don und der Kuban, die ins Asowsche Meer münden. Schon im Jahre 860 nach Christi Geburt war die erste russische Flotte ins Marmarameer eingefahren.
Vom Westen her sind diese Dinge nicht so leicht zu überschauen. Der Bürger, der auf seinem Osterspaziergang sagte:

»Wenn hinten weit in der Türkei
die Völker aufeinanderschlagen . . .«,

hatte den Blick für Weltpolitik verloren. Aber Napoleon war neun Jahre vor Tilsit in Ägypten und Syrien gewesen. Dort hatte er die Probleme des Orient kennengelernt.
Der imperiale Blick Napoleons ging so weit, daß er auf seinem Feldzug nach Rußland in seinem Gepäck einen Ornat für seine Krönung als Kaiser von Byzanz mit sich führte. Napoleon war

kein Alexander. Eine Eroberung der Welt durch Frankreich im 19. Jahrhundert nach Christus hatte nicht den gleichen geschichtlichen Sinn wie die Ausbreitung der hellenischen Kultur in Vorderasien im 4. Jahrhundert vor Christus. Napoleon hat, und zwar vielleicht aus diesem Grunde, keinen Erfolg gehabt. Nicht einmal seinen Bewunderern ist es eingefallen, ihn Napoleon den Großen zu nennen.

Konstantinopel ist ein Grenzposten Europas gegen den Osten. Diese Aufgabe liegt so fest, daß sogar die Türken, die doch ein asiatisches Reitervolk sind, nachdem sie von Osten kommend die Stadt erobert haben, ihren Besitz gegen den Osten verteidigen müssen. Freilich ist es die ganze Geschichte hindurch das merkwürdige Schicksal von Byzanz gewesen, daß es immer auch gegen den Westen hat kämpfen müssen.

Während Byzanz mit den anatolischen Selçuken, dem ersten türkischen Volk, das nach Kleinasien gekommen war, im Krieg lag, bewog der Doge Dandolo von Venedig die fränkischen Ritter des vierten Kreuzzugs dazu, Konstantinopel zu überfallen, zu erobern und zu plündern. Das war im Jahre 1204. Als erster setzte der alte Mann seinen Fuß vom Schiff an Land, um mit diesem einen unüberlegten Schritt nicht nur die Macht von Byzanz, sondern auch die Macht von Venedig zu zerstören. Dieser Schlag hat Konstantinopel so geschwächt, daß es schließlich in die Hände der Türken fiel. Mit dem Verlust des östlichen Mittelmeeres und der Zerstörung des Handels mit dem Orient verfiel auch die Macht Venedigs.

In allen Schatzkammern Europas werden die Kostbarkeiten aufbewahrt, die die Kreuzfahrer, des von den Moslems zurückeroberten Jerusalem vergessend, als Beute mit nach Hause genommen haben. Noch das sterbende Byzanz hat mit dem, was ihm geraubt worden ist, der erwachenden Kunst des Westens einen außerordentlichen Auftrieb gegeben.

Vom Fenster meines Zimmers in Pera blicke ich über die Stadt, diese Landschaft der Erinnerungen, in der der Mensch den Gedanken der Unendlichkeit mit steinernen Konturen in den Himmel gezeichnet hat. Noch die Trümmer, auf denen die Hütten der Armen stehen, sind Schutt einer großen Vergangenheit. Allen Glanz der Erde hat diese Stadt gesehen und all ihr Elend. Immer bedroht, immer in Gefahr, hat Byzanz, in der Herrlichkeit der Kulturen, deren Mitte es gewesen ist, im Schmutz des Lebens ungezählter Generationen, in den Lastern und Tugenden seiner Herrscher und seines Volkes, hundertmal die Ver-

zweiflung durch die Hoffnung besiegt. Byzanz, diese Stadt an der Grenze Europas, ist ein Denkmal der Tapferkeit des menschlichen Herzens. Es kann uns daran erinnern, daß dieser Kontinent im Lauf der letzten zweitausend Jahre immer wieder in geschichtliche Situationen geraten ist, die gefährlicher und aussichtsloser waren als die Lage, in der wir uns befinden.
Wandert der Fremdling durch die Straßen von Istanbul, trifft er auf eine reizvolle Mischung von Orient und Okzident, von Morgenland und Abendland. Die Inschriften sind türkisch, aber alle in lateinischer Schrift. Man kann sie lesen, aber man versteht kein einziges Wort. Das Türkische ist keiner europäischen Sprache verwandt. Man kennt keines seiner Wörter. Der Name der Hauptstraße von Pera, auf der ein lebhafter Verkehr an den eleganten Läden, den Caféhäusern und den Kinos vorbeiflutet, ist Istiklâl Çadessi. Man braucht drei Tage, bis man diesen Namen gelernt hat, und noch einmal drei Tage, bis man ihn so aussprechen kann, daß ein Türke ihn versteht. In den Caféhäusern sitzen, wie zur Zeit Sultan Solimans des Prächtigen, würdige Türken, friedliche Nachfahren der Janitscharen, und rauchen die Nargile, die alte Wasserpfeife. Freilich, die Türken tragen heute nicht mehr den Fez, die rote Kopfbedeckung des rechtgläubigen Moslem, sie tragen europäische Hüte. Entschieden, der Fez war kleidsamer als der Hut. Schon der Oberst v. Moltke nahm sich als Andenken an die Jahre, die er im Dienst der Hohen Pforte gestanden hatte, einen echten Fez mit nach Berlin. Dort freilich stellte sein Bursche an einem kleinen Stempel fest, daß der echte Fez aus Pulsnitz in Sachsen stammte.
Des großen Soliman sollten wir uns allezeit mit Herzlichkeit erinnern. Die Welt verdankt ihm nicht nur eine neue Stadtmauer für Jerusalem, einige in der türkischen Literatur hochgeschätzte Gedichte und ein großzügiges, von Toleranz getragenes Edikt, welches das Los der Christen in seinem Reich erleichterte zu derselben Zeit, als die Inquisition ihre Scheiterhaufen zu schichten begann, diesem Sultan verdankt die Welt auch das Caféhaus. Auf Kaffeesäcken, die im Lager der Türken vor Wien gefunden wurden, gründete ein Levantiner, der mit der Sache Bescheid wußte, das erste Wiener Caféhaus. Zweifellos wäre die neuere europäische Literatur ohne die kleine grüne Bohne dieser Rubiazee aus Abessinien anders geworden, wenn es weder in Wien noch in Paris noch in Berlin Caféhäuser gegeben hätte. Wie meine Biographie ohne Caféhaus überhaupt hätte ablaufen können, kann ich mir platterdings nicht vorstellen.

Wandert man, hügelauf, hügelab, durch die alten Straßen von Byzanz auf der Südseite des Goldenen Horns, geht man noch immer auf den Pfaden, die vor tausend Jahren begangen worden sind. Der Bebauungsplan der Stadt ist durch die Bodenverhältnisse festgelegt. Der Serail steht auf den Grundmauern des alten Kaiserpalastes. Der Hippodrom ist all die Zeiten hindurch niemals bebaut gewesen. Wo die Hagia Sophia steht, hat die Akropolis der alten griechischen Kolonie Byzantion gestanden. Wo heute Mietshäuser stehen, hat immer schon das Volk gewohnt. Manchmal, zwischen zwei solchen hohen Häusern, steigt steil eine uralte Treppe mit uralten Stufen einen Hügel hinan. Mit ihren glatt und rund geschliffenen Steinen schauen diese Treppen wahrhaft ehrwürdig drein. Man hat das Gefühl, sie seien alt genug, daß allein die sanften Pfoten der Katzen, der jeweils zehntausend antiken, byzantinischen oder türkischen Katzen genügt haben könnten, die Kopfsteine glatt und rund zu schleifen. Unter diesen struppigen Katzen mag manche in ihrem Stammbaum einen Ahnen haben, der von einer römischen Kaiserin gestreichelt worden ist.
Zuweilen gerät man bei diesen Spaziergängen in verlorene Ecken, in denen türkische Holzhäuser mit schön geschnitzten Haremsfenstern erhalten geblieben sind. Obwohl Kemal Atatürk den Schleier der türkischen Frau aufgehoben hat, ziehen die Frauen das Kopftuch vor den Mund und halten es mit den Zähnen fest. Alte Sitten und neue Gesetze sind von jeher schwer miteinander zu vereinen gewesen.
Die Stadt Byzanz hat unterirdische Zisternen, auf Granit- oder Porphyrsäulen ruhende mächtige Gewölbe. Eine der Zisternen ist seit der Zeit Konstantins im Gebrauch. Zwei der alten Aquädukte, der eine vom Kaiser Valens, der andere vom Kaiser Justinian gebaut, bringen noch immer frisches Wasser aus den Bergen in die Stadt.
Der Basar ist eine kleine Stadt für sich. Man betritt diese Burg des Handels durch ein großes steinernes Tor. Viele Meilen lang ziehen sich die überdachten Gassen kreuz und quer dahin. Sie sind ein wenig düster, dafür im Sommer schattig und kühl. Es ist gemütlich in diesem Basar. Überall sitzen, mit untergeschlagenen Beinen, die Händler auf Teppichen auf dem Boden. Sie rauchen Zigaretten und trinken Mokka, den kleine barfüßige Knaben auf einem an drei Ketten hängenden Messingtablett, graziös durch die Menge schwebend, herbeitragen. Dazu schwätzen die Männer uferlos. Bleibt man stehen, um eine Stickerei,

ein Kupfergefäß, eine Emailarbeit zu betrachten, wird man sogleich liebenswürdig in das Geschwätz einbezogen und bekommt eine Tasse Mokka angeboten. Liebenswürdiges Geschwätz ist sicher eine der friedlichsten Möglichkeiten, von der Sprache Gebrauch zu machen. Aber zuweilen haben sich aus dem liebenswürdigen Geschwätz des Basars welterschütternde Aufstände des Volkes entwickelt, die bei den großen Rennen im Hippodrom zum Ausbruch kamen und in Strömen von Blut erstickt werden mußten.
In den engen, gewölbten Kaufläden, Höhlen, die gegen die Basargasse offen sind, brennen Ampeln. Mehr als ein dutzendmal ist dieser Basar abgebrannt. Aber immer noch liegt er in derselben Gegend, in der einst die Hofdamen des Kaisers Andronikos Palaiologos chinesische Seide, Bernsteinschmuck, arabische Parfums, Türkise aus Ceylon, Pelze aus Rußland, Teppiche aus Buchara gekauft haben. Als eine Erinnerung an das blühende Handwerk der frommen Stadt, die einmal die halbe Christenheit mit Kostbarkeiten für Kirchen, Paläste und schöne Frauen versorgt hat, sind in den Gassen der Juweliere noch immer die goldenen und silbernen Armreifen zu Bergen getürmt wie in den Zeiten, als Byzanz den Handel der Welt beherrschte.

Kaiser Konstantin, der Byzanz zur Hauptstadt des Imperiums gemacht und das Christentum zur Staatsreligion des Römischen Reiches erhoben hat, trägt das ihm von der Geschichte verliehene Epitheton »der Große« zu Recht. Doch hat seine Größe nichts Lichtes, nichts Helles, nichts von jener antiken Heiterkeit, die den Marcus Aurelius so liebenswert macht. Konstantin ist auf dem Balkan geboren. Sein Leben ist überschattet von jener düsteren Anschauung der Welt, die die Hellenen seit jeher an den nördlichen Barbaren erschreckt hat.
Aus Portraitbüsten wissen wir, wie Konstantin ausgesehen hat. Dieses Gesicht mit der etwas niedrigen Stirn, den weit geöffneten Augen, in denen die Furcht vor den Dämonen flackert, der gewaltigen Nase, dem energischen Kinn und dem streng geschlossenen Mund, dessen Winkel ein wenig herabgezogen sind, dieses Gesicht, das selten gelächelt hat, ist wie eine von den furchtbaren Kämpfen der Macht zerrissene Landschaft.
Die Erhebung des Christentums zur Staatsreligion hat trotz der schönen Stories, mit denen diese weltgeschichtliche Aktion ersten Ranges geschmückt wurde, mit Politik nicht weniger zu tun als mit christlicher Frömmigkeit. Die Gründung des Neuen Rom

war in der Tat ein Entschluß von überlegener politischer Klugheit. Konstantin wollte das Numinosum seiner Macht von der alten heidnischen Überlieferung lösen, um es mit der dem Jenseits zugewandten Metaphysik der neuen Religion zu verbinden. So schuf er als Kristallisationspunkt einer neuen Welt eine neue Hauptstadt. In Nova Roma war die Überlieferung des Heidentums zu schwach, um der inneren Kraft der neuen Lehre wirksam widerstehen zu können. Um sich vollständig durchzusetzen, hat das Christentum in Rom länger gebraucht als in Konstantinopel.

Nichts hat dieser große Herrscher halb getan. Sogar von seinen Verbrechen kann man das sagen.

Nachdem er das Christentum zur Staatsreligion erhoben hatte, berief er Bischöfe aus allen Teilen des Reiches zum ersten ökumenischen Konzil nach Nicaea. Auf diesem Konzil wurden unter seinem Vorsitz »von den Vätern«, wie es in den alten Berichten heißt, die theologischen Grundsätze des christlichen Glaubensbekenntnisses formuliert. So ist es verständlich, daß über die Fehler dieses Kaisers von den christlichen Geschichtsschreibern seiner Zeit duldsam hinweggesehen worden ist. Für den historischen Erfolg des Christentums ist Konstantin der Große entscheidend gewesen.

Die politische Absicht, die Konstantin hatte, als er am 11. Mai des Jahres 330 nach Christi Geburt Nova Roma zur Hauptstadt erhob, hat er erreicht. Das römische Kaisertum ging ohne Erschütterung in das byzantinische über. Man muß sich klar machen, daß, als Columbus geboren wurde, noch immer ein Nachfolger des Kaisers Augustus auf dem Thron von Byzanz saß.

Den Platz für seine Hauptstadt hat Konstantin mit genialem geographischem und politischem Scharfblick gewählt. Darin hat er sogar Alexander den Großen übertroffen. Als die Türken am Abend des 29. Mai 1453 die Stadtmauer von Byzanz erstürmt hatten, war das Jahrtausend zu Ende, in welchem die Stadt des Kaisers Konstantin die Hauptstadt des griechisch-byzantinischen Weltreiches gewesen war. Am Lendemain seiner schrecklichsten Niederlage erwachte Konstantinopel als Hauptstadt des islamisch-türkischen Weltreiches, die es bis auf unsere Tage bleiben sollte. Dieser Vorgang ist einzig in der Geschichte.

Die Stadtmauer von Byzanz, hundert Jahre nach Konstantin vom Kaiser Theodosios II. erbaut, ist eine der großartigsten Ruinen, die ich kenne. Die Mauer verläuft in einer Länge von sieben

Kilometern halbmondförmig vom Ufer des Marmarameeres bis zum Ufer des Goldenen Horns. Sie schließt die Stadt vollständig nach Westen ab und ist noch heute ihre Grenze.
Das mächtige Festungswerk besteht aus zwei hintereinander gelegenen Mauern. Vor der etwas niedrigeren äußeren Mauer verläuft ein mit senkrechten Böschungen gemauerter Wassergraben von achtzehn Metern Breite. Beide Mauern sind mit Türmen gekrönt, sechsundneunzig auf der äußeren, sechsundneunzig auf der inneren Mauer. Die Türme der äußeren Mauer werden von denen der inneren Mauer, gewaltigen Bastionen, überragt. Von der Zinne der Mauer geht der Blick weit in das hügelige Land hinein auf verstreute Akazienwäldchen, auf Felder, auf mauerumgürtete Villen und friedliche Dörfer. Die Mauer wird von zehn mächtigen Toren unterbrochen. Durch diese Tore sind im Lauf der Jahrhunderte ebenso oft siegreiche Heere im Triumph eingezogen, wie geschlagene Feldherrn sich in den Schutz der Mauer gerettet haben. Die gewaltige Doppelkette der Stadtmauer von Byzanz, die von Wasser zu Wasser durch die Landschaft zieht, war tausend Jahre lang der Schutzwall der Zivilisation gegen die Barbarei.
Am Tor des heiligen Romanos, das noch heute steht, kämpfte Konstantin XI. aus dem Hause Paléologue seinen letzten Kampf gegen die Eroberer. Die Endphase dieses Kampfes ist von einer Dramatik, die das Herz bewegt.
Am Vorabend der Eroberung entzündeten die Türken entlang der ganzen Stadtmauer riesige Feuer. Dieser feurige Halbmond, das uralte Symbol der Stadt, erleuchtete die letzte Nacht der tapferen Verteidiger. Die Stadt kann damals nicht mehr als höchstens noch hunderttausend Einwohner gehabt haben. Das Rückgrat der Verteidigung waren fünftausend bewaffnete Griechen, zweitausend Fremde und vierhundert Genuesen. Die Fremden und die Genuesen waren die letzte Hilfe des Abendlandes für das Bollwerk der Christenheit im Osten.
Am anderen Morgen, einem Freitag, empfing Kaiser Konstantin XI. mit seinen Getreuen in der Hagia Sophia das Herrenmahl. Sultan Mehmet Fehti II. griff mit der ganzen Macht seines Heeres an. Zwei schwere Attacken hatten die Verteidiger schon abgeschlagen, als ein erstaunliches Ereignis eintrat. Wäre es den Verteidigern gelungen, auch den dritten Angriff noch abzuschlagen, hätte wahrscheinlich auch Mehmet, wie so viele seiner Vorgänger, die Belagerung aufgeben und auf den stolzen Beinamen Fehti, der Eroberer, verzichten müssen. Eine Geringfügigkeit

führte zu einer weltgeschichtlichen Wende. Die Kerkoporta, ein Tor, das vom Kaiser Isaak Komnenos vor langen Jahrhunderten verschlossen worden war, um der Prophezeiung zu begegnen, daß Kaiser Friedrich Barbarossa durch dieses Tor in die Stadt einziehen werde, war während der Verteidigung aus taktischen Gründen geöffnet worden. Da seit je jedermann wußte, daß dieses Tor nicht passierbar sei, hatte der örtliche Befehlshaber vergessen, es durch eine Wache zu schützen. Fünfzig Türken stahlen sich durch die Kerkoporta in die Stadt. Sie wurden stracks niedergemacht, aber das Gerücht, die Türken seien in der Stadt, lief als Schrei des Schreckens die Linien der Verteidiger entlang. Eine Panik brach aus. Mehmet griff noch einmal an.

Als Kaiser Konstantin sah, daß seine Sache, die Sache eines Weltreiches, verloren war, schrie er mit gewaltiger Stimme: »Wo ist ein Christ, der mich tötet?« Dann stürzte er sich in die Feinde und fiel unter den Schwertern der Osmanli.

Groß bis zum letzten Atemzug ist der letzte römische Kaiser, der letzte Herrscher dieses ersten Imperiums christlichen Glaubens, zu Grunde gegangen. Am nächsten Morgen wurde sein verstümmelter Leichnam unter einem Haufen Erschlagener gefunden, kenntlich nur noch an den Purpurschuhen an seinen Füßen.

Die alte Stadt am Bosporus gewährt einen Ausblick in alle vier Richtungen der Windrose der Nachdenklichkeit. Die westliche Christenheit hat vergessen, daß die ersten Jahrhunderte ihrer Geschichte sich im Raum des Aegaeischen Meeres und in Nordafrika abgespielt haben. Es ist die Grenze des heutigen Europa, von wo aus wir nach Süden und Südwesten auf die christlich-griechische Welt jener frühen Jahrhunderte blicken. Das war Syrien mit den heiligen Stätten in Palästina. Das war Kleinasien, wo der Apostel Johannes die ersten christlichen Gemeinden, die sieben apokalyptischen Gemeinden, gründete. Das war Ägypten, wo in Alexandria die christliche Gelehrsamkeit eine ihrer berühmtesten Lehrstätten fand, dieses Ägypten, in dessen Wüsten die ersten Klöster der Christenheit gebaut worden sind. Das war Nordafrika, wo der heilige Augustin in Hippo, in der Nähe Carthagos, lehrte und wirkte. Die Länder, in denen Geist und Kultur des Abendlandes ihre erste große Blüte erlebt haben, die Länder, in denen das Zeitalter des Glaubens begonnen hat, sind dem Westen politisch verlorengegangen. Aber noch immer ist die Stadt am Bosporus ein Spiegel der alten Herrlichkeit eines Europa, das viele Male in seiner Geschichte großartig und hoffnungslos zu Grunde gegangen ist, um ebenso oft großartig

und hoffnungsvoll wieder aufzuerstehen. Die Geschichte dieser Stadt spiegelt alle Widersprüche dieses unglaublichen Kontinents – seine Pracht, seine Torheit, seine Verzweiflung, seinen Glanz und seinen unerhörten Willen, sich zu behaupten.
Blickt man über die Dächer Konstantinopels, Dächer von Kirchen und Grandhotels, Dächer von Moscheen und Ambassaden, Dächer von Bankhäusern und Basaren, erstreckt sich hinter diesem Bild kostbarer Gegenwärtigkeit der Horizont der Jahrhunderte – im Osten die Krim, Kolchis, der Kaukasus, das Kaspische Meer, das alte Asien; im Süden Ephesos, Tarsos, Antiochia, Jerusalem, Alexandria; im Südwesten Troja, Athen, Mykene; im Westen Philippi, der Berg Athos, Rom.
Der Teppich der Geschichte liegt ausgebreitet zu den Füßen des Fremdlings. Wie alt ist dieser Kontinent! Diesseitige Macht und jenseitige Sehnsucht, Furcht und Frömmigkeit, Herrschsucht und Nächstenliebe, Blut, Tränen und Schweiß, Hochmut und Ritterlichkeit, der Glanz der Kunst, das Lächeln der Madonna, das Brausen von Orgeln und das Brausen von Düsenflugzeugen – was für eine Welt! Und wie wird diese Welt in tausend Jahren, in hundert Jahren, in zehn Jahren, wie wird sie übermorgen aussehen?
Wir wissen es nicht, und so können wir nichts weiter tun, als mutig festzuhalten an jenem Mut zu leben, dem dieser Kontinent so viele bewundernswerte Denkmäler gesetzt hat.

Die Kirche der Heiligen Weisheit

Die Hagia Sophia, die Kirche der Heiligen Weisheit, ist eines der berühmtesten Bauwerke der Welt. Als der Patriarch von Konstantinopel am dritten Weihnachtstag des Jahres 537 nach Christi Geburt in einer feierlichen Zeremonie das in einer Bauzeit von nur fünf Jahren errichtete Gotteshaus konsekrierte, trat Kaiser Justinian, der große Justinian, allein an den Altar, hob die Hände und rief in einer glänzenden imperialen Attitüde von römischem Stolz und christlicher Demut:
»Ruhm und Ehre dem Allerhöchsten, der mich für würdig hält, ein solches Werk zu vollenden! O Salomo, ich habe dich übertroffen!«
Über der südlichen Tür des Narthex, der in einer Breite von zehn Metern und einer Länge von sechzig Metern der Westseite der Kirche vorgelagerten Eingangshalle, ist in einer Höhe von

etwa fünfzehn Metern ein Mosaik, das von den Türken übermalt gewesen war, wieder freigelegt worden. In diesem Mosaik hat ein unbekannter Meister den Horizont erhellt, unter welchem das erste Baudenkmal des christlichen Glaubens, das Weltbedeutung gewonnen hat, errichtet worden ist.
Auf dem Mosaik thront in der Mitte die himmlische Majestät der Madonna mit dem Kind. Zu beiden Seiten stehen, ein wenig niedriger, die irdischen Majestäten des Kaisers Konstantin und des Kaisers Justinian. Konstantin bringt der Madonna auf seiner kaiserlichen Hand die neue Hauptstadt Nova Roma dar, Justinian auf der seinen die neue Kirche der Heiligen Weisheit.
Dieses Mosaik ist ein Hauptwerk der byzantinischen Kunst. Es ist von vollkommener Schönheit. Byzanz hat die Kunst des Mosaiks auf eine niemals wieder erreichte Höhe geführt. Keine Entwicklung geht voraus. Zwar haben die Bedingungen, die zur Entstehung der byzantinischen Kunst geführt haben, eine lange Geschichte, aber diese Kunst selbst ist dem Geist der Zeit entsprungen wie einst Athene dem Haupt des Zeus. So unchristlich dieser Vergleich für eine nichts als christliche Kunst sein mag, ich weiß keinen besseren.
Dieses Mosaik hat die Einfachheit und Vollkommenheit, die ein Merkmal aller hohen Werke einer neuen Epoche ist. Die Farben sind in den Jahrhunderten verblaßt. Aber noch immer umleuchtet der Goldgrund die Madonna, welche die zärtliche Geste einer Mutter mit der Hoheit der Himmelskönigin vereint. Dieser Goldgrund gibt dem Werk etwas archaisch Strenges. Das wechselnde Spiel des Lichtes belebt die große Fläche auf eine Weise, die das Auge entzückt. Die Mosaiksteine bilden verschiedene Flächen, die geringfügig gegeneinander geneigt sind, so daß das Licht in verschiedenen Auffallwinkeln die Flächen trifft und entsprechend verschieden reflektiert wird. Die Figuren in ihren feierlichen, etwas steifen Gewändern, die Häupter der Kaiser in Verehrung der Madonna zugeneigt, sind in die Fläche hineinkomponiert in einer Vollendung, wie nur die größten Meister des Westens sie erreicht haben. Die einfache Allegorie der Darstellung erzählt zweihundert Jahre Weltgeschichte.
Die Erhebung von Byzanz zur Hauptstadt des Weltreichs durch Konstantin den Großen war eine politische Aktion gewesen. Um die Stadt zu einer wahren Großstadt zu machen, hatte Konstantin mit despotischer Herzlichkeit Zehntausenden seiner Untertanen aus den verschiedensten Teilen des Reiches das Glück verschafft, die Pracht seiner Regierung mit eigenen Augen bewun-

dern zu dürfen. In zweihundert Jahren war Byzanz zur beherrschenden Weltstadt des Imperiums geworden. Das hatte nur gelingen können, weil es eine große geschichtliche Möglichkeit gewesen war, die durch die Gründung der Stadt zur geschichtlichen Wirklichkeit wurde.

Die Eroberung von Hellas durch die Römer hatte zur Folge gehabt, daß Rom hellenisch geworden war. Die Eroberung des Ostens durch die römischen Legionen hatte noch viel weitergehende Folgen gehabt. Die Legionen hatten von ihren Feldzügen nicht nur den Reichtum des Ostens an Gold und Edelsteinen, sondern auch seinen Reichtum an Ideen mit nach Hause gebracht.

Cornelius Gurlitt, der sächsische Jacob Burckhardt, hat mit der ihm eigenen Clarté diese verworrenen Zusammenhänge erhellt. Der letzte geschichtliche Inhalt, der hinter all den wüsten Kämpfen um die römische Kaiserwürde in der Spätantike zu erkennen ist, sei die Befruchtung der geistigen Welt von Indien und Persien her, das Ringen des hellenisch-semitischen Geistes gegen Rom, das Ringen Baals gegen Jupiter, der Triumph der Priester des syrischen Emesa, die in Heliogabal dem Römischen Reich einen Herrn nach ihrem Herzen gaben, einen vergötterten Sultan von priesterlichen Launen, das Ringen des Mithraskultes und des persischen Gnostizismus gegen die antike Weltanschauung und endlich der Sieg Christi.

Im Reich des Kaisers Augustus, zur Zeit der Geburt Jesu von Nazareth, gab es vier Weltstädte. Die Weltstädte der Antike waren Rom in Italien, Alexandria in Ägypten, Ephesos in Kleinasien und Antiochia in Syrien. Von diesen vier Städten lagen drei nicht innerhalb der Grenzen dessen, was wir heute Europa nennen. Alexandria und Antiochia waren zu jener Zeit erst wenig über dreihundert Jahre alt. Nur Ephesos war so alt wie Rom. Und nur Rom lag in Europa. Die fünfte Weltstadt wurde Byzanz. Bald war es die bedeutendste – bis auf einen einzigen Punkt.

Byzanz war zur Hauptstadt des größten und beständigsten Reiches der Welt geworden. Es war der Sitz der glänzendsten Hofhaltung des frühen Mittelalters, das Versailles des Ostens. Während die byzantinischen Kaiser mit den Persern Krieg führten, übernahmen sie das prunkvolle Hofzeremoniell der persischen Großkönige. Eine letzte Spur dieser morgenländischen Tradition ist die Salbung mit heiligem Öl. Noch in unseren Tagen, bei der Krönung der Königin Elisabeth von England, wurde dieser feierliche Akt vollzogen, vor den Augen der Zuschauer durch einen Vorhang verborgen. Byzanz war die erste Handelsstadt der Welt geworden. Hier war das neue Milion aufgestellt worden, der goldene Meilenstein, von dem aus die Entfernungen auf den Straßen des ganzen weiten Reiches gerechnet wurden.

In Byzanz trafen griechische, römische und orientalische mit christlichen Wirkkräften zusammen. Verschiedenartige Volks- und Kulturelemente auf dem toleranten Pflaster einer Großstadt im Rahmen eines lebendigen Staatsgebildes – das führt gewöhnlich zu großartigen Resultaten, so wie das Zusammentreffen des germanischen und des slawischen Geistes im preußischen Staat die Weltstadt Berlin geschaffen hat.

Kaiser Justinian wurde als Sohn illyrischer Bauern in der Nähe des heutigen Sofia geboren. Man kann ihn den letzten römischen Imperator nennen. Die Kriege, die seine Feldherrn Belisar und Narses mit viel Glück im ganzen Orbis terrarum führten, brachten die Macht und den Glanz des Imperiums noch einmal zurück. Das Gesetz des Kaisers galt vom Euphrat bis zu den Säulen des Herkules, von den Katarakten des Nils bis zur Donau. Er herrschte über vierundsechzig Provinzen mit fast tausend Städten. Seine Goldmünzen galten in Arabien, in Ceylon, in Irland.

Er war ein großer Staatsmann. Er gab der Welt zum letztenmal die Pax Romana, den Römischen Frieden, zurück.

Er war ein großer Theologe. Unter seiner Herrschaft hatten die Auseinandersetzungen um die Zweinaturenlehre ihren Höhepunkt erreicht. Justinian erzwang die Anerkennung der Lehre des Konzils von Chalcedon, daß Christus seiner Natur nach wahrer Gott *und* wahrer Mensch ist.

Er war ein großer Architekt. Er baute viele Kirchen und, als die Krönung seines Lebenswerkes, die Hagia Sophia.

Er war Kenner, Verehrer und Bewahrer des römischen Rechts. Er war ein frommer Mann. Er dichtete Kirchenlieder. Er errichtete Spitäler für die Kranken und Asyle für die Armen. Die Zahl seiner Verbrechen erreichte nicht das unter den spätrömischen Kaisern üblich gewordene Maß.

Dieser vielseitige und bedeutende Mann war außerdem noch ein Kavalier. Er heiratete seine Geliebte. Theodora war die Tochter eines syrischen Bärenwärters. Sie war Schauspielerin gewesen. Da das Gesetz den Mitgliedern des Senats verbot, mit Schauspielerinnen eine Ehe zu schließen, ließ Justinian dieses Gesetz außer Kraft setzen, um Theodora heiraten zu können. Bis an ihr Lebensende hat er sie aufs zärtlichste geliebt. Prokop, der Geschichtsschreiber der Zeit Justinians, hat zu seinen Lebzeiten für Theodora nur Worte des Lobes gehabt. Nach seinem Tod wurde ein von ihm stammendes Pamphlet veröffentlicht, das über das Vorleben der Kaiserin skandalöse Enthüllungen machte. Dieses Büchlein hieß »Anekdota – Unveröffentlichtes«. Da Prokop als ein zuverlässiger Chronist gilt, können die Anekdoten nicht alle Fälschungen sein. Diese bedeutende Frau hat es zuwege gebracht, daß ihre Schönheit, ihr Charme, ihre Klugheit und ihre Tugenden feststehen. Um ihre Laster streiten sich seit dreizehn Jahrhunderten die Gelehrten.

Im Rahmen der politischen Macht, die Justinian wieder aufgerichtet hatte, führte das Zusammentreffen der Spätantike mit der christlichen Lehre in der Weltstadt Byzanz zur Entstehung einer neuen Kultur, jener, die wir die byzantinische nennen. Die Spannung zwischen imperialer Macht und christlicher Weltverachtung beherrscht das ganze Leben dieses Kaisers, beherrscht den ganzen weiteren Verlauf der Geschichte von Byzanz.

Kaiser Justinian gab der Stadt Kaiser Konstantins das Herz.

Das Herz Roms waren die Kurie des Senats, das Forum und der Tempel des Jupiter Capitolinus gewesen. Das Herz von Byzanz wurden der Kaiserpalast, der Hippodrom und die Kirche der Heiligen Weisheit. So vollendete Kaiser Justinian die Schöpfung Konstantins. Byzanz wurde zur ersten vollständig christlichen Stadt des Erdkreises.

Nur in einem Punkt hat Byzanz Rom den Primat lassen müssen. Schon zur Zeit des Kaisers Konstantin, als der Verfall Roms weit fortgeschritten war und das Schwergewicht der Macht sich nach Osten zu verschieben begann, ist niemals und von niemandem in Frage gestellt worden, daß der Bischof von Rom der erste Bischof der Christenheit sei. Sogar Antiochia, wo der Apostel Petrus geweilt hat, ehe er nach Rom kam, hat diesen Anspruch nicht bestritten. Dabei sind in Antiochia die Anhänger Christi zum erstenmal Christen genannt worden.

Daß die Ehre des Pontifex primus der Christenheit nicht dem Bischof von Jerusalem zugefallen ist, hat seinen Grund wohl darin, daß Jerusalem in den ersten nachchristlichen Jahrhunderten eine ganz und gar heidnische Stadt war. Kaiser Hadrian hatte Jerusalem nach dem Namen seiner Familie Aelia Capitolina genannt und über dem Heiligen Grab einen Tempel der Venus errichtet. Der Bischof von Rom hingegen saß in der

Hauptstadt des Römischen Reiches, von der die Welt seit Jahrhunderten gewöhnt war, daß sie auch der Mittelpunkt der Religion war. So führt der Bischof von Rom noch heute den Titel Pontifex maximus, den der höchste Priester des Jupiter so lange geführt hat.
Dieses zur Zeit Konstantins kaum sehr beachtete Privileg des Bischofs von Rom ist das Samenkorn, dem der mächtige Baum der katholischen Hierarchie entwachsen ist. Erst als die Patriarchen von Konstantinopel unter dem Schutz der byzantinischen Kaiser zu großer Macht gekommen waren, begannen sie, wider den Stachel von Rom zu löcken. Aber auch dann haben sie immer noch nicht den geistlichen Primat des Bischofs von Rom bestritten, sondern nur seinen politischen Einfluß bekämpft.
Die Spaltung der Christenheit in eine westliche und in eine östliche Kirche hat viele Ursachen und eine lange Geschichte. Das Schisma von 1054, das eine Trennung der beiden Kirchen für vorläufig neun Jahrhunderte herbeigeführt hat, hatte nur einen geringfügigen Anlaß. Es war der Abschluß einer Entwicklung, die schon im 4. Jahrhundert begonnen hatte.
Man muß sich klar machen, daß es bis zum Jahre 1054 eine die ganze Christenheit umspannende Kirche gegeben hat. Die Auseinandersetzung zwischen Antike und Christentum, zwischen griechischer Philosophie und christlichem Glauben, die aus der Geschichte der ökumenischen Konzile abgelesen werden kann, hat zu einem großen Teil in dem Bereich stattgefunden, der heute zur östlichen Kirche gehört. Die christliche Überlieferung lebt ebenso von den Früchten der Arbeit der griechischen wie der lateinischen Kirchenväter. Zudem waren viele der großen Apostel des Christentums in Gallien, am Rhein und in England syrische Griechen.
Diesem Zusammenhang wird nicht gerecht, wer seine Haltung der griechisch-orthodoxen Kirche gegenüber auf das Jahr 1054 gründet. Heute unterscheidet sich die östliche Kirche von der westlichen. Bis 1054 gab es eine gemeinsame christliche Lehre, eine gemeinsame christliche Kultur des Orients und des Okzidents.
Dieser Sachverhalt ist für jeden Europäer von Bedeutung. Er betrifft den Kern seines geschichtlichen Bewußtseins. In der Lehre bestehen nur einzelne Differenzen. Auch die Verschiedenheit der Kultformen ist nicht entscheidend. Was trennt, ist ein affektives historisches Moment. Die Vergangenheit der östlichen Kirche wird als fremd, als nicht zur Geschichte des wahren Glau-

bens gehörend empfunden. Diesem affektiven Moment fehlt jede Berechtigung.
Angesichts der Kirche der Heiligen Weisheit habe ich mit Erstaunen festgestellt, wie wenig wir uns bewußt sind, was diese Schöpfung christlichen Geistes bedeutet. Die Hagia Sophia ist Denkmal und Zeugnis unserer eigenen Geschichte.

Ich habe das Heiligtum viele Male besucht. Südlich der Kirche ist ein großer freier Platz, die Stelle, an der einst der Hippodrom lag. Der Hippodrom war der Zirkus der inneren Politik. Einige Sitzreihen der Ränge sind erhalten. Jahrhundertelang haben sich hier die heftigsten innenpolitischen Kämpfe abgespielt. Die Parteien waren die Blauen und die Grünen. Es zeugt von großer praktischer Vernunft, innenpolitische Parteien einfach durch Farben zu unterscheiden. Auch gewinnt Politik an Frische, wenn sie sich unter freiem Himmel abspielt.
Auf der Spina, der alten Mittelmauer des Hippodrom, erheben sich zwei Monumente. Sie sind ebenso merkwürdig ihrer Verschiedenheit wie ihres Alters wegen. Das eine ist eine acht Meter hohe bronzene Säule, die aus drei sich umeinander windenden Schlangenleibern besteht. Diese Säule ist der Rest einer Weihgabe der Griechen an das Heiligtum in Delphi zum Dank für den Sieg bei Plataeae über die Perser im Jahre 479 vor Christi Geburt. Kaiser Konstantin versetzte die Säule nach Konstantinopel. Auf ihr sind noch heute die Namen der einunddreißig griechischen Städte zu lesen, die an dem Kampf zur Verteidigung des Abendlandes teilgenommen haben.
Noch merkwürdiger ist das andere Monument. Es ist ein dreißig Meter hoher Obelisk aus ägyptischem Granit, dessen Seiten mit großflächigen, formvollendeten Hieroglyphen bedeckt sind. Den Obelisk hatte Julianus Apostata, der letzte heidnische Kaiser auf dem Thron, nach Konstantinopel geholt. Theodosios der Große hat ihn aufrichten lassen. Seitdem steht er an dieser Stelle. Er war unterdessen drei Meter in die Erde versunken gewesen. Neuerdings ist der Fuß des Obelisken wieder ausgegraben worden. Er ruht auf vier Kupferwürfeln. Dank dieser Konstruktion ist der Obelisk bei keinem der vielen Erdbeben dieser Gegend umgestürzt.
Der Obelisk steht im Hippodrom von Konstantinopel seit anderthalbtausend Jahren. Doch war er, als Theodosios ihn aufstellen ließ, schon zweitausend Jahre alt. Zum erstenmal wurde er, wie die Hieroglypheninschrift besagt, von Thutmosis III.

fünfzehnhundert Jahre vor Christi Geburt in Heliopolis, der Stadt der Sonne in Unterägypten, errichtet. Das war zu der Zeit, als das Volk Israel im Lande Gosen im Nildelta lebte und jener fernen Vergangenheit gedachte, da Joseph nach Ägypten gekommen war.
Weitere solche Obelisken stehen in Paris, vor der Peterskirche in Rom, in London, in Sanssouci. In diesen Denkmälern erkennt die Welt noch immer die Herrschaft der Pharaonen an, auch wenn es nur eine Herrschaft der Schönheit ist.
Von dem Obelisken des Theodosios aus sieht man auf der einen Seite die Moschee liegen, die von Sultan Achmed I. zwischen 1608 und 1614 errichtet wurde. Sie ist ein Bauwerk von rokokohafter Leichtigkeit, Heiterkeit und Helligkeit, überragt von sechs eleganten Minaretts, innen geschmückt mit köstlichen leuchtend blauen Fayencen. Auf der anderen Seite erhebt sich, umgeben von vier Minaretts, die Hagia Sophia.
Auf den ersten Blick, der aus der Entfernung das Bauwerk umfängt, wirkt es schwer auf der Erde lastend, abweisend, fremd und streng. Die zum Himmel strebende Leichtigkeit der Minaretts vermag nicht, dem Bau von seiner Strenge etwas zu nehmen.
Die Kuppel und die Minaretts rufen beim Betrachter zunächst den Eindruck hervor, als stehe er nicht vor einer christlichen Kirche, sondern vor einer Moschee. Die Hagia Sophia hat auf die türkischen Eroberer einen solchen Eindruck gemacht, daß sie zweihundert Jahre lang versucht haben, die Pracht und Großartigkeit ihrer Konstruktion zu übertreffen. So hat diese christliche Kirche die Entwicklung der türkischen Moschee entscheidend beeinflußt.
Ἡ Ἁγία Σοφία – he hagia sophia, das ist »Die Heilige Weisheit«. Der Begriff stammt aus der hebräischen Philosophie. Schon im 8. Kapitel der Sprüche Salomonis tritt die Weisheit als personifizierte Eigenschaft Gottes auf. Es ist der schöpferische Logos, dem die Kirche geweiht ist.
Während die Namen der Erbauer unserer großen mittelalterlichen Kathedralen in geheimnisvolles Dunkel gehüllt sind, sind die Erbauer der Hagia Sophia bekannt. Es sind Anthemios von Tralleis und Isidoros von Milet. Es hat sich hier um ein ganz modernes Team gehandelt, das Team eines Architekten und eines Ingenieurs. Anthemios von Tralleis war der berühmteste Baumeister seiner Zeit. Er war der Künstler dieses Teams. Von Isidoros von Milet wissen wir nicht allzuviel, auf jeden Fall

aber, daß er ein großer Mathematiker war. Das, was uns von den mathematischen Werken des Archimedes überliefert ist, kennen wir nur aus einer Bearbeitung, die Isidoros von Milet herausgegeben hat. Er ist der Ingenieur des Teams gewesen.

Das konstruktive Problem, das Anthemios und Isidoros zu lösen hatten, war die Vereinigung zweier Bautypen, die Vereinigung des Kuppelbaus mit der Basilika. Beide Bautypen hatten eine lange Geschichte. Der quadratische, mit einer Kuppel überwölbte Bau ist seit den Anfängen der Baukunst im Orient heimisch gewesen. Die Basilika, der lang gestreckte Bau mit einem oder drei Schiffen, war die Kirche des frühen Christentums. Die Durchdringung des alten orientalischen Kuppelbaus mit dem neuen christlichen Langbau war die Aufgabe, vor die die Architekten sich gestellt sahen.

Kaum je in der Geschichte der Architektur ist einem Baumeister eine anspruchsvollere Aufgabe gestellt worden. Antike und Orient hatten seit Jahrhunderten einander durchdrungen und waren mehr und mehr miteinander verschmolzen. Dieses Endstadium des Römischen Weltreiches, die Spätantike, nunmehr mit dem Christentum durchdrungen und in einer höheren Einheit verschmolzen zu haben, ist das, was das Wesen der byzantinischen Kultur ausmacht. Kaiser Justinian stellte den Architekten die Aufgabe, den geschichtlichen Vorgang der Durchdringung von Spätantike und Christentum in einem großen Bauwerk, das den orientalischen Kuppelbau mit der christlichen Basilika vereinen sollte, darzustellen. Es war eine klare Aufgabe. In der Hagia Sophia ist sie in kristallener Schönheit gelöst worden.

Umwandert der Betrachter die Kirche, bringt ihn auch der Eindruck aus der Nähe zunächst in Verlegenheit. Gewiß wirkt das Bauwerk aus der Nähe noch mächtiger, aber es ist das Bild eines riesigen und schier ungeordneten Steingebirges. Die Kuppel wirkt auf dem breit ausladenden Unterbau mit seinen großen Steinmassen eher flach und gedrückt als groß. Der Grund liegt darin, daß der Bau durch mehrere enorme, zwischen acht und zwölf Metern breite, aus Ziegeln gebaute Strebemauern abgestützt werden mußte. Der Sockel jeder dieser Stützkonstruktionen ist viele Meter tief. Sie enden, erst allmählich sich verjüngend, in zwei Drittel Höhe an der Außenmauer der Kirche. Indem sie die Konturen des ursprünglichen Baus verhüllen, rufen sie den Eindruck gedrungener Massigkeit hervor. Sie sind in späteren Zeiten angebaut worden, um das Gebäude vor dem Einsturz zu

bewahren. Das hatte sich als notwendig herausgestellt, nicht etwa wegen eines Konstruktionsfehlers der Erbauer, sondern um das Gebäude gegen die häufigen Erdbeben zu sichern.
Ich bin viele Male um das Steingebirge herumgewandert. Allmählich gelang es mir, die ursprüngliche architektonische Form in den Blick zu bekommen, so daß ich schließlich die Kühnheit des ersten Entwurfes zu erkennen vermochte. Der Eingang in das Innere der Kirche führt durch den Narthex. Das äußere Tor ist durch eine bronzene Tür aus dem 6. Jahrhundert verschlossen, eine kostbare, mit Silber eingelegte ornamentale Arbeit, das letzte in Konstantinopel erhaltene Stück byzantinischen Kunstgewerbes aus so früher Zeit. Über dem inneren Tor leuchtet aus der Höhe das Mosaik, welches die Muttergottes mit Konstantin und Justinian darstellt.
Aus dieser hohen, weiträumig und großzügig angelegten Halle, deren Wände mit Marmor verkleidet sind, führen neun Türen in das Innere der Kirche. Die mittelste war die Kaiserpforte. Hier empfing an hohen Feiertagen der Patriarch die Majestäten. Die Flügel dieser Pforte waren in alter Zeit mit Silber beschlagen.
Die Kaiserpforte gewährt den ersten Blick in den Hauptraum. Das Düstere und Kolossalische des Äußeren der Kirche steht in überraschendem Gegensatz zur lichten Weite und Spiritualität ihres Innenraums.
Auf vier gewaltigen Pfeilern, die in den Ecken des Mittelquadrates des Grundrisses stehen, ruhen vier gewaltige Bogen. Die Pfeiler sind aus Kalksteinblöcken gemauert, deren Fugen mit Blei auf Lehm ausgegossen sind. Über den vier Bogen erhebt sich die Kuppel zu einer Höhe von sechsundfünfzig Metern. Dieses Mittelquadrat mit der Kuppel ist das orientalische Bauelement. Die Wände im Norden und Süden sind bis zum Scheitel der Bogen hochgemauert. Sie sind von Säulenreihen durchbrochen, die Durchblicke in die Seitenschiffe gewähren.
Die beiden anderen Bogen schweben frei. Sie grenzen mächtige, aus kleineren Apsiden aufwachsende Halbkuppeln gegen das Mittelquadrat ab. Das christliche Bauelement, die Basilika, durchbricht den orientalischen Kuppelbau von Westen nach Osten. Die beiden Bauelemente sind in vollkommener konstruktiver Durchsichtigkeit zu einem Raum verschmolzen, der sich in schwebender Leichtigkeit nach allen Seiten erweitert und erhebt; hinauf zu der von Licht durchfluteten Kuppel, aus deren Höhe das strenge Antlitz des Christus Pantokrator herabsieht. Es

ist, in der Harmonie und Kühnheit seiner Maße, ein irdischer Raum, der in den himmlischen übergeht. Mit einem Blick umfaßt das Auge die Geistigkeit dieses Raumes, in welchem tausend Jahre lang die Christenheit in Glanz und Not, in Sieg und Niederlage, in Hoffnung und Verzweiflung gebetet hat.
Es sind die tausend Jahre, welche die Hagia Sophia früher als St. Peter in Rom erbaut worden ist. Die Menschen des 6. Jahrhunderts waren der Meinung, Gott selbst habe seine Hand schützend über diesen Bau gehalten und Engel hätten bei seiner Errichtung geholfen.
Die Kirche ist heute leer. Ihre Schätze sind in alle Welt verstreut. Sie wird nicht mehr als Moschee und auch nicht wieder als Kirche verwendet. Kemal Atatürk hat sie zum Museum erklärt.
Aus überlieferten Nachrichten und den Berichten berühmter Reisender können wir uns ein Bild von der ursprünglichen Pracht dieses Gotteshauses machen. Sein Ruhm verbreitete sich über die ganze Welt. Der Bau hat 320 000 Pfund Gold gekostet. Das sind nach heutiger Währung etwa 130 Millionen Dollar. Justinian hinterließ der Nachwelt seinen Ruhm, den Erben seines Thrones einen Staatssäckel, der leer war.
Vierzig silberne Leuchter hingen vom Rand der Kuppel herab. Das ganze Innere der Kirche war mit Kostbarkeiten aus allen Gegenden der Welt geschmückt. Grüne Marmorsäulen aus dem Artemision in Ephesos, rote Porphyrsäulen aus dem Sonnentempel in Baalbek waren nach Konstantinopel gebracht worden. Der Marmorboden ahmte in den Linien des Geäders die Wellen des Meeres nach. Ein früher Beschreiber hat gesagt, die Buntheit des Marmors der Kirche erwecke den Eindruck einer Blumenwiese.
Decken und Gewölbe waren geschmückt mit Mosaiken von einer Pracht und Größe, wie man sie noch nie gesehen hatte. Gold, Silber, Elfenbein und Edelsteine wurden in unvorstellbaren Mengen verschwendet. Der Thronsessel des Patriarchen war aus massivem Silber, der mit Edelsteinen reich geschmückte Altar aus Gold. Ganz Arabien wäre damals, ein Menschenalter vor der Geburt des Propheten Mohammed, nicht reich genug gewesen, um auch nur den Altar der Hagia Sophia auszustatten. Kein Bauwerk auf Erden vereint soviel Pracht mit soviel Geschmack und beides mit soviel Frömmigkeit.
Die Erbauung der Kirche ist von zahlreichen Legenden umwoben, deren schönste berichtet sei. In einer Mittagspause erschien

einem Knaben, den die Maurer mit der Bewachung der Geräte beauftragt hatten, ein Engel in leuchtend weißem Gewand. Der Engel fragte den Knaben, warum in der Arbeit an dem heiligen Werk eine Pause gemacht werde. Er befahl ihm, die Maurer herbeizuholen. Der Knabe erklärte, er könne nicht weggehen, weil er die Geräte bewachen müsse. Der Engel versprach ihm, bis zu seiner Rückkehr dazubleiben. Der Knabe lief, die Arbeiter zu rufen. Es gab eine große Aufregung. Der Knabe wurde zu Anthemios gebracht und mußte erzählen, was sich ereignet habe. Die Erscheinung eines Engels dünkte ihnen allen so wichtig, daß der Kaiser benachrichtigt wurde. Justinian erwies sich als ein Meister himmlischer Diplomatie. Der Engel hatte versprochen, bis zur Rückkehr des Knaben in der Kirche zu bleiben. So verbot Justinian dem Knaben, zurückzukehren. Er behielt ihn im Palast und ließ ihn später, reich beschenkt, nach einer Insel in der Aegaeis bringen. So hütet seitdem der an sein Wort gebundene Engel die Kirche der Heiligen Weisheit.

Als die Türken die Stadt besetzten, verschwand der Priester, der gerade die Messe zelebrierte, in einer Säule. Er wird die Messe erst beenden, wenn wieder das Kreuz die Kuppel der Hagia Sophia schmückt. Im griechischen Volkslied ist die Klage um die alte Herrlichkeit des Heiligtums noch heute nicht verstummt.

Im glänzenden Rahmen der Kirche der Heiligen Weisheit hat neunhundert Jahre lang die irdische Macht des byzantinischen Kaisertums die Gloria des Himmels gefeiert. Der erste Weg Mehmet Fehtis, nachdem er die Stadt erobert hatte, führte in die Hagia Sophia, in die ein Teil der verängstigten Bevölkerung sich geflüchtet hatte. Die Überlieferung zeigt an einer der alten Säulen eine Stelle, an der die arabische Stute des Sultans ein Stück Marmor mit dem Huf herausgeschlagen habe. Die Ungläubigen respektierten die Heiligkeit des Ortes. Die Christen in der Hagia Sophia wurden gerettet. Nach drei Tagen gebot der Sultan dem Morden, Rauben und Zerstören in der Stadt Einhalt. Den Christen wurde Leben und Glauben verbürgt. Ein neuer Patriarch wurde eingesetzt. Sein Nachfolger residiert noch heute in Istanbul.

Das Kreuz wurde von der Hagia Sophia herabgeholt. An seiner Stelle wurde der Halbmond aufgepflanzt. Es war ein Tag der Trauer für die ganze Christenheit. Am dritten Tag nach der Eroberung wurde in der Hagia Sophia zu Allah gebetet. Den ehrwürdigen Namen, den das Heiligtum fast tausend Jahre lang als christliche Kirche getragen hatte, hat es für ein weiteres halbes Jahrtausend als Moschee behalten. Mehmet Fehti, der türkische Sultan, hat, ein rechtgläubiger Moslem, gemäß der Lehre des Propheten die Weisheit Salomonis nicht geringer geachtet als der Kaiser Justinian.

Anatolische Impressionen

Nichts kann auf Reisen so nützlich sein wie ein gründlicher Irrtum. Von Konstantinopel aus wollte ich nach Ephesos. Glücklicherweise wußte ich nicht, wo Ephesos liegt. Ich studierte das Kursbuch. Ephesos steht zwar in der Bibel, im Lexikon und im Geschichtsbuch meiner Tochter, aber im Kursbuch steht es nicht. Was mag dieses Ephesos heute für eine Stadt sein?
Als ich es schließlich nach vier Tagen erreicht hatte, erfuhr ich, daß ich es in vier Stunden hätte erreichen können. Doch sind »die Facilitaeten der öffentlichen Communication«, als welche Goethe die modernen Verkehrsmittel charakterisiert hat, nicht unbedingt auch ein Mittel, die Länder, durch die man reist, kennenzulernen. Zwei Tage in der Anatolischen Eisenbahn gewähren einen Blick in das Land, zwei Stunden im Flugzeug nur einen Überblick, der alle feineren Unterschiede mühelos übersieht.
Meinen Irrtum verdankte ich der Flotte der Vereinigten Staaten von Amerika und einem Mann, der einen berühmten Namen trägt, ohne von dem Ruhm dieses Namens das Geringste zu wissen.
Fremde Kriegsschiffe sind für die alte Hafenstadt am Goldenen Horn kein ungewöhnlicher Anblick. Im 5. Jahrhundert vor Christi Geburt warf die erste persische Flotte Anker vor Byzantion. Im Jahre 750 nach Christi Geburt kreuzte die erste arabische Flotte am Bosporus auf. 860 erschien die erste russische, 1204 die erste venezianische, 1420 die erste türkische, 1807 die erste englische und 1953 nach Christi Geburt die erste amerikanische Flotte vor Konstantinopel.
Kriegsschiffe im Marmarameer sind immer eine hochpolitische Angelegenheit gewesen. Auch für den Besuch der amerikanischen Flotte mit Flugzeugträgern und Kreuzern in Istanbul traf das zu. Er diente dazu, jedermann, den es angeht, deutlich zu machen, daß der Präsident der Vereinigten Staaten von Amerika ein Freund des türkischen Volkes ist.
Diese alte Stadt hat soviel erlebt – die griechische Kultur, die Macht der persischen Großkönige, das Weltreich Alexanders des

Großen, das Imperium Romanum, den Glanz des byzantinischen Kaiserhofes, die Herrschaft der Sultane über den Orient, die Herrschaft Englands im Mittelmeer. Macht und Verfall, Splendeur et Misère, Siege und Niederlagen sind in ewigem Wechsel über Byzanz dahingezogen. In diese alte Stadt ergossen sich zweitausend amerikanische Matrosen, junge, frische, gesunde Boys, tadellos rasiert, in sauberen Uniformen, beschützt von einem Regiment Militärpolizisten in weißen Gamaschen und weißem Koppelzeug – die Macht der Vereinigten Staaten von Amerika.

Ich saß in einer Bar am Hafen, um mir das anzusehen. Die Dollars häuften sich auf der Theke. Der Barwirt, ein weißhaariger Mann mit einem jener uralten, ledernen orientalischen Gesichter, aus welchen man das Leid von Jahrhunderten ablesen kann, nahm mit seiner schlanken, feingliedrigen Hand die Scheine gelassen an sich. Im Lauf des Abends konnte ich feststellen, daß die türkische Währung sich schnell und reibungslos der Höhe des amerikanischen Dollars anzupassen wußte. Über einem Hundertdollarschein, der gerade den Ozean gekreuzt hatte und nun die Theke kreuzte, tauschte der Barwirt einen Blick mit mir. So kamen wir ins Gespräch. Der Wirt sprach französisch. Im Orient ist es höflich, nach dem Woher und Wohin zu fragen. So fragte ich ihn, was für ein Landsmann er sei.

»Armenier.«

»Armenier in Konstantinopel?« Ich dachte an all das Unglück in der langen Geschichte dieses unglücklichen Volkes.

»Nun ja«, meinte er, »einige bleiben immer übrig!«

Wie er heiße.

»Saroyan.«

»Saroyan?«

Ich fragte ihn, ob er einmal etwas von einem amerikanischen Schriftsteller William Saroyan gehört habe. Er hob ein wenig die linke Hand mit einer Bewegung, so leicht und so souverän, wie das nur ein alter Orientale kann: »Ach, wissen Sie, Armenier in Amerika? Die können alle kein Armenisch mehr, und Armenisch ist doch die schönste Sprache, die es auf Erden gibt!«

Später fand ich durch einen Zufall bei William Saroyan die Bemerkung, sein Vater sei ein großer Schriftsteller gewesen; er blättere zuweilen in seinen Manuskripten, aber er könne sie nicht mehr lesen; sie seien armenisch geschrieben.

So berührten sich an dieser Whiskytheke in Konstantinopel eine sehr alte und eine sehr neue Zeit.

Wenn auch meinem armenischen Freund der Ruhm seines Namens in Amerika unbekannt war, so wußte er doch, daß das Königreich Armenien der erste Staat in der Geschichte gewesen ist, der, noch vor Konstantin dem Großen, das Christentum zur Staatsreligion erhoben hat.

Wieviele von den frischen blonden Boys an der Theke von Mr. Saroyan mögen gewußt haben, daß das Genie eines ihrer großen Schriftsteller seinen Ursprung in den kargen Bergen im Osten Anatoliens hat? Und wieviele mögen gewußt haben, daß eines der kostbaren frühen Bibelmanuskripte in armenischer Sprache in der Bücherei des Amerikanischen Kongresses in Washington aufbewahrt wird?

Diesen armenischen Gentleman fragte ich nach Ephesos und wie ich dahin käme. Er empfahl mir den Schlafwagen nach Smyrna. Als ich mich am nächsten Morgen nach der Abfahrtszeit dieses Schlafwagens erkundigte, wurde mir gesagt, daß er jeden Mittwoch fahre.

Es war eine köstliche Fahrt. Die Anatolische Eisenbahn verbindet nicht nur Konstantinopel mit Smyrna, sie verbindet auch Nicaea mit Ephesos. Auf dem Konzil von Nicaea wurde die Frage entschieden, ob Christus Gott wesensähnlich oder wesensgleich sei. Auf dem Konzil von Ephesos wurde die Frage entschieden, ob Maria die Mutter nur der menschlichen Natur Christi oder die Mutter auch seiner göttlichen Natur sei. Was für Fragen!

Daß so diffizile theologische Probleme damals die ganze Welt in Unruhe versetzt haben, zeigt, wie lebendig der Glaube in jenen Tagen gewesen ist. »Diese Stadt«, schrieb Gregor von Nyssa um das Jahr 380 von Byzanz, »steckt voller Handwerker und Sklaven, von denen ein jeder ein tiefer Philosoph ist, die in den Werkstätten und auf der Straße predigen. Wenn du einem Mann ein Silberstück wechseln willst, setzt er dir auseinander, worin sich der Vater vom Sohn unterscheide; fragst du nach dem Preis eines Brotlaibs, dann bekommst du zu hören, daß der Sohn geringer sei als der Vater; und wenn du dich erkundigst, ob dein Bad bereitet sei, erhältst du zur Antwort, der Sohn sei aus dem Nichts gezeugt...«

Wie dem auch sei, auf jeden Fall ist die Frage nach der Natur Christi von größerem Gewicht als die Frage nach der Natur des Atoms, die unsere Welt in Unruhe versetzt.

Nicaea liegt – auch das hat man uns in der Geographiestunde nicht gelehrt – etwa hundert Kilometer südöstlich von Konstantinopel auf dem kleinasiatischen Festland, fünfundzwanzig Kilometer von der nächsten Station der Anatolischen Bahn entfernt. Es hat heute den Namen Isnik. Bei Isnik beginnt ein sich von Osten nach Westen erstreckender großer See, der früher eine schiffbare Verbindung zum Meer hatte. In der Antike war Nicaea ein großer Hafen und der Kreuzungspunkt wichtiger Straßen. Der Ort ist sehr alt und hat eine bedeutende Geschichte. Schon die römischen und später die byzantinischen Kaiser hatten dort eine Sommerresidenz. Eine Zeitlang war Nicaea in der Hand der Selçuken. 1097 wurde es auf dem ersten Kreuzzug von Herzog Gottfried von Bouillon zurückerobert. Während der fünfzig Jahre des lateinischen Kaisertums, das die fränkischen Kreuzfahrer nach der Eroberung von Konstantinopel im Jahre 1204 am Goldenen Horn errichtet hatten, war Nicaea der Sitz des byzantinischen Hofes und des Patriarchen von Konstantinopel. Ein Menschenalter nach dem Ende der Kreuzzüge fiel die Stadt in die Hand der Türken, unter deren Herrschaft sie bis heute steht.

Auch diese Stadt habe ich auf eine vollständig verkehrte Weise besucht. Von der östlich gelegenen Eisenbahnstation aus ist sie ohne Schwierigkeiten zu erreichen. Ich habe es von Westen her versucht. Daß ich mich auch in dieser Sache, statt auf Thomas Cook, auf die Landkarte und einen türkischen Oberkellner verlassen hatte, weil derselbe sich bei der Erforschung der türkischen Speisekarte als äußerst brauchbar erwiesen hatte, wurde belohnt mit einer herrlichen Fahrt, die fast einen Tag lang südlich um den See von Isnik herumführte durch Wälder und Berge, durch Dörfer, Obstgärten und Olivenhaine, begrüßt von freundlichen Bauern und Hirten, über unwahrscheinliche Straßen mit Kurven, die sogar ein türkischer Chauffeur mit Hilfe von Kupplung und Bremse allein nicht bewältigen kann. Es gibt Strecken auf diesen Bergstraßen zwischen Fels und Abgrund, wo es einfach nicht passieren darf, daß ein Fahrzeug entgegenkommt. Solche Strecken sind nur mit Allahs Hilfe zu überwinden.

Am späten Nachmittag hatten wir die Höhe des Gebirges südlich von Isnik erreicht. An einer Kurve öffnet sich der Blick auf den See unten im Tal, auf die gegenüberliegenden Berge und auf den alten Platz Nicaea. Von der Höhe sieht man nichts weiter mehr als den an der Seespitze gelegenen unregelmäßigen doppelten Ring der gewaltigen Stadtmauer mit einhundertacht mächtigen Türmen auf der Innenmauer und einhundertdreißig kleineren Rundtürmen auf der Außenmauer. Das Gebiet innerhalb der Mauer ist bestelltes Feld. In der Mitte liegt ein kleines, zwischen Akazien und Maulbeerbäumen malerisch sich erstreckendes Dorf.

An dieser Mauer haben über tausend Jahre lang ein Dutzend Kaiser gebaut. Zahlreiche antike Reliefs sind in späterer Zeit aus verfallenen Prachtbauten herausgebrochen und in die Mauer hinein verbaut worden. Da und dort ist noch der Rest einer kaiserlichen Inschrift erhalten. Die Tore, durch die einst die Bischöfe der Christenheit in Nicaea einzogen, sind halb in die Erde versunken. Während ich an dem steinernen Bogen den Namen »Flavius« entziffere, drängt sich eine Herde von Schafen durch das Tor. Nur in der verfallenden Kirche »Koimesis tes Panagias«, der Kirche des Entschlafens der Muttergottes, die aus dem 11. Jahrhundert stammt, ertönt zuweilen noch an hohen Festtagen die Liturgie in türkischer Sprache.

Hier wurde 325 nach Christi Geburt die Häresie des Arius, Presbyters aus Alexandria, durch Athanasius, den späteren Patriarchen von Alexandria, zu Fall gebracht. Das Dogma, daß der Sohn dem Vater wesensgleich sei, wurde im nicaenischen Glaubensbekenntnis ausgesprochen. Der Arianismus hat zwar seine Verurteilung auf dem Konzil von Nicaea lange überlebt, am längsten in Spanien, wo die Westgoten dem Arianismus anhingen, bis König Rekkared Ende des 6. Jahrhunderts ihren Übertritt zum katholischen Glauben erzwang. Im Konzil von Nicaea ist die Einheit des Glaubens und der Kirche gerettet worden.

Es handelt sich bei dem arianischen Streit nur um einen einzigen Buchstaben, ein Jota. Das griechische Wort für wesensgleich ist ὁμοούσιος = homousios, für wesensähnlich ὁμοιούσιος = homoiusios. Wenn einer von seiner Meinung nicht um ein Jota abweichen will, ist es auch heute immer noch das Jota, um das es damals in Nicaea ging.

Die Pracht der Stadt ist vergangen. Der Pflug geht über sie dahin. Über den Mauern in der Sonne dieser friedlichen Landschaft liegt der melancholische Schimmer der Vergangenheit. Das Glaubensbekenntnis, das die Väter in diesen Mauern abgelegt haben, wird immer und überall noch verkündet.

Im Schlafwagen waren nur wenige Abteile besetzt. Der türkische Schlafwagenschaffner, ein stattlicher, grauhaariger Mann mit intelligentem Gesicht, war von jener weltweiten Höflichkeit, die jeden Fremdling wie einen Freund empfängt. Dieser

Schlafwagenschaffner ist eine internationale Persönlichkeit. Erfahren in der Kunst, mit einem Blick die Diagnose einer ganzen Biographie zu stellen, ist er in den vier Dezennien, die er auf Achse ist, ein Kenner der Welt und der Menschen zwischen dem Schwarzen und dem Roten Meer geworden. Exzellenzen und Sheiks, Lords und Maharadschas, Paschas und Pilger, Gelehrte und Millionäre sind sein tägliches Brot. Schon dem Freiherrn v. d. Goltz-Pascha, schon Sven Hedin, schon Geheimrat Dörpfeld hat er Mokka serviert.

Er war bereit, sich in elf Sprachen mit mir zu unterhalten, und größere Douceurs nahm er sicherlich in doppelt so vielen Währungen. Da ich von seinen elf Sprachen höchstens drei kannte, haben wir deutsch miteinander gesprochen. Dieser elf Sprachen wegen hatte er während des zweiten Weltkrieges bei mindestens fünf Nationen im Verdacht gestanden, Spion zu sein. Da er es für keine gewesen war, hatte er seine Stellung verloren. So war er, ohnbeschadet des Stolzes auf die ruhmreiche Vergangenheit seines Volkes, von pazifistischer Verständigkeit. Flugzeugträger erweckten in ihm nur die Skepsis jahrhundertelanger schlechter Erfahrungen.

Ich packte meine Bücher aus und verteilte meine Sachen in dem behaglichen Abteil. Der Zug hatte keine übertriebene Geschwindigkeit. Alle paar Stunden hielt er auf einer kleinen Station. Wo der Zug hält, ist er das Ereignis des Tages, zu welchem jedermann, der Zeit hat, auf den Bahnsteig kommt. Im Orient hat jedermann jederzeit Zeit.

Für geringes Geld kann man ein auf dem Bahnsteig bratendes Huhn vom Rost kaufen, eine schöne Stickerei, wunderbare Äpfel, ausgezeichneten Tee und, wenn man will, ein lebendiges Schaf. Der Tee ist eine Erinnerung an die Jahrhunderte vor dem Aufbruch der Türken nach dem Westen, als dieses alte Reitervolk seine Herden noch in den Steppen am Aralsee weidete. Den Mokka haben die Türken mit der Lehre des Propheten von den Arabern übernommen. Die Türkei ist das einzige Land auf der Welt, in welchem es sowohl guten Kaffee als auch guten Tee gibt.

Die Bauern des anatolischen Hochlandes sind arm. Das Land gibt wenig her. Wald ist selten. In weiten Ausblicken ziehen sich die felsigen Gebirge in karger Schönheit dahin. Nur in den Tälern mit ihren bescheidenen Flüssen wächst ein wenig Grün. Die in grauen Steinen erbauten Häuser der Dörfer scharen sich um einfache Minaretts. Schafe sind Reichtum; denn Schafe sind anspruchsvoll. Sie setzen Weideland voraus. Das Haustier der Armut ist die Ziege. Die Ziege erhält die Armut. Der Bauer lebt von ihr, aber gleichzeitig fressen die Ziegen alles, was wachsen will, immer wieder auf. Der Bauer müßte fünf Jahre ohne Ziegen leben, um ohne Ziegen leben zu können. Mein elfsprachiger Freund verriet mir ein Sprichwort der anatolischen Bauern: »Wenn du das Schaf nicht findest, sagst du zum Ziegenbock: ›Çelibi! – Gnädiger Herr!‹«

Die türkische Regierung unternimmt große Anstrengungen, das Los der Bauern zu verbessern. In den letzten Dezennien hat sie bei dieser Bemühung schöne Erfolge erzielt.

Diese Bauern sind eine zähe Rasse. Sie sind anspruchslos, fleißig, gastfreundlich und voller Humor. Die Geschichten und Streiche Nasr–eddin Hodschas, des türkischen Eulenspiegels, stehen bei ihnen in hohem Ansehen.

Hodscha wurde von einem bösen Nachbarn auf das heftigste um sein Haus beneidet. Eines Tages ging er zu dem Nachbarn hinüber, um ihm das Haus zu einem geringen Preis zum Kauf anzubieten. Hodscha stellte nur die Bedingung, daß ein Nagel im Wohnzimmer des Hauses sein Eigentum bleibe. Der Nachbar ging erfreut auf den Handel ein und bezog das Haus. Am nächsten Morgen klopfte Hodscha an die Tür. Der Nachbar öffnete freundlich: »Guten Morgen! Guten Morgen! Allah sei gelobt! Und was willst du?« Hodscha erklärte, daß er nur seine Hose zum Trocknen an den Nagel hängen wolle, der sein Eigentum sei. Der Nachbar ließ ihn gewähren. Am nächsten Morgen klopfte Hodscha wieder an die Tür. Wieder öffnete der Nachbar, freilich schon etwas weniger freundlich: »Guten Morgen! Allah sei gelobt! Und was willst du?« Hodscha erklärte, daß er ein Bündel Knoblauch an den Nagel hängen wolle, der sein Eigentum sei. Und so geht die Geschichte in behäbiger Breite weiter, bis natürlich eines Tages der verzweifelte Nachbar das Haus zurückgibt, ohne einen Pfennig seines Kaufpreises wiederzubekommen.

Wenn der Zug eine Viertelstunde Aufenthalt gehabt hat, ertönt eine Glocke. Sie ertönt in kurzen Abständen dreimal hintereinander. Nach dem dritten Mal beenden die Reisenden ihre Geschäfte mit den Bauern und begeben sich würdig und gemessen wieder in den Zug. Nach einer Weile fährt er dann auch ab.

Meine Lektüre war von einer den Absichten der Reise angemessenen Zusammenstellung. Es war die Bibel, der Baedeker und

»Die Verteidigung des Christentums«, das »Apologeticum« des Tertullian, das ein kluger Freund mir auf dem Münchener Hauptbahnhof noch ins Abteil gereicht hatte. Immer wieder wird in den Baedekern des Vorderen Orient die Bibel zitiert, in Anatolien die Apostelgeschichte, in Syrien das Alte Testament, in Palästina die Evangelien.

Die Schrift Tertullians ist noch am Ende des 2. Jahrhunderts nach Christi Geburt geschrieben. Es ist die geistreiche Verteidigung des Christentums gegen Angriffe der Philosophie der Antike, die gründlichste, die wir besitzen. Ihre Erkenntnisse sind noch heute gültig. Auch gehört das Apologeticum zu jenen wertvollen Quellen, aus deren sorgfältiger Argumentation wir erfahren, was in den sorgfältig vernichteten Schriften der Gegner gestanden hat. Als lateinischer Schriftsteller der Väterzeit wird Tertullian nur von Augustin übertroffen. Das Apologeticum entwirft ein Bild der geistigen Landschaft der beiden ersten nachchristlichen Jahrhunderte.

Die erste Zeit des Christentums ist erfüllt von der Auseinandersetzung mit dem Judentum. Diese Auseinandersetzung ist schon von Paulus entschieden worden. Das Evangelium wird als eine Botschaft an alle Völker erkannt.

So war es eine natürliche Aufgabe der ersten beiden Jahrhunderte, dieser Botschaft in der geistigen Welt des Römischen Reiches Widerhall zu verschaffen. Diese geistige Welt war von der griechischen Philosophie bestimmt.

Die Spuren des Judenchristentums verlieren sich nach der Zerstörung Jerusalems im Jahre 70 sehr bald. Aber auch dieses Samenkorn des Heils ist nicht gänzlich verlorengegangen. Judenchristliche Gemeinden haben noch jahrhundertelang im Ostjordanland und merkwürdigerweise auch in Arabien bestanden. Es läßt sich nachweisen, daß der Prophet Mohammed vieles von der Überlieferung der Judenchristen in seine Lehre übernommen hat.

Das Christentum wäre kaum zu seiner weltgeschichtlichen Bedeutung aufgestiegen, wenn es sich nicht mit den Ergebnissen der jahrhundertelangen Denkarbeit der griechischen Philosophie auseinandergesetzt hätte. Umgekehrt drang, zufolge dieser Auseinandersetzung, christliches Gedankengut in die griechische Philosophie ein.

Keine Religion, die auf Weltgeltung Anspruch erhebt, kann die griechische Philosophie ignorieren. Auch der Islam ist dieser Auseinandersetzung nicht ausgewichen. Ibn Sina, der große ara-

bische Philosoph Avicenna, hat den Versuch unternommen, den Glauben des Islam mit den Ergebnissen der griechischen Philosophie in Einklang zu bringen. Es ist ein Mangel der Theologie des Islam, daß es bei einem Versuch geblieben ist.
Dafür hat der Islam, weit gründlicher als das Christentum, sich mit der großen Kunst, der vornehmen Kultur und dem geistigen Gedankengut des alten Persien beschäftigt. So ist uns vieles von der persischen Überlieferung erhalten geblieben, was ohne die Arbeit der arabischen Gelehrten verlorengegangen wäre.
Während das Christentum sich mit der griechischen Philosophie auseinandersetzte, bildeten sich die Anfänge der hierarchischen Ordnung der Kirche. In der ersten Zeit hatte es nur Gemeinden gegeben, diese allerdings sehr früh in allen Teilen des Römischen Reiches. Aber nicht nur mußte das Christentum sich mit der griechischen Philosophie auseinandersetzen, auch die griechische Philosophie konnte nicht umhin, sich mit der christlichen Lehre zu befassen.
Welche Natur kommt dem Mensch gewordenen Sohne Gottes zu? Der in vielen Jahrhunderten des Denkens geschulte griechische Geist stellte Fragen über Fragen. Die christlichen Denker sahen sich der Notwendigkeit gegenüber, diese Fragen aus den heiligen Schriften zu beantworten. Es kann in dieser Sache keine Meinungen geben. Es kann nur Wahrheit geben! Die Erkenntnis der Wahrheit wurde von der Kirche in Dogmen, in Glaubenssätzen, niedergelegt. Das geschah auf den großen Konzilen, deren erstes Konstantin der Große nach Nicaea einberufen hat. Die Christen glaubten, nicht fehlzugehen, wenn sie darauf vertrauten, daß eine Versammlung der ältesten und weisesten Bischöfe der Christenheit der Erleuchtung durch den Heiligen Geist teilhaftig sei. Der Auseinandersetzung mit der griechischen Philosophie verdanken viele christliche Dogmen ihre philosophische Präzision.
Es wäre falsch, sich die Beziehung zwischen christlicher Lehre und griechischer Philosophie als eine grundsätzliche Feindschaft vorzustellen. Christliche Lehre und klassische Naturwissenschaft waren einander viel fremder, als es christliche Lehre und griechische Philosophie je hätten sein können. Die Menschen, die in den ersten Jahrhunderten sich taufen ließen, gehörten der griechisch-römischen Kultur an. Gerade die besten Köpfe unter ihnen waren in der griechischen Philosophie erzogen. Sie brachten bei ihrer Bekehrung die Weisheit von Hellas als Morgengabe mit. Adolf v. Harnack sagt in seiner »Geschichte des Dogmas«, das

dogmatische Christentum sei ein Werk des griechischen Geistes auf dem Boden des Evangeliums.

Der Zug hat die Pässe des anatolischen Gebirges überwunden. Er wendet sich nach Westen hinab zur Küste des Mittelmeers. Es wird wärmer. Das Land wird fruchtbarer. Reisfelder tauchen auf. Auf den Bahnhöfen werden Äste mit frischen Orangen angeboten. Der Zug fährt durch ein malerisches Flußtal im Glanz eines späten Herbstabends. Über dem Mittelmeer geht die Sonne unter. Wir sind in Smyrna angekommen.
Smyrna ist eine moderne Hafenstadt, die in einer Bucht der kleinasiatischen Westküste liegt. In einer Bucht sechzig Kilometer südlich von Smyrna liegt Ephesos.
Was mag dieses Ephesos heute für eine Stadt sein?

»Groß ist die Diana der Epheser!«

Daß eine Großstadt so vollständig von der Erde verschwinden kann, daß nur in Sagen und Legenden Spuren der Erinnerung an sie übrigbleiben, ist eine aufregende Sache. Große Städte entstehen aus einem Zusammentreffen historischer, politischer, geographischer und wirtschaftlicher Voraussetzungen. Doch hat der Mensch selten der poetischen Versuchung widerstehen können, die Gründung einer Stadt einem einzelnen Menschen zuzuschreiben, der entweder ein Genie des Weitblicks war oder im Auftrag der Götter gehandelt hat.
Wenn eine oder zwei der angeführten Voraussetzungen zu bestehen aufhören, können große Städte zu kleinen Provinzorten werden. Wenn alle vier Voraussetzungen zu bestehen aufhören, können Millionenstädte in die Erde versinken.
Die historische Voraussetzung von Ephesos war die Herrschaft der Griechen im Mittelmeer. Ephesos war eine Polis, einer dieser selbständigen Stadtstaaten, deren Macht auf der Freiheit und den Rechten seiner Bürger beruhte. Das war die politische Voraussetzung. Ephesos war ein Hafen. Das war die geographische Voraussetzung. Wirtschaftlich war Ephesos der Ausgangspunkt der persischen Königsstraße nach den Ländern des Ostens.
Die Herrschaft der Griechen im Mittelmeer war mit der Eroberung Griechenlands durch die Römer beendet. Die Freiheit der Polis war schon von den Perserkönigen bedroht worden. Doch

hatten ihre Grundbedingungen durch Verträge gerettet werden können. Mit der Eroberung durch die Römer fand die Freiheit der Polis ihr Ende. Der Hafen ist im Lauf der Jahrhunderte versandet. Wir sind uns gewöhnlich dessen nicht bewußt, daß sich der Erde festgefügter Grund schon innerhalb geschichtlicher Zeiträume, die, gemessen an den Jahrmillionen der Perioden der Erdgeschichte, nur Sekunden sind, merkbar verändern kann. Infolge der zunehmenden Versandung des Hafens und der Tatsache, daß die Staatsgründungen der türkischen Völker den Okzident von den Ländern des Ostens abschnitten, verlor auch die persische Königsstraße ihre kommerzielle Bedeutung.
So entvölkerte sich Ephesos im Lauf der Jahrhunderte. Es verfiel. Es wurde schließlich von seinen letzten Einwohnern verlassen. Es sank, vom Winde verweht, dahin. Erst die Archäologen unseres Jahrhunderts haben seine Trümmer wieder zu Tage gefördert.
Ephesos war eine der Großstädte der Antike. Zur Zeit seiner höchsten Blüte, zur Zeit der Apostel, hat es eine Viertelmillion Einwohner gehabt.
Wahrscheinlich war Ephesos schon im 10. Jahrhundert vor Christi Geburt eine griechische Stadt. Das war zu der Zeit, als das Heer König Davids die Philister besiegte und die Stadt Peking in China gegründet wurde. Schon damals stand an diesem Platz ein Heiligtum der Astarte, der großen Naturgöttin der Asiaten, die nachmals von den Griechen der Artemis gleichgesetzt wurde. Bei den Römern hatte Artemis den Namen Diana.
Später wurde Ephesos eine der zwölf Städte des Ionischen Städtebundes. In Ephesos stand der, wenn auch vielleicht nicht schönste, so doch größte und prächtigste Tempel der Antike, das der Göttin Artemis geweihte Artemision. Das Artemision war eines der sieben Weltwunder. Es wurde um das Jahr 700 vor Christi Geburt errichtet.
700 vor Christi Geburt war die Zeit, als König Asarhaddon von Assyrien durch die Eroberung Ägyptens das Assyrerreich auf den Höhepunkt seiner Macht führte. König Manasse von Juda gliederte sein Reich dem assyrischen Imperium an. Der Dienst Baals mit seinen Menschenopfern wurde in Juda wieder eingeführt. Es waren die letzten Jahre des Propheten Jesaja. Zarathustra gründete in Persien die erste Religion, die Weltgeltung erlangte. Zum erstenmal in der Geschichte der Kunst erscheinen auf assyrischen Reliefs geflügelte gute Geister in Menschenge-

stalt – heidnische Engel. Griechen und Chinesen prägten die ersten Münzen der Weltgeschichte. In Babylon wurde der Anbau von Baumwolle eingeführt.
Das Artemision hat fast tausend Jahre bestanden. Es ist eine der großen Kulturstätten des religiösen Lebens der griechischen Welt gewesen. Im Jahre 262 nach Christi Geburt wurde das Artemision von Goten zerstört.
Wir haben von der Ausdehnung und den Schwerpunkten der griechischen Welt in der ersten Hälfte des ersten Jahrtausends vor Christi Geburt eine Vorstellung, die von der heutigen Namensgebung beeinflußt ist. Heute heißt nur noch das Land westlich der Aegaeis Griechenland. Das Land östlich der Aegaeis heißt Kleinasien. Tatsächlich waren die in Kleinasien gelegenen Städte Ephesos und Milet viele Jahrhunderte lang schon blühende Städte, politische Kraftzentren und Mittelpunkte von Kunst und Wissenschaft, als Athen noch eine unbedeutende und politisch wenig einflußreiche Provinzstadt war.
Das Aegaeische Meer war in der ersten Hälfte des ersten Jahrtausends vor Christi Geburt ein griechisches Binnenmeer.
In Ephesos ist Heraklit geboren, der gewöhnlich »der Dunkle« genannt wird. Durchaus im Gegensatz zu diesem Namen ist er der erste große Meister der Geist und Welt bewegenden griechischen Philosophie, von dem wir mehr als seinen Namen wissen, der erste, von dessen Person und Werk wir eine Vorstellung haben.
In Ephesos hat Homer, der Vater der Dichtkunst, gelebt. Vielleicht ist er sogar dort geboren. Eine Wiese am Kaystros, dem Fluß, an dem Ephesos liegt, wird bei Homer mit dem Namen Asia erwähnt. Diese Wiese hat dem größten Kontinent unserer Erde den Namen gegeben.
Als Herostratos, um sich Ruhm zu verschaffen, den Tempel der Artemis in Brand steckte, war das in der Nacht, in der Alexander der Große geboren wurde. Welche poetische Kraft, fünfhundert Jahre nach Homer, strahlt eine Legende aus, die die Fackel eines brennenden Tempels über einem Erdteil aufleuchten läßt in der Nacht, in der der Eroberer dieses Erdteils geboren wird!
Ephesos ist, tausend Jahre nach König David, eine bedeutende frühe Stätte der Christenheit. Dieses Ephesos, damals die Hauptstadt der römischen Provinz Asia, war eine der sieben apokalyptischen Gemeinden. In Ephesos sind zwei der Jünger des Herrn begraben, die Evangelisten Lukas und Johannes. Vie-

les spricht dafür, daß Ephesos die Stadt ist, in deren Nähe die Mutter Jesu die letzten Jahre ihres Lebens verbracht hat.
In Ephesos hat Onesimos gelebt. Onesimos ist noch als Sklave geboren. Er lernte Paulus in Rom kennen und wurde von ihm zum Christentum bekehrt. Später wurde er Bischof von Ephesos. Er war der erste Verleger der Briefe des Apostels Paulus, die er schon im Jahre 110 herausgegeben hat. Wenn man erwägt, welche Wirkung der Apostel Paulus mit seinen Schriften ausgeübt hat, ist es nur recht und billig, auch des Onesimos, des bescheidenen Verlegers und Dieners am großen Werk, zu gedenken.
In Ephesos hat 431 nach Christi Geburt das Konzil stattgefunden, das die Lehre Nestorios', des Patriarchen von Konstantinopel, verworfen hat. Er hatte gelehrt, daß Maria nur die Mutter der menschlichen Natur Jesu sei; sie könne nicht auch die Mutter der göttlichen Natur Jesu sein, da Gott nicht von einem menschlichen Wesen geboren werden könne. Es sei richtiger, sie χριστοτόκος, – christotókos, Mutter Christi, zu nennen.
Sein großer Gegner war Kyrill, der Patriarch von Alexandria. Zu Kyrills Zeit ist es gewesen, daß die Philosophin Hypatia, die letzte bedeutende Heidin der griechischen Kultur, anläßlich eines Volksaufstandes in Alexandria ermordet wurde. Kyrillos verwarf die Lehre des Nestorios als Ketzerei. Maria sei zwar nicht die wahre Mutter der göttlichen Natur Jesu an sich, wohl aber die Mutter des fleischgewordenen Logos, des Wortes, das sowohl die göttliche als auch die menschliche Natur Christi enthalte. So sei also Maria tatsächlich θεοτόκος – theotókos, gottgebärend, also Mutter Gottes.
Die frühe Christenheit ist lange Zeit hindurch nahe daran gewesen, den Glauben an die Göttlichkeit der Person Jesu Christi preiszugeben. Auf dem Konzil von Nicaea ist die Wesensgleichheit des Sohnes mit dem Vater zum Dogma erhoben worden. Dieses Dogma hat sich im Lauf des nächsten Jahrhunderts durchgesetzt. Seine Wichtigkeit erklärt die Erbitterung, mit welcher in dieser Sache um die Wahrheit gestritten worden ist.
Nachdem die Wesensgleichheit als Wahrheit erkannt worden war, stellte sich die Frage nach der Natur der Mutter Jesu ganz von selbst. Diese Frage wurde auf dem Konzil von Ephesos entschieden. Die These Kyrills wurde als wahr erkannt. Das Konzil von Chalcedon bestätigte zwanzig Jahre später die Lehre von Ephesos. Die in unseren Tagen von der Kirche zum Dogma erhobene Assumptio Mariae ist das Ende eines Disputes, der in Nicaea und Ephesos begonnen wurde.

Die Lehre Nestorios' hat ihre Verurteilung auf den Konzilen von Ephesos und Chalcedon um viele hundert Jahre überlebt. Noch heute gibt es Nestorianer in Kurdistan. In der syrischen Kirche lebt die Theologie des Nestorios weiter.
Die nestorianische Kirche hat sich weit nach Asien hinein ausgebreitet. In der Mitte des 7. Jahrhunderts unternahm der nestorianische Mönch Olopön eine Missionsreise nach China. Der Kaiser T'ai-tsung der T'angdynastie, eine der bedeutendsten Gestalten der chinesischen Geschichte, empfing den syrischen Mönch mit großen Ehren. Er legte der Missionstätigkeit Olopöns keine Beschränkungen auf, er förderte sie. So kam es von der Mitte des 7. bis zur Mitte des 9. Jahrhunderts zu einer Blüte des nestorianischen Christentums in China. Fast in allen großen Städten des chinesischen Reiches hat es damals christliche Kirchen gegeben.
Von dieser Mission Olopöns ist ein merkwürdiges Denkmal erhalten geblieben. Im Jahre 1623 wurde beim Ausschachten eines Hauses in der Stadt Si ngan-fu in Nordwestchina eine große Steintafel gefunden, die in chinesischer und syrischer Schrift ausführliche Nachrichten über das Christentum im China der T'angzeit enthält. Die Tafel ist gekrönt von einem aus Greifen und Drachen bestehenden Halbrelief.
Die Tafel ist auf das Jahr 781 nach Christi Geburt zu datieren. Ihre Bedeutung wurde damals von dem Jesuitenpater Trigault sofort erkannt. Die Nachricht von einer Ausbreitung des Christentums im China des frühen Mittelalters war so sensationell, daß man die Jesuiten der Fälschung bezichtigte. Diesem Irrtum ist, allzu aufgeklärt, auch der große Voltaire verfallen. Aber die Tafel ist echt. Von dem T'angkaiser sagt sie:
»Als T'ai-tsung, der leuchtende Kaiser, seine glückliche Regierung in Ruhm und Glanz begann, indem er sein Volk erleuchtet und weise beherrschte, lebte im Königreich Syrien ein Mann von großer Tugend namens Olopön, der, weissagend aus leuchtenden Wolken, die heiligen Schriften herbeibrachte. Er bestand die Schwierigkeiten und Gefahren der Reise, indem er die Harmonie der Winde beobachtete.
Im neunten Jahre Cheng-kuan kam er nach Chang-ngan. Der Kaiser sandte seinen Staatsminister Herzog Fang hüan-ling an der Spitze einer Eskorte in den westlichen Vorort, um den Besucher zu empfangen und zu geleiten. Die Schriften Olopöns wurden in der kaiserlichen Bibliothek übersetzt. Als seine Lehren in den kaiserlichen Privatgemächern geprüft wurden, erkannte der

Kaiser ihre Richtigkeit und Wahrheit und ordnete an, sie sollten gepredigt und verbreitet werden.«
Der beste Kenner dieser Materie ist ein japanischer Gelehrter. Professor Saëki meint, daß das China der T'angzeit zwar nicht de jure, aber de facto unter christlichem Einfluß gestanden habe. Das Christentum ist aus dem Reich des Konfuzius wieder verschwunden, ohne daß wir viel von diesem Vorgang wissen. Allerdings hat die chinesische Zivilisation in ihrem überquellenden Reichtum das dem Buddhismus verwandte christliche Gedankengut nur insofern zum Verschwinden gebracht, als sie es in sich aufgenommen hat. Man kann sagen, daß alle vier großen Weltreligionen geistig untereinander zusammenhängen. Das bedeutet, daß der Humanismus eine Weltgrundlage hat.

Wenn man Ephesos besichtigen will, muß man in einer anatolischen Stadt, in deren Nähe die Ausgrabungen liegen, übernachten. Dieses Städtchen, das man ebensogut ein großes Dorf nennen könnte, heißt Selçuk oder Ajasoluk. Viele dieser Plätze haben die verwirrende Eigenschaft, zwei oder auch drei Namen zu haben – einen türkischen, einen griechischen und zuweilen auch noch einen armenischen oder sogar einen hethitischen. Der Name Selçuk kommt von den Selçuken, einem früh nach Kleinasien gekommenen türkischen Volk, das schon im 11. Jahrhundert in Südanatolien ein großes und blühendes Reich mit der Hauptstadt Konia, dem alten Ikonium, das Reich Rum, gegründet hatte. Der Name Ajasoluk hingegen, so schön türkisch er klingt, ist entstanden aus dem griechischen Hagios Theologos. Das ist der Evangelist Johannes. So bewahrt noch jeder kleine mohammedanische Bauernjunge im Namen seines Dorfes eine Überlieferung, die wir Christen des Westens vergessen haben.
Es ist jedesmal von prickelndem Reiz, die eingefahrene Bahn des Tourismus, die Sicherheit und den Komfort der Grandhotels zu verlassen und nun in einem Land, dessen Sprache man nicht spricht, in die wahre Fremde zu geraten. Ich stand mit meinem Koffer auf dem Bahnsteig des Hagios Theologos. Über den Bahnhofsplatz ziehen sich zwanzig Bogen eines byzantinischen Aquaeduktes, der teilweise aus antiken Werkstücken besteht. Der Zug fuhr ab. Eine Menge Türken standen umher und betrachteten mich mit zurückhaltender Neugier. Auch hier kommt nur einmal am Tag ein Zug, das Ereignis, zu welchem der ganze Ort sich versammelt.
Ein Fremder ist für einen rechtgläubigen Moslem eine Gabe

Allahs. Offenbar hat dieser Mensch Geld; aber statt daß er sich, um sich Allahs Güte würdig zu erweisen, vor sein Haus in die Sonne setzt oder sich eine zweite Nebenfrau nimmt, was doch auch schon genug Ärger macht, reist dieser Mensch umher. Die Rechtgläubigen ziehen daraus den vernünftigen Schluß, daß Allah diesem Menschen den Sinn verwirrt und ihn seinen Kindern geschickt habe, damit sie sich an ihm bereichern. Ist der Fremde geizig, so werden die Kinder Allahs böse, aber keineswegs, weil sie habgierig, sondern weil sie fromm sind. Hat der Fremde hingegen mit dem Bakschisch eine leichte Hand, ist Allahs Weisheit Genüge getan, und der Fremdling wandelt auf einem Blumenteppich orientalischer Liebenswürdigkeit durch das Land.

In einer Lage wie der, in der ich mich auf dem Bahnsteig befand, muß man sich einen Protektor verschaffen. Ich wählte dazu einen würdigen Mann mit weißem Bart. Ich sprach ihn geradenwegs an. Jede beliebige Sprache der babylonischen Sprachverwirrung ist dazu geeignet. Man kann ruhig bei einer solchen Gelegenheit einen Vers aus Schillers Glocke zitieren. Der Alte fühlte sich durch die Ansprache geehrt und damit auch sogleich für mich verantwortlich.

Es ist unglaublich, was alles man mit Gesten ausdrücken kann. Ich wies auf meinen Koffer und legte die flache Hand an die Backe, den Kopf zur Seite neigend – die Geste des Schlafens. Einige der Umstehenden machten, um zu zeigen, daß sie mich verstanden hätten, die Geste nach, und einer begann sogar – man kann nie wissen, wie dumm ein Fremder ist – zu schnarchen. Alles lachte. Der Alte nahm mich freundlich unter den Arm. Irgend jemand ergriff meinen Koffer. So zogen wir alle zusammen in eine Herberge, in der unten ein kleines Caféhaus war. Dort wurden einige dreißig oder vierzig Tassen Mokka getrunken, zu denen ich einladen durfte. Unter meinen Gästen befand sich ein Invalide, der sein Bein in den Kämpfen um die Dardanellen verloren hatte. Der Kamerad der Weltgeschichte bestand darauf, daß zum Mokka er mich einlade.

Es dauerte auch nicht mehr lange, daß der deutschsprechende Mann des Ortes erschien. Immer gibt es in jedem noch so kleinen türkischen Dorf einen weitgereisten Mann, der entweder deutsch oder französisch oder englisch spricht, und der natürlich jeweils glücklich ist, mit seiner Weltkenntnis sich ein großes Gesicht zu machen. In Ajasoluk war es ein liebenswürdiger Offizier der türkischen Armee. Sein Deutsch hatte er auf der Militär-

akademie gelernt. Er nahm sich meiner in der rührendsten Weise an.
Der Komfort der Herzlichkeit ist schöner als der Komfort aller Grandhotels der Welt. Hier war es die feinste Form der Délicatesse du cœur, die Herzlichkeit der Armut. Die Bauern leben von der Baumwollkultur. Die Preise sind schlecht. Rešat Pars, mein türkischer Freund, sagte: »Die Bauern weinen Blut.«
Der Pressechef der türkischen Regierung hatte mir freundlicherweise einen Brief mitgegeben, in dem in türkischer Sprache stand, wer ich sei und was ich vorhabe. Diesen Brief reichte ich dem Wirt. Er ließ ihn die Runde machen. Der Stempel der Regierung rief bei den Bauern viele achtungsvolle Rufe hervor, nicht viel anders, als es in früheren Zeiten ein Ferman des Sultans getan haben mag. So wurde ich im Lauf des von Tabakwolken und behäbigem Geschwätz erfüllten Abends ihr Fremder. Das sollte mich noch vor einem Unheil bewahren.
Am nächsten Morgen machte ich mich auf in die Vergangenheit. Zunächst erstieg ich einen in der Nähe des Dorfes gelegenen Hügel, dessen Spitze von den Ruinen eines türkischen Kastells gekrönt ist. Vom halben Hang dieses Hügels geht der Blick nach Westen auf die auf beiden Seiten von Bergen eingefaßte, breit zum Meer sich öffnende Mündungsebene des Kaystros. In der Ferne, etwa acht Kilometer weit, endet der Blick an einem feinen hellen Streifen am Horizont. Das ist die Küste. Die Berge zur Rechten sind niedrig. Zur Linken, in etwa vier Kilometer Entfernung, erhebt sich, etwa zweihundert Meter hoch, der Bülbül Dag, der Nachtigallenberg. Hinter dem Bülbül Dag ragt ein etwa sechshundert Meter hoher, langgestreckter, von tief eingeschnittenen Tälern abgeteilter Bergrücken auf, der Ala Dag. Am Fuß des Bülbül Dag, von meinem Standort aus eine gute halbe Stunde Weges, zwischen dem Hügel und dem Meer, liegen die Ruinen von Ephesos. Aus dieser Entfernung sind die Überreste der antiken Großstadt nicht mehr als einige helle Flecke in der Landschaft. Der Bülbül Dag ist kahl. Er muß aber, wie aus seinem Namen hervorgeht, einmal bewaldet gewesen sein. Der hinter dem Bülbül Dag aufragende Ala Dag ist in seinen oberen Regionen bewaldet. Die Wälder erstrecken sich, wie im Altertum, weit in die dahinter liegenden Täler hinein. An einer Stelle sieht man die noch frischen Böschungen einer neuen Straße, die in scharfem Zickzack den steilen Hang des Ala Dag hinaufklettert. Diese Straße führt zur Panaja Kapoulü. Panaja ist das griechische Wort Panhagia, die Allerheiligste,

nämlich die Allerheiligste Jungfrau. Kapoulü ist das türkische Wort für Stätte. Das Haus der Heiligen Jungfrau liegt hinter dem Kamm des Ala Dag mitten in den Wäldern. Vor uns ist das Land bis zum Meer hin eben, ein nur hie und da von Äckern unterbrochener, mit Schilf und Strauchwerk bestandener Sumpf.
Im Umkreis von wenigen hundert Metern von der Stelle, an der ich stehe, befinden sich die Stätten von vier bedeutenden Bauwerken aus vier Epochen der Geschichte. Das erste Bauwerk ist das Artemision. Das zweite ist die Kirche, die Kaiser Justinian, der Erbauer der Hagia Sophia in Konstantinopel, im 6. Jahrhundert über dem Grab des heiligen Johannes errichten ließ. Das dritte ist die Isa Bey-Dschami, eines der frühesten und schönsten alttürkischen Bauwerke auf anatolischem Boden. Die Isa Bey-Dschami ist eine Moschee, die von dem Selçukensultan Isa Bey am Ende des 14. Jahrhunderts errichtet worden ist. Das vierte Bauwerk ist ein türkisches Kastell aus dem 17. Jahrhundert.
Zur Zeit des Artemision brandete das Meer noch an den Fuß des Hügels, auf dem ich stehe. Die Marmormauer des Plateaus, auf dem das Artemision errichtet war, war die Quaimauer des Hafens. Zur Zeit Kaiser Justinians war das Meer schon zwei Kilometer entfernt. Zur Zeit des Selçukenfürsten Isa Bey waren es fünf Kilometer, heute sind es acht Kilometer vom Kastellhügel bis zum Strand. In vielfachen Windungen schlängelt sich der Kaystros durch die Sumpfebene, die er im Lauf von zweitausend Jahren selbst angeschwemmt hat.
Homer, um darzustellen, wie die Griechen vor Troja von ihren Schiffen und Zelten in den Kampf sich stürzen, in die Ebene zwischen der Küste und der Stadt Troja, durch welche der Skamander floß, wählt ein Bild, das ihn in seiner Jugend in Ephesos beeindruckt hat.

Dort, gleichwie der Gevögel unzählbar fliegende Scharen,
Kraniche oder Gäns' und das Volk langhalsiger Schwäne,
Über die asische Wies', um Kaystros' weite Gewässer,
Hierhin flattern und dort, mit freudigem Schwange der Flügel,
Dann mit Getön absenken den Flug, daß weit das Gefild hallt:
So dort stürzen die Scharen von Schiffen einher und Gezelten
Auf die skamandrische Flur ...

Die Gabe des Vaters der Dichtkunst, die Natur zu beobachten und zu beschreiben, kann man sich noch heute bestätigen lassen von den Scharen der Nachkommen jener Schwäne und Kraniche, die Homer auf der asischen Wiese in seiner Jugend gesehen und im zweiten Gesang der Ilias unsterblich gemacht hat. Nirgend-

wo in der Welt können Schwäne sich eines Stammbaums rühmen, der älter ist als der Stammbaum irgendeines lebenden Menschen auf Erden.
Die Ausgrabungsstelle des Artemision liegt etwa dreihundert Meter vom Fuß des Kastellhügels entfernt. Sie sieht aus wie eine Baugrube, ein Rechteck von zweihundertfünfzig mal hundert Metern, etwa fünfzehn Meter tief. Die Grube steht halb voll Grundwasser. Einige Säulenreste liegen im Sumpf.

In der Apostelgeschichte wird der Aufstand in Ephesos, den der Goldschmied Demetrios bei der Anwesenheit des Apostels Paulus entfesselte, beschrieben. Die Juweliere der Stadt machten damals ein glänzendes Geschäft mit kleinen silbernen Artemistempeln, die den Pilgern als Andenken verkauft wurden. Solche Reiseandenkentempel sind bei Ausgrabungen bis Oberägypten, bis Spanien, bis Indien gefunden worden.
Demetrios, der in dieser Industrie eine Art Holdinggesellschaft geleitet zu haben scheint, berief eine Gewerkschaftsversammlung der Goldschmiede in das große Theater von Ephesos und wiegelte seine Zunftgenossen gegen den Apostel Paulus auf.
Lukas beschreibt uns das ganz genau. Es ist amüsant zu sehen, wie wenig die Welt sich ändert.
Lukas schreibt: »Es erhob sich aber um diese Zeit eine nicht kleine Bewegung über diesem Wege. Denn einer mit Namen Demetrios, ein Goldschmied, der machte silberne Tempel der Diana und wandte denen vom Handwerk nicht geringen Gewinst zu; dieselben und die Beiarbeiter des Handwerks versammelte er und sprach: ›Liebe Männer, ihr wisset, daß wir großen Gewinn von diesem Gewerbe haben; und ihr sehet und höret, daß nicht nur zu Ephesos, sondern fast in ganz Asien dieser Paulus viel Volks abfällig macht, überredet und spricht: ‚Es sind nicht Götter, welche von Händen gemacht sind.' Aber es wird nicht allein unserem Handel dahin geraten, daß er nichts gelte, sondern auch der Tempel der großen Göttin Diana wird für nichts geachtet werden und wird dazu ihre Majestät untergehen, welcher doch ganz Asien und der Weltkreis Gottesdienst erzeigt.‹ Als sie das hörten, wurden sie voll Zorns, schrien und sprachen: ›Groß ist die Diana der Epheser!‹ Und die ganze Stadt ward voll Getümmels.«
Fairerweise muß man zugeben, daß Demetrios, zweifellos ein prominentes Mitglied der Handelskammer von Ephesos, mit seiner Befürchtung, daß die neue, von Paulus verkündete Lehre

auf lange Sicht den Umsatz in artemisischen Devotionalien beeinträchtigen werde, so unrecht nicht gehabt hat. Demetrios war durchaus das, was man einen weitschauenden Kaufmann nennt. Die idealistische Verbrämung von Fragen der Umsatzsteigerung ist keine Erfindung unserer Zeit.

Aus dem Bericht des Lukas über den Aufstand der Goldschmiede von Ephesos geht noch etwas anderes hervor. Die Verkündigung des Evangeliums ist schon zur Zeit der ersten Apostel eine Sache gewesen, die sich keineswegs im Verborgenen abgespielt, sondern von Anfang an eine beträchtliche Publicity gehabt hat. Auch in Thessalonike organisierten die Juden gegen den Paulus sogleich einen Aufstand der Massen. Sie machten vor den Obersten der Stadt Paulus und seinen Begleitern lärmende Vorwürfe: »Diese, die den ganzen Weltkreis erregen ...«

Der Berichterstatter der Apostelgeschichte, dieser ausgezeichnete Schriftsteller, den zum Schutzheiligen ihres Berufes zu nehmen die Journalisten der ganzen Welt guten Grund hätten, ist in hundert nachprüfbaren Einzelheiten so genau, daß nicht der geringste Zweifel an der Genauigkeit auch dieses Berichtes besteht. So ist das gewesen.

Der Gründe dafür, daß das Evangelium von allem Anfang an als eine Sensation auf die damalige Welt gewirkt hat, sind viele. Es gibt von den vorzüglichsten Gelehrten des 19. Jahrhunderts admirable kulturhistorische Untersuchungen über die geistige Bereitschaft der Antike für die neue Lehre, über die schon von der Philosophie gestellten hohen Anforderungen an ein Leben menschlicher Würde. Dem Vergil, dem Vater des Abendlandes, wie das Mittelalter ihn genannt hat, wird eine anima naturaliter christiana, eine von Natur aus christliche Seele zugesprochen. Seine berühmte vierte Ekloge wirkt in der Tat erschütternd.

Nun ist gekommen die letzte Zeit nach dem Spruch der Sibylle;
Neu entspringt jetzt frischer Geschlechter erhabene Ordnung.
Schon kehrt wieder die Jungfrau, Saturn hat wieder die Herrschaft;
Schon steigt neu ein Erbe herab aus himmlischen Höhen.
Sei nur dem nahenden Knaben, mit dem die eisernen Menschen
Enden, und allen Welten ein goldenes Alter erblühet –
Gnädig sei ihm, du Helferin, Reine! Schon herrscht dein Apollo!
Während du, o Pollio, führest, beginnt dieses Äons
Herrlichkeit, fangen an die hohen Jahre zu schreiten,
Die unsres Frevels Spuren, wenn solche noch blieben, vernichten,
Die aus unaufhörlichen Ängsten erlösen die Länder.

Aber das ist keine Verkündigung. Es ist das poetische Finale der

Zeit, die erfüllet war. Bildung, Gelehrsamkeit, Staatsorganisation und Kunst hatten die Möglichkeiten, die dieser Welt offenstanden, bis in die Nuancen erschöpft. Es gab keine Fortsetzungen mehr. Es gab nur noch Ausklänge. Alles, was die heidnische Antike von da an noch hervorbrachte, hat nie wieder den alten Rang erreicht. Der bildenden Kunst ist kein Praxiteles mehr erstanden, der Poesie kein Sophokles, der Wissenschaft kein Aristoteles, der Rhetorik kein Cicero, der Politik kein Cäsar.

Alle diese im 19. Jahrhundert, der späten Nachblüte der antiken Kultur, von den gelehrten Humanisten erarbeiteten Einsichten betreffen nur die Voraussetzungen der Sache, nicht diese selbst. Ein Haufen Heu unter trockenen Dachsparren in glühender Sonne – das gibt noch keinen Brand. Das sind nur Voraussetzungen eines Brandes. Der Brand entsteht durch einen Funken. Der Funke, der die antike Welt in Brand gesteckt hat, war das Ärgernis des Evangeliums.

Die Männer, welche die neue Lehre verkündeten, müssen in den glänzenden Großstädten der Antike freilich aufgefallen sein. Jüdische Fischer vom See Genezareth, bescheidene Handwerker aus kleinen syrischen Landstädten zogen bettelarm durch das blühende Imperium. Sie weigerten sich, an den Errungenschaften der Zivilisation teilzunehmen. Sie verkündeten einen neuen Äon.

Propheten neuer Lehren aus Asien, dem unerschöpflichen Quell der Metaphysik, waren in der Antike nichts Ungewöhnliches. Was die Männer aus Syrien auszeichnete, war die Furchtlosigkeit, mit der sie auftraten. Wer den Tod nicht fürchtet, ist mächtig in einer Welt der Angst. Die Furchtlosigkeit ist der Lohn der Wahrheit. Ihr Preis ist der Tod.

Das sind Gedanken, die einem Pilger des 20. Jahrhunderts kommen, der auf den Marmortrümmern der Kirche des Apostels Johannes in Ephesos sitzt und auf die Wassergrube hinabblickt, an deren Stelle einst das Artemision stand.

Das Heiligtum der Antike war so völlig verschollen, daß I. T. Wood, der große englische Archäologe aus der Mitte des vorigen Jahrhunderts, den Platz des Tempels zu entdecken sieben Jahre gebraucht hat. Er fand ihn schließlich mit Hilfe einer römischen Inschrift aus der Zeit des Kaisers Trajan. Das ist etwa fünfzig Jahre später, als Paulus in Ephesos war. Die Inschrift ordnet an, auf welchem Weg das Standbild der Göttin bei ihrem jährlichen Fest ins Theater der Stadt gebracht werden solle. Dieser Anweisung folgend, fand Wood die Stelle des Tempels.

Die Ausgrabungen haben nur die Trümmer von Trümmern freilegen können. Der Tempel ist jahrhundertelang als Steinbruch benutzt worden. Glücklicherweise hat die Spätantike noch die Trümmer des Artemision für so kostbar gehalten, daß einige davon für den Bau christlicher Kirchen verwendet worden sind. So haben acht Marmorsäulen des Artemision tausend Jahre lang das Echo der Liturgie in der Hagia Sophia zurückgeworfen. Drei herrliche Marmorplatten aus dem Tempel in Ephesos verkleiden die Wand des Altarraumes der Kirche der heiligen Catharina am Fuß des Berges Sinai. Diese Marmorplatten werfen das Echo der Liturgie noch heute an jedem Morgen, an dem die Sonne über der Wüste Arabiens aufgeht, zurück.
Der über dem Wasser schwebende Tempel muß einen großartigen Anblick geboten haben. Schon von weitem leuchtete den Schiffern, die in die Bucht von Ephesos einliefen, das in der Sonne liegende Heiligtum entgegen. Der Trümmer sind genug, und die Beschreibungen des Weltwunders sind so zahlreich, daß es möglich war, das Artemision in allen Einzelheiten zu rekonstruieren.
Der Tempel stand auf einer breit ausladenden marmornen Plattform. Er war einhundertfünfundzwanzig Meter lang, fünfzig Meter tief und hatte mehr als hundert Säulen von zwanzig Metern Höhe aus Porphyr oder Marmor. In ganz alter Zeit war das Idol nur die hölzerne Statue der Astarte gewesen. Die Göttin, die zur Zeit des Paulus in diesem Tempel verehrt wurde, war aus Gold und Elfenbein. Sie wurde geflügelt zwischen zwei Tieren, die sie führte, dargestellt. Es war die sogenannte persische Artemis, eine Verschmelzung der griechischen mit der asiatischen Göttin.
Das zweite Bauwerk liegt auf halber Höhe des Kastellhügels. Es sind die Reste der Kirche, die Kaiser Justinian über dem Grab des heiligen Johannes errichtet hatte. Der heilige Johannes war der Missionar Kleinasiens. Er wohl dürfte der Begründer der sieben in der Apokalypse erwähnten christlichen Gemeinden sein, der ersten auf kleinasiatischem Boden. Außer Ephesos gehörten zu diesen sieben Stätten die Gemeinden von Smyrna, Pergamon, Thyateira, Sardes, Philadelphia und Laodicea. Alle diese Plätze liegen im Umkreis von wenigen hundert Kilometern um Ephesos herum.
Der Aufenthalt des Apostels Johannes in Ephesos ist historisch gesichert. Ebenso besteht kein Zweifel darüber, daß das heute leere Grab, über dem Justinian seine Kirche errichtet hat, historisch ist.

Diese Kirche ist ein mächtiges Bauwerk gewesen, von dem heute nur noch die Wände ausgegrabener Grundmauern stehen. Diese Grundmauern lassen einen klaren kreuzförmigen Grundriß erkennen. Die Kirche war einhundertundvierzig Meter lang. Sie war von sechs großen Kuppeln überwölbt. Das Baumaterial war antiker Marmor, der wohl zu einem Teil aus den Trümmern des Artemistempels stammte.
Nach den Nachrichten, die wir besitzen, ist diese Kirche kaum weniger prächtig als die Hagia Sophia in Konstantinopel ausgestattet gewesen. Sie ist in der Zeit der Kreuzzüge und bis tief ins späte Mittelalter hinein das Ziel frommer Pilger aus ganz Europa gewesen. Heute liegen die Ruinen einsam. Ein paar schwarzäugige türkische Kinder spielten zwischen den Mauern. Im Altarraum weideten Ziegen.
Das dritte Bauwerk, die Isa Bey-Dschami aus dem Jahre 1375, am Fuß des Kastellhügels gelegen, ist noch leidlich erhalten. Sie ist eine Kuppelmoschee von wohltuend einfachen Proportionen mit einem Hof, der mit antiken Säulen geschmückt ist. Neben dem Eingang ragt ein verfallendes Minarett empor. Die Fassade ist eine große, vollständig mit Marmorplatten verkleidete Fläche. Das von einem breiten Marmorrahmen eingefaßte Portal ist leider verschlossen. Zu dem Portal schwingen sich von rechts und links zwei Treppen empor, die sich auf einer Plattform treffen. Auffallend ist die Farbe der in der Sonne leuchtenden Marmorplatten. Es ist ein dunkelgetöntes warmes Gelb. Nur eine jahrhundertelange Verwitterung vermag eine solche Nuance hervorzubringen.
So liegen auf engstem Raum beieinander ein verschollener griechischer Tempel, eine verfallene christliche Kirche, eine langsam zur Ruine werdende selçukische Moschee und ein zerstörtes türkisches Kastell – das alles am Rand eines Sumpfes, der einmal eine von Schiffen fröhlich belebte Meeresbucht gewesen ist. Der Wind streicht über die Vergangenheit dahin, und nur die Schwäne Homers haben sich in den Jahrtausenden nicht verändert. So wandere ich nachdenklich über die Äcker, hinüber nach dem Ruinenfeld der Stadt Ephesos. Ich steige über die niedrigen Wälle, mit denen die Bauern ihre Felder abgeteilt haben. Sie sind Schotter aus antikem Marmor. Zuweilen findet man dazwischen ein bearbeitetes Stück.
Durch einen breiten Hohlweg hinaufsteigend, komme ich zum Coressischen Tor. Dahinter links, in den Hang eines Hügels hineingebaut, liegt das antike Theater, das erstaunlich gut erhal-

ten ist. Ich steige die Stufen hinan. Das Theater hat sechsundsechzig Sitzreihen übereinander. Ich setze mich auf den obersten Rang. Die ganze Stadt ist zu übersehen. Am Fuß des Hügels zieht sich nach links eine marmorgepflasterte Straße entlang. Sie führt zur Agora. Geradeaus auf das Meer zu verläuft die anderthalb Kilometer lange Arkadiana, eine vom Kaiser Arkadios von Byzanz um 400 erbaute Prachtstraße, auf deren beiden Seiten die Überreste zahlreicher Marmorbauten noch gut zu erkennen sind. Die Arkadiana endet am Hafen in der Nähe des Kastells, des Gefängnisses, in dem der Apostel Paulus gesessen hat.
Aus meiner Vogelperspektive sind ganz deutlich die Grenzen des Antiken, heute völlig versumpften, mit Schilf bestandenen Hafenbeckens zu erkennen. Rechts neben der Arkadiana stehen, bis zu halber Höhe erhalten, die Reste der Marienkirche, in der das Konzil von 431 abgehalten wurde.
Die Ruine der Kirche, in der das Grab des Evangelisten Lukas verehrt wurde, habe ich nur von weitem betrachten können. Drei anatolische Schäferhunde, eine Sorte von Tieren, die von Wölfen noch nicht sehr weit entfernt sind, brachten alle meine Versuche, an die Ruine heranzukommen, mit wütendem Gebell zum Scheitern.
Auf diesem weiten Feld zerstörter Pracht war von meinem Sitz im Theater aus nicht ein einziger Mensch zu sehen. Nur zwei Adler zogen ihre Kreise hoch im Blau des Himmels. Ohne die Neugier der Wissenschaft wäre diese Landschaft der Vergangenheit nur ein Haufen von Schutthügeln, mit Gestrüpp und kärglichem Gras bewachsen, gerade genug, um eine Herde Ziegen zu ernähren. Die wichtigsten Ausgrabungen in Ephesos sind von 1896 bis 1908 vom Kaiserlich-Königlich Österreichischen Archäologischen Institut in Wien gemacht worden. Die vielen wertvollen Skulpturen, die dabei ans Tageslicht gefördert wurden, stehen im Belvedere in Wien.
Die alte Agora macht einen fast intimen Eindruck. An ihrer Südseite liegt die noch recht gut erhaltene Celsusbibliothek, die ein ehrerbietiger Sohn zum Gedächtnis seines Vaters errichtet hat. Auf zehn Stufen steigt man in den Bibliothekssaal hinauf, in den der Himmel hineinschaut. An der Rückwand des Lesesaales befindet sich eine Nische. Sie diente nicht der Dame, die die Aufsicht über die Studenten führte. Die Dame, die in dieser Nische thronte, war Pallas Athene, die Göttin der Weisheit selbst. Um die Wände mit den Büchernischen vor Feuchtigkeit

zu schützen, war dahinter ein breiter Umgang. Unter der Bibliothek steht in einer kleinen Kammer noch immer der prächtige Sarkophag des Tiberius Julius Celsus, zu dessen Ehren die Bibliothek erbaut wurde. Den Zweck seiner großmütigen Stiftung hat der Sohn Tiberius Julius Aquila jedenfalls erreicht und mindestens ebensosehr zu seiner wie zu seines Vaters Ehre.
An der Balustrade der Bibliothek ist, eine Ironie des Zufalls, ein steinernes Menetekel erhalten geblieben. In die Balustrade sind das griechische Wort »*ΣΟΦΙΑ*« – SOPHIA, Weisheit, und daneben das Haupt der Medusa eingemeißelt. Die Weisheit und das Haupt der Medusa, vereint auf der Agora der Vergänglichkeit, sind ein zweitausend Jahre altes Symbol dafür, daß alles Wissen und alle Weisheit dem Menschen nicht mehr einzubringen vermögen als einen Blick in das dämonische Antlitz der schlangenhaarigen Göttin mit den leeren Augenhöhlen, einen Blick in den Schrecken des Nichts.
Auf der Straße vom Theater zur Agora gehe ich über die gleichen Steinplatten, auf denen im lebhaften Verkehr, im internationalen Gewimmel der großen Hafenstadt, vorbei an den mit den Schätzen der Welt ausgestatteten Verkaufsläden, zwischen Griechen und Juden, zwischen Ägyptern und Phöniziern, zwischen Persern und Römern die Apostel Johannes und Paulus dahingeschritten sind.

In einer Nische der Agora hatte sich, ein Sendbote der Gegenwart in der erhabenen Umgebung der Vergangenheit, ein Türke niedergelassen, der Mokka braute. Diese Tasse mit dem köstlich heißen bitteren Trank Arabiens auf dem alten Marktplatz von Ephesos, auf den Marmorstufen der Bibliothek des Celsus, im Schatten einer Sykomore unter dem Himmel Anatoliens, in dem die Adler kreisten, ist der nachdenklichste Mokka gewesen, den ich in meinem langen und bewegten Leben zu mir genommen habe.
Die Reiche dieser Epoche sind zerfallen. Die festgegründeten Marmorbauten jener Zeit sind Trümmer. Die Göttin Artemis, welcher doch ganz Asien und der Erdkreis Gottesdienst erzeigt hatten, ist eine ferne Legende.
»Groß ist die Diana der Epheser!« – das wird heute nur noch Abend für Abend von zehntausend Fröschen in einer verfallenen Baugrube den Schwänen des Kaystros verkündet.

Nichts auf Erden schmeckt der Neugier Europas so gut wie der Staub der Fremde. Der nahrhafte Lößstaub, der zwischen den Zähnen knirschende Karststaub, der mit ein wenig Kamelmist gewürzte Staub der Wüste, der bittere Staub der Salzsteppe, der Pulverstaub der Landstraßen, das alles sind Varianten des irdischen Staubes, den zum Gegenstand des Studiums zu machen deswegen nicht als abwegig verurteilt werden sollte, weil uns allen hienieden zu ihm zurückzukehren bestimmt ist.

Die Kleinigkeiten sind es, die die Fremde fremd machen. Menschen fremder Länder haben gewiß eine andere Kunst, andere Gesetze, eine andere Religion. Aber vor allen Dingen haben sie eine andere Art, den Kopf zu neigen, eine andere Art zu lächeln, eine andere Art, Geld auf den Tisch zu zählen, eine andere Art, den Reis zu kochen. Sie haben anderen Wein und anderes Brot.

Auch die Tiere sind anders. Kamele sind etwas entzückend Fremdartiges. Noch auf dem Asphalt haben sie die Aura der Oase um sich. Wenn am Straßenrand statt Krähen Geier sitzen, bekommt die Landschaft einen anderen metaphysischen Charakter. Ein Esel in Korsika ist etwas anderes als ein Esel in Syrien. Den korsischen Esel hat der Philosoph Seneca geritten, als Kaiser Claudius ihn auf die schöne Insel verbannt hatte. Der syrische Esel hat der Jungfrau Maria gedient, als sie nach Ägypten emigrieren mußte. Der stoische Esel Korsikas ist niemals Gegenstand der Kunst gewesen. Der christliche Esel Syriens ist von den größten Künstlern des Abendlandes immer wieder gemalt worden.

Einmal fuhr ich mit einem syrischen Chauffeur eine Landstraße entlang. Er war ein ausgezeichneter Fahrer. Die tadellos asphaltierte Straße lief in einem weiten Tal glatt und übersichtlich zwischen Bäumen entlang auf einen in der Ferne sichtbaren Gebirgszug zu. Nichts kam uns entgegen. Gleichwohl ließ der Syrer alle paar hundert Meter die Hupe ertönen. Schließlich fragte ich ihn, warum er das tue. »Ach«, meinte er, »wissen Sie, ich bin dreißig Jahre meines Lebens Eseltreiber gewesen, und wenn man den Esel nicht von Zeit zu Zeit durch einen Zuruf ermuntert, bleibt er stehen!«

Zwischen den tausend Kleinigkeiten der Fremde, die wie die runden Kieselsteine eines Gebirgsbaches Auge und Herz entzücken, blitzt eines Tages der Diamant einer Überraschung auf.

Das, was man nicht erwartet hat, entdeckt man, als ob niemals eines Menschen Auge je vorher es erblickt hätte.
Eine der großen Überraschungen meiner Reise zu den frühen Stätten der Christenheit war ein Haus, von dem ich niemals etwas gehört hatte. Es war die »Panaja Kapoulü«.
Daß es bei Ephesos ein Haus der Heiligen Jungfrau gebe, ein Haus also, in dem nach der Überlieferung die Muttergottes gewohnt habe, erfuhr ich zum erstenmal bei der Lektüre des Baedeker im Anatolischen Expreß.
Der alte gute, so unbeschreiblich zuverlässige Baedeker! Er bringt nur eine kleine Anmerkung. Sie lautet: »In zweieinhalb Stunden kann man von Ajasoluk aus zu Pferde einen Ausflug in südlicher Richtung zu der wohl frühmittelalterlichen Kirche Panagia Kapoulü auf dem Ala Dag machen. Sie gilt seit 1891 als Haus der heiligen Maria. Weite Aussicht!«
Ob es sich da nicht doch nur um eine der vielen frommen Legenden handelt, an denen die Poesie des Christentums so reich ist?
Dieses Haus ist der Gegenstand eines Streites, dessen Ursprung bis ins 5. Jahrhundert zurückgeht. Was ist von dieser Sache zu halten?
Als ich nach der Rückkehr von meiner Reise mit einem gelehrten Benediktinerpater über das Problem sprach, warnte er mich voller Wohlwollen, diese Frage überhaupt anzurühren. Sie sei allzu kompliziert. Angesichts der aufregenden Tatsache, daß es noch heute ein Haus gibt, in dem die Muttergottes gewohnt haben soll, wage ich nicht, die Sache zu übergehen.
Den Vormittag hatte ich in den Ruinen von Ephesos verbracht. Gegen Mittag war die warme Herbstsonne verschwunden. Eine leichte Bewölkung war aufgekommen. Ich bat meinen Freund Rešat Pars, mir einen Wagen zu besorgen. Ich wollte auf den Ala Dag hinauffahren, um die Panaja Kapoulü zu besuchen. Rešat Pars kam nach einer halben Stunde ins Caféhaus zurück. Die Chauffeure lehnten es ab zu fahren. Es habe schon ein paar Tage geregnet; die Straße sei noch im Bau; wenn es wieder zu regnen anfange, müsse man befürchten, daß der Wagen vom Berg nicht wieder herunterkomme. Ich beschloß, auf dem Maultier hinaufzureiten. In Kürze hatte Rešat Pars einen Treiber mit einem solchen Tier beschafft.
Anatolische Maultiere sind ziemlich unwahrscheinliche Geschöpfe. Man hat den Eindruck, daß schon ihre Entelechie, der Plan, nach dem sie erschaffen sind, eine Karikatur ist. Etwas Pferd und etwas Esel sind miteinander vermischt, aber die Mi-

schung gibt kein eigentlich neues, kein so recht glaubhaftes Geschöpf. Es ist eine künstliche Mischung. Dazu sehen diese Maultiere alle aus, als ob sie von Motten zerfressen seien. Sie sind ein Skandalon der Natur.

Die Steigbügel waren Stricke. Die Tiere tragen weder eine Trense noch gar eine Kandare. Sie werden am Halfterband geführt. Mein Maultier, als ich es, nach Art der Reiter, durch ein freundliches Klopfen des Halses begrüßen wollte, schnappte sogleich nach meiner Hand. Ein liebes Tier!

Doch hat auch dieses Tier einen klassischen Vorgänger. Es ist jenes berühmte Maultier, das in Athen beim Bau des Parthenon durch Schleppen von Marmorblöcken sich Verdienste erworben hatte. Als dieses Maultier alt und arbeitsunfähig geworden war, erließen die Athener, dieses witzige Volk, ein eigenes Gesetz, das den Händlern verbot, das Maultier vom Parthenon von ihren Getreideraufen zu vertreiben.

Rešat Pars, der rührende Mann, eilte noch in seine Wohnung und holte eine rotes, gesticktes Sofakissen, das er fürsorglich auf den Holzsattel legte – eine Art zu reiten, die für einen Mann, der das Reiten bei einem königlich preußischen Rittmeister der Kavallerieréitschule Hannover gelernt hat, ziemlich merkwürdig war. Aber diese Maultiere sind im Gebirge trittsicher. Was dem Maultier an Freundlichkeit abging, ersetzte es durch Nützlichkeit. Die Freundlichkeit hatte der Treiber. Er war ein vielleicht vierzig Jahre alter anatolischer Bauer von gedrungenem, ungemein kräftigem Körperbau. Er hatte einen prachtvollen dicken schwarzen Haarschopf, der ihm ein wenig in die Stirn hineinwuchs. In seinem wettergebräunten Gesicht blitzten, wenn er lachte, seine weißen Zähne. Er lachte gern, mit einem von liebenswürdiger List sprühenden Auge. Wir mochten einander.

Das halbe Dorf stand herum, während ich versuchte, elegant aufzusitzen. Doch fiel ich sogleich mit dem ganzen Sattel auf der anderen Seite des ziemlich steil abfallenden Maultiers wieder herunter. Sogleich trat das liebe Tier nach mir. Aber ein kräftiger, von einem herzhaften pädagogischen Zuruf begleiteter Schlag des Treibers in die Schnauze des Maultiers verhinderte es, seinen Gefühlen einen für mich allzu schmerzhaften Ausdruck zu geben. Die umherstehenden Türken verzogen bei dieser Szene keine Miene. Die Türken sind, wie alle alten Völker, ein höfliches Volk.

Einige der Bauern warfen bedenkliche Blicke zum Himmel, an

dem die Wolken etwas schneller dahinzuziehen begannen. Aber ihr verrückter Fremder ließ sich durch ihre Bedenken nicht abhalten loszureiten. Allah sei mit ihm!

So zogen wir selbdritt durch die Landschaft von Ephesos. Bis zum Fuß des Ala Dag war es etwa eine Stunde. Ich hatte Zeit, ein wenig nachzudenken. Wenige Sitze auf Erden sind zum Nachdenken so geeignet wie der Sattel eines anatolischen Maultiers in der Ebene von Ephesos.

Hier in Ephesos also hatte im Jahr 431 unter der Regierung des Kaisers Theodosios II. das große Konzil stattgefunden, das sich mit der nestorianischen Ketzerei auseinandersetzte. Zu meiner Rechten taucht das Magnesische Tor auf, durch das damals die Patriarchen, Erzbischöfe und Bischöfe aus aller Welt mit großer Pracht eingezogen sind, um die Frage zu entscheiden, welche Natur Maria, der Mutter Jesu, zukomme.

Was war das für eine Welt, in der die Menschen solche Fragen für die wichtigsten des Lebens hielten! Vor zweihundertfünfzig Jahren hatte Tertullian die erste große Streitschrift gegen die Philosophie des Heidentums geschrieben. Vor hundert Jahren war das Christentum zur Staatsreligion des Römischen Reiches erhoben worden. In diesem Jahrhundert seit Konstantin dem Großen waren in Jerusalem, in Rom, in Antiochia, in Ephesos viele Kirchen errichtet worden. Es war eine Zeit großer Heiliger und großer Theologen. Ein Jahr vor dem Konzil von Ephesos war Augustin, umstrahlt vom Glanz der Heiligkeit und Gelehrsamkeit, in Hippo, seinem Bischofssitz in der Nähe von Carthago, gestorben. Von diesem unbedeutenden Städtchen aus hatte Augustin die Welt in Bewegung gesetzt. Er ist es gewesen, der die geistige Auseinandersetzung zwischen Christentum und Heidentum endgültig zu Gunsten des Christentums entschieden hat. Die Größe dieses Mannes, der ein Punier war, haben schon seine Zeitgenossen erkannt.

Die Bischöfe der Weltstädte wurden mit der politischen Macht, die ihnen zuzuwachsen begann, zu Kirchenfürsten. Leo der Große nannte sich zum erstenmal in der Geschichte »Vater der Christenheit«. Augustin hatte die Civitas Dei, den Gottesstaat, gegen den weltlichen Staat gestellt. Irland war vom heiligen Patrick zum Christentum bekehrt worden. Äthiopien war christlich geworden.

Die Wallfahrt zu dem von der Kaiserin Helena, der Mutter Konstantins des Großen, wiederentdeckten Heiligen Grab war eine Sitte der Zeit geworden. Von allen Weltgegenden her zogen

Pilger ins Heilige Land. Das Christentum, das sich seit der Zeit der Apostel seiner Weltsendung bewußt gewesen war, hatte Weltgeltung erlangt.
Geistesgeschichtlich war das Jahrhundert von der Gründung Konstantinopels bis zum Konzil von Ephesos ein glänzendes Jahrhundert des Glaubens. Politisch war diese Welt von furchtbaren Gefahren umwittert.
Zwanzig Jahre vor dem Konzil von Ephesos hatten die Goten unter König Alarich Rom erobert und geplündert, jenes Rom, das seit achthundert Jahren keinen Feind mehr in seinen Mauern und nur einmal Hannibal vor seinen Toren gesehen hatte. Augustin war gestorben, während die Vandalen Hippo belagerten, das sie kurz nach seinem Tode eroberten. Das Perserreich war unter der Dynastie der Sassaniden zum zweitenmal in der Geschichte mächtig geworden. Zum zweitenmal bedrohte es die griechische, nun christlich gewordene Kultur des Mittelmeers. Attila, König der Hunnen, regierte in Ungarn. Sogar Byzanz war ihm tributpflichtig. Es mußte jährlich siebenhundert Pfund Gold an den Hunnenkönig zahlen. Und noch ahnte niemand etwas von der Gefahr, die in den menschenleeren Wüsten Arabiens lauerte, wo damals nur einige wilde Beduinenstämme mit ihren Kamelen durch den unendlichen Sand zogen und Kriege um Oasen führten.
In dieser politisch zerrissenen Welt stritten sich die Menschen um die sublime theologische Frage der Natur Marias. Es ist oft darüber gespottet worden, daß die Glaubensstreitigkeiten der Christen untereinander weit mehr Menschenleben gekostet hätten als alle Christenverfolgungen durch die römischen Kaiser. Das ist richtig. Aber die Wahrheit ist unteilbar. Nur die Köpfe, in die sie nicht hineingeht, können gespalten werden.
Als das ökumenische Konzil in Ephesos die Lehre des Kyrillos durch allgemeinen Beschluß bestätigt hatte, wurde Nestorios als Patriarch abgesetzt und obendrein exkommuniziert. Viele Bischöfe waren damit nicht einverstanden. Als Person war Nestorios ein untadeliger Mann. Aber Kyrillos war von unerbittlicher Härte gegen seinen Widersacher. Die Bevölkerung von Ephesos brach in Freudenkundgebungen aus. Das Ergebnis des Konzils wurde mit einem Volksfest gefeiert. Das war nicht unbedenklich. Die Zerstörung des Tempels der Diana durch die Goten lag erst einhundertundsiebzig Jahre zurück. Das Volk hat ein langes Gedächtnis. Dieses Fest muß Erinnerungen an die großen ephesischen Dianafeste wachgerufen haben. Aber die Kirche hat es

immer verstanden, heidnische Bäche in den Strom der christlichen Frömmigkeit zu leiten. Es war Ephesos, in dem eine der ersten Kirchen zu Ehren der Muttergottes erbaut wurde. In dieser Kirche war das Konzil zusammengetreten. Es muß schon damals eine marianische Überlieferung in Ephesos gegeben haben.

Während der Himmel immer dunkler wurde und die Wolken immer schneller über die Landschaft dahinjagten, erreichten wir den Fuß des Ala Dag. Es ging auf der neuen Straße im Zickzack den Berghang hinauf. Einmal saßen drei dieser gefährlich angriffslustigen anatolischen Schäferhunde, die mich schon dem heiligen Lukas ferngehalten hatten, am Wege. Sie empfingen uns mit furchtbarem Gebell. Der wackere Treiber zog ruhig seines Weges fürbaß. Als wir auf zehn Meter an die Hunde herangekommen waren, rief er ihnen mit rauher und strenger Stimme ein paar Worte zu. Zu meiner Verblüffung zogen die Tiere die Schwänze ein und machten sich knurrend davon. Ohne Zweifel, ich war bei diesem Mann in guter Hut.

Kann die Mutter Jesu in Ephesos gewesen sein?

Die heiligen Schriften überliefern uns nichts vom Leben Mariae nach der Himmelfahrt Christi. Auch die ersten drei Jahrhunderte der christlichen Zeitrechnung bewahren über ihr Schicksal und ihren Tod tiefes Schweigen. Ein gelehrter Theologe hat die feinsinnige Bemerkung gemacht, daß der Grund dieses Schweigens vielleicht im Willen Gottes gelegen habe; die antike Welt sei noch außerstande gewesen, das Außerordentliche der Persönlichkeit Marias zu begreifen. Die Gefahr, daß sie zu einer vom Volk verehrten Göttin geworden wäre, war in Asien mit seinen tief wurzelnden matriarchalischen Überlieferungen immer gegeben.

Über die letzten Lebensjahre der Mutter Jesu gibt es zwei Überlieferungen. Die eine besagt, daß sie Jerusalem niemals verlassen habe. Sie habe in dem Haus gewohnt, in dem Jesus mit seinen Jüngern das Letzte Abendmahl gefeiert habe. Sie sei zwölf Jahre nach der Himmelfahrt des Herrn in Gegenwart aller Apostel gestorben und von ihnen in einem Felsengrab beim Garten Gethsemane beigesetzt worden. Erst nach ihrem Tode seien die Apostel in die Welt hinausgezogen. Die andere Überlieferung besagt, daß Maria mit dem Apostel Johannes nach Ephesos gezogen, dort gestorben und begraben worden sei. Nach beiden Überlieferungen ist sie kurz nach ihrem Tode »anima et corpore, mit Seele und Leib«, in den Himmel aufgenommen worden.

Die Jerusalemthese hat zwar ein ehrwürdiges Alter, aber doch geht sie nicht vor die Mitte des 5. Jahrhunderts zurück. Sie kann älter sein. Aber dafür gibt es keinen Beweis. Hingegen spricht vieles dafür, daß sie erst im 5. Jahrhundert entstanden ist. Der Besuch der Kaiserin Helena in Jerusalem fällt in das Jahr 326. Alle damals bekannten heiligen Stätten wurden von ihr mit Kirchen geschmückt. Obwohl wir über den Aufenthalt der Kaiserin in Jerusalem ausführliche Nachrichten haben und die Wiederentdeckung des Heiligen Grabes in allen Einzelheiten bekannt ist, wird kein der Muttergottes geweihter Platz erwähnt. Auch der Kirchenvater Hieronymus, der die heiligen Stätten beschrieben hat, erwähnt nichts von einem Grab Marias. Schriftliche Zeugnisse der Jerusalemthese gibt es erst aus späterer Zeit.

Wir wissen, daß Christus am Kreuz seine Mutter seinem Lieblingsjünger Johannes anvertraut hat.

»Weib, siehe, das ist dein Sohn.« Und zu dem Jünger: »Siehe, das ist deine Mutter.« Und von der Stunde an nahm sie der Jünger zu sich.

Wir wissen ferner, daß nicht lange nach dem Ereignis auf Golgatha die Juden in Jerusalem die Jünger Christi zu verfolgen begannen. Dabei hat der Bruder des Johannes den Märtyrertod erlitten. Der Apostel Petrus ist ins Gefängnis geworfen worden. Es ist also keine unwahrscheinliche Annahme, daß Johannes mit Maria die gefährliche Stadt verlassen hat. Daß Johannes sich von Maria je wieder getrennt habe, nachdem der sterbende Christus sie ihm anvertraut hatte, ist nicht anzunehmen.

Es ist sicher und wird von niemand bezweifelt, daß Johannes im Jahre 66 in Ephesos gewesen ist. Aber diese Jahreszahl ist für die Entscheidung der Frage wertlos, weil Maria im Jahre 66 kaum noch gelebt haben kann. Sie war, als Jesus geboren wurde, wahrscheinlich fünfzehn Jahre alt. Im Jahre 66 wäre sie also achtzig gewesen. Nach der Überlieferung ist sie aber mit dreiundsechzig Jahren gestorben. Allerdings ist der wahre Zeitpunkt der Geburt Jesu jedenfalls nicht das Jahr 1 gewesen. Doch ist die Abweichung vom Jahre 1 auf keinen Fall so groß, daß die Diskrepanz zwischen dreiundsechzig und achtzig Jahren damit überbrückt werden könnte.

Nun gibt es in der Biographie des Johannes eine Epoche zwischen 37 und 48, von der wir nicht wissen, wo er gewesen ist. Die Frage spitzt sich also darauf zu, ob Johannes in dieser Zeit in Ephesos gewesen sein kann. Ich kann nicht alle Argumente

dieses dreihundertjährigen wissenschaftlichen Streites anführen. Viele sprechen dafür. Keines schließt die Möglichkeit aus.
Ein von den Gelehrten, die die Ephesosthese verfechten, für besonders wichtig gehaltenes Argument ist sehr merkwürdiger Art.
Als das Konzil von Ephesos gegen Nestorios, den Patriarchen von Konstantinopel, entschieden hatte, schrieben die Prälaten einen Brief an den Klerus und das Volk von Konstantinopel. Dieser Brief ist in den Akten des Konzils erhalten geblieben. In diesem Brief kommt ein Satz vor, der uns wenigstens die Sicherheit gäbe, daß man damals, also im Jahre 431, allgemein angenommen hat, Johannes und Maria hätten in Ephesos gelebt – wenn nicht hier ein grammatisches Unglück passiert wäre. Die Prälaten waren wegen der Exkommunizierung des Patriarchen von Konstantinopel so aufgeregt, daß sie in diesem wichtigen Satz das Verbum vergessen haben. Die berühmte Stelle lautet: »Nestorios ist durch die Sentenz der Bischöfe als Häretiker verdammt worden in der Stadt, in welcher der Theologe Johannes und die Gottesgebärerin, die Heilige Jungfrau...« An dieser Stelle fehlt das Verbum. Vernünftigerweise kann es nur »gelebt haben« heißen. Aber es gibt eine ganze Reihe von Vorschlägen, was alles noch es heißen könne. So expliziert zum Beispiel Joseph Nirschl, der gelehrte Domdechant von Würzburg, daß es durchaus Sprachgebrauch gewesen sei, den Namen eines Heiligen zur Bezeichnung einer ihm geweihten Kirche zu verwenden. »In Rom, wo St. Peter...«, das könne sehr wohl bedeuten: »...wo die Kirche St. Peter steht...«. Es ist ein Vergnügen, diese Diskussion in ihren skurrilen Finessen zu verfolgen. Was die Historiker durch scharfsinniges Vergleichen vorhandener Quellen herauszufinden vermögen, ist erstaunlich. Die Frage bleibt offen. Der gelehrte Papst Benedikt XIV., dessen Pontifikat von 1740 bis 1758 dauerte, hat zwar der Ephesosthese zugeneigt, sich aber nicht endgültig für sie entschieden.
Der Wind hatte weiter zugenommen. Es wurde empfindlich kühl. Nachdem wir ungefähr die Hälfte des Berges erstiegen hatten, fing es an zu regnen. Ein ferner Donner grollte. Das Tal von Ephesos füllte sich mit Wolken und Nebel. Ich rief meinen Maultiertreiber an. Wir blieben stehen. Ich wies mit fragendem Blick zum Himmel und dann hinunter nach Ajasoluk, ob wir nicht umkehren sollten. Aber der Wackere lachte nur freundlich und zog das Maultier weiter. Auf meinen Reisen im Orient habe ich die Erfahrung gemacht, daß man gut tut, sich den Einheimi-

schen zu fügen. Die Leute kennen ihr Land. Auch hier sollte sich diese Erfahrung bewähren, freilich auf eine andere Weise, als ich es mir hätte vorstellen können.
Wenn auch in diesem wissenschaftlichen Streit die Annahme, daß Maria mit Johannes in oder bei Ephesos gelebt habe und gestorben sei, nicht weniger wahrscheinlich ist als die andere Überlieferung, daß sie in Jerusalem ihr Leben beendet habe, ist doch in den ersten vier Jahrhunderten in Ephesos nur das Grab des Johannes bekannt gewesen und verehrt worden. Ein Platz, der mit der Person der Muttergottes in Zusammenhang gebracht worden ist, ist nicht bekannt.
Im Jahre 1891 nahmen zwei Lazaristenpriester aus Smyrna sich der Visionen der Katharina Emmerick an. Sie war eine Augustinernonne, die in ihren Visionen das Haus der Maria und ihr Grab in Ephesos in allen Einzelheiten beschrieben hat. Clemens Brentano war mit ihr befreundet und hat fünf Jahre lang ihre Visionen aufgezeichnet. Von diesen Aufzeichnungen gab er selbst noch im Jahre 1833, neun Jahre nach dem Tod der Nonne, den ersten Teil heraus. Der zweite wurde 1852 aus seinem Nachlaß publiziert. An Hand der Angaben, die Katharina Emmerick in ihren Visionen gemacht hat, fanden die beiden Priester in den Wäldern des Ala Dag die gut erhaltene Ruine einer kleinen Kirche, auf die die Beschreibung der Nonne in erstaunlichen Einzelheiten zutraf. Man kann diese Übereinstimmung noch heute nachprüfen. Außerdem erfuhren die Priester, daß bei den griechisch-orthodoxen Bauern dieser Gegend seit alten Zeiten diese Kirche Panaja Kapoulü hieß und als das Haus der Heiligen Jungfrau galt.
Die archäologische Untersuchung hat ergeben, daß die kleine von den Lazaristen gefundene Kirche aus dem Anfang des 4. Jahrhunderts stammt und über dem Rest eines Hauses errichtet worden ist, das unzweifelhaft aus der ersten Hälfte des 1. Jahrhunderts stammt. Diese Datierung ist zuverlässig, weil zahlreiche Vergleichsmöglichkeiten der Bauweise mit sicher datierten Bauten in Ephesos gegeben sind. So läßt sich auch von archäologischer Seite her kein ernster Einwand dagegen erheben, daß die Panaja Kapoulü die Stelle sein kann, wo die Muttergottes ihre letzten Jahre auf Erden verbracht hat.
Das Wetter hatte unterdessen endgültig die Wendung zum Schlechten genommen. Der Wind war zum Sturm geworden. Das Gewitter war über den Kamm des Ala Dag heraufgekommen. Der Regen peitschte mir ins Gesicht. Bei der nächsten Kehre

durchnäßte er mich von hinten. Nach zehn Minuten hatte ich keinen trockenen Faden mehr am Leib. Ununterbrochen fuhren die Blitze krachend um uns herunter. Durch den herabströmenden Regen konnte man keine fünfzig Meter weit sehen. Der Aufstieg hatte schon reichlich zwei Stunden gedauert. Der Tag begann, sich zu neigen. Nur mein Treiber schritt ruhig dahin, wobei er das Maultier den Berg mehr hinaufzog als führte. Plötzlich bog er von der Straße ab und ging den Steilhang hoch mitten durch die Macchia, das dichte Gestrüpp des Unterholzes. Er schien da einen Pfad zu kennen.

In der Nacht von diesem Berg wieder herunterzukommen, würde eine ziemlich bedenkliche Sache werden. Es war kein Mond. Bei den tiefhängenden Wolken würde es stockdunkel sein. Ich fror erbärmlich auf meinem Maultier. Der Berg schien kein Ende zu nehmen, und angesichts meines Zieles konnte ich nicht einmal fluchen.

Ich stieg ab, um durch Klettern wieder warm zu werden. Aber der Wind pfiff eiskalt vom Berg herunter. Aus dem Saumpfad wurde ein Rinnsal. Nach weiteren zehn Minuten war das Rinnsal zu einem knöcheltiefen Sturzbach geworden. Auf den glatten Felssteinen rutschte ich immer wieder aus. Die Donner krachten. Nur auf den Treiber und sein Maultier schien diese Wetterkatastrophe keinen Eindruck zu machen.

Aber schließlich, durch Geradeausgehen kommt man immer irgendwo an. Wir erreichten die Straße wieder. Der Wind ließ nach. Die Blitze wurden seltener. Ich bog um eine scharfe Kurve. Es bot sich mir ein Anblick, der mich aufs äußerste verblüffte. Mitten auf dieser Straße, die hier oben im Gebirge endet, stand ein Militärjeep, daneben ein junger Mann, der mir eifrig winkte. Es schien, daß ich davor bewahrt werden sollte, die Nacht im Wald zu verbringen. In meiner Lage war ich nicht mehr weit davon, an ein kleines Wunder zu glauben.

Der Fahrer, ein junger Bursche mit einem offenen Gesicht, packte mich und schob mich in seinen Wagen hinein. Verständigen konnte ich mich nicht mit ihm. Aber die Sache schien ihre Ordnung zu haben; mein Maultiertreiber, der unterdessen herangekommen war, steckte seinen Kopf durch die Plane, lachte, schüttelte mir die Hand und verschwand. Da er seinen Lohn noch nicht bekommen hatte, war ich sicher, ihn wiederzusehen.

Der Bursche fuhr los. Nun kann man mit so einem vierradangetriebenen geländegängigen Wagen allerlei anstellen, aber so etwas hatte ich noch nicht erlebt. Der Fahrer galoppierte sozusagen mit dem Wagen über die noch im Bau befindliche, höchstens halbfertige Straße, vorbei an tollen Abgründen in einem Tempo, daß es mir den Atem verschlug. Er tat das mit wahrhaft souveräner Sicherheit und Gleichgültigkeit. Er war ein Meister des Volants.

So kam ich schließlich an mein Ziel. Wir hielten an einer neuen, noch im Bau befindlichen Kirche. Ich stieg aus. Es hatte zu regnen aufgehört. Der Himmel klarte auf. Ich ging um einen kleinen Bergvorsprung herum die zweihundert Schritte bis zu dem alten Haus.

Von der Plattform vor dem Haus der Maria fällt der Hang sanft ins Tal hinab. Einige Stufen führen zu einer in einen Brunnen gefaßten Quelle, deren leises Murmeln durch die Stille tönt. Der Blick schweift weit über waldige Gebirgszüge, die sich einer hinter dem anderen erheben. Durch eines der Täler lief einst die persische Königsstraße von Ephesos nach Osten. Ephesos, die Welt der Menschen, lag weit hinter dem Berg. Nichts stört den Frieden dieses Platzes. Mächtige Eichen, von Efeu umrankt, geben der Stätte eine natürliche Feierlichkeit.

Das Haus ist an den Hang gebaut. Das Mauerwerk, aus grauen Steinen und roten Ziegeln sorgfältig gefügt, ist verwittert. Der Bogen der Eingangstür öffnet den Blick auf einen niedrigen Altar mit einer Statue der Muttergottes an der Hinterwand des Hauses. Alles ist von einer Einfachheit, die ans Herz rührt. Über dem Haus rauschen die Bäume. Ein später Vogel huscht vorbei, sein Nest zu suchen. Der Brunnen singt sein Lied.

Es ist eine Stätte hienieden. Daß die Mutter Christi hier gelebt hat, die Aura der Stätte läßt es möglich erscheinen.

An dem Tag und zu der Stunde, da in der Basilika des Apostels Petrus in Rom die Himmelfahrt Mariae zum Dogma erhoben wurde, haben einige Christen, nach einer beschwerlichen Reise, vor dem kleinen Altar dieses Hauses einen Gottesdienst abgehalten – Kreuzfahrer unserer Zeit.

Es war dunkel geworden. Ich ging zu meinem netten Fahrer zurück. Neben der im Bau befindlichen Kirche stand eine Bretterbude, in der die Bauarbeiter wohnten. Dort brannte ein Feuer. Die guten Kerle gaben mir heißen Tee und halfen mir, mich an dem Feuer zu trocknen. Dann fuhr ich in wilder Fahrt in einer halben Stunde wieder ins Tal hinab. Strahlend empfingen mich meine im Caféhaus versammelten Bauern. Es stellte sich heraus, daß sie, in Sorge darum, ihr Fremder müsse vielleicht die Nacht auf dem Berg verbringen, den Bürgermeister mobil gemacht hatten. Er hatte einen Militärjeep hinaufgeschickt, um mich heil herunterzuholen. Es war also wirklich, als ob die Panagia ein kleines Wunder der Menschlichkeit in den Herzen der freundlichen anatolischen Bauern vollbracht habe.

Von Tarsos nach Aleppo

Der Jude Saulus, nachmals der Apostel Paulus, war der Sohn eines Zeltmachers aus Tarsos. Er besaß durch Geburt das römische Bürgerrecht. Das war ein wertvolles Privileg. Es gab zu jener Zeit außerhalb Italiens nicht allzuviele Städte, die dieser Ehre teilhaftig waren.

Die Römer haben sich niemals viel um die Religion der von ihnen beherrschten Völker gekümmert. Sie waren vor allem darauf bedacht, in den besetzten Gebieten dem Recht Geltung und Respekt zu verschaffen. Darin sind die Engländer ihre Erben. Als Paulus in Caesarea in Untersuchungshaft saß, wurde er von Festus, dem römischen Gouverneur, gefragt, ob er bereit sei, nach Jerusalem zu gehen und sich dem Gericht des Hohenpriesters zu stellen. Für religiöse Delikte war das Gericht des Hohenpriesters die zuständige Instanz. Da Paulus die Klagen der Juden gegen sich als unberechtigt empfand, lehnte er ab und erklärte, daß er sich auf den Kaiser berufe.

Jeder römische Bürger hatte das Recht, in letzter Instanz an den Kaiser zu appellieren. Paulus hat mit dieser Erklärung die römische Exzellenz in nicht geringe Verlegenheit gebracht. Es ist fraglich, ob es klug von Paulus war, daß er von seinem Appellationsrecht Gebrauch machte. Der Gouverneur war ihm wohlgesinnt. Ein guter jüdischer Rechtsanwalt hätte Paulus wahrscheinlich abgeraten, sich auf den Kaiser zu berufen. Aber gute jüdische Rechtsanwälte hat es damals noch nicht gegeben.

Die Berufung auf den Kaiser war ein Rechtsakt. Damit war ein Verfahren eingeleitet. Solange dieser appellatio ad imperatorem nicht stattgegeben war, schwebte das Verfahren. Der Gouverneur konnte nicht einmal dem König Agrippa, der sich von Paulus die Lage auseinandersetzen ließ und von der Persönlichkeit des Apostels beeindruckt war, die kleine Aufmerksamkeit erweisen, Paulus freizugeben. So weit ging weder das Recht des Gouverneurs noch das königliche Gnadenrecht, daß in ein schwebendes Verfahren hätte eingegriffen werden können. So kam Paulus nach Rom.

Was war dieses Tarsos, aus dem Paulus stammt, für eine Stadt? In Tarsos haben Antonius und Kleopatra den Honeymoon ihrer Liebe gefeiert. Das Schiff, das die Fracht der königlichen Schönheit unter Purpursegeln von Alexandria nach Tarsos trug, war seiner Pracht wegen eine Sensation für alle Dandies der Zeit. Was auf das Schiff zutraf, galt auch für die Königin. Ein englisches Sprichwort sagt: »A beautiful woman is like a ship with too much sail.«

Cicero hat in Tarsos als Gouverneur regiert und dank der Talente seines Bruders, eines ausgezeichneten Generalstabsoffiziers, sogar kriegerische Lorbeeren geerntet.

Der Stoiker Athenodoros, ein Freund des Geographen Strabo und der Lehrer des Kaisers Augustus, stammte aus Tarsos. Die Stadt hatte eine hervorragende Universität. Zur Zeit des Paulus gehörte sie zu den Großstädten der Antike.

Wo liegt Tarsos? Auf der Karte findet man es irgendwo im Süden Kleinasiens. Man muß die Stadt, die heute dreißigtausend Einwohner hat, besuchen, um zu verstehen, daß an ihrer Stelle einst eine antike Großstadt gestanden hat. Noch heute betreiben einige Hundert der Einwohner das schwierige Gewerbe der Zeltmacherei, und noch heute sind die Zeltmacher von Tarsos, ohnbeschadet dessen, daß sie Moslems sind, stolz auf ihren großen Zunftgenossen.

Tarsos liegt südlich des Taurusgebirges, das sich mit dem östlich anschließenden Antitaurus von der Südwestecke Kleinasiens fast tausend Kilometer nach Osten bis nach Kurdistan hinein erstreckt. Die höchsten Erhebungen erreichen dreitausendfünfhundert Meter. Dieser mächtige und unwegsame Gebirgswall war für Syrien und Mesopotamien seit je ein starker, freilich nicht immer wirksamer Schutz gegen kriegerische Einfälle aus dem Norden.

Das Taurusgebirge hat, außer einigen Saumpfaden, keine Pässe. Es ist dem Menschen feindlicher als die Alpen. Nur an einer Stelle, fünfzig Kilometer nördlich von Tarsos, hat das Gebirge einen geologischen Einbruch. Das sind die Pylae Ciliciae, die berühmten Kilikischen Tore. An dieser Stelle überquert die Bagdadbahn, die Fortsetzung der Anatolischen Bahn, mit zahlreichen Tunnels und Viadukten das Gebirge. Von Natur waren auch die Kilikischen Tore ungangbar. Aber welches Gebirge hätte der Mensch nicht bezwungen! Die erste Alpenstraße über den Gotthard ist zur Zeit des heiligen Franz von Assisi gebaut

worden. Die Straße durch die Kilikischen Tore ist schon die Königin Semiramis entlanggezogen.
Tarsos lag am südlichen Ausgangspunkt dieses Passes, auf dem die Straße von Byzanz und Ephesos über das Gebirge kam. Fünfzig Kilometer östlich von Tarsos teilt sich die Straße. Die eine Fortsetzung führt über Aleppo zum oberen Euphrat und nach Bagdad, die andere nach Antiochia, Damaskus, Jerusalem und Alexandria.
Tarsos liegt fünfundzwanzig Kilometer vom Meer entfernt. Es war im Altertum mit dem Meer durch eine Lagune verbunden, an deren Ende sich ein ausgezeichneter Hafen befand. Mit einem guten Hafen am Vereinigungspunkt der wichtigsten Handelswege des Ostens gelegen, war es Tarsos bestimmt, eine blühende Stadt mit großer Geschichte zu werden. In Tarsos nahm Alexander der Große Quartier, ehe er zur Schlacht von Issos aufbrach.
An ihrer engsten Stelle sind die Pylae Ciliciae wirklich ein Tor, ein Felsentor von zwanzig Metern Breite, dessen Wände steil und düster einige hundert Meter emporsteigen. Diese Schlucht hat kaum Platz für den Tschakytfluß, der durch sie hindurchbraust. Die Kunst des Menschen hat es zuwege gebracht, durch dieses Felsentor eine Straße zu bauen. In der Antike lief der Pfad, zum Teil eingetieft, zum Teil auf Balken vorgebaut, an der östlichen Felswand entlang. Die heutige Straße ist in die westliche Felswand eingesprengt.
Durch diese Schlucht ist um 800 vor Christi Geburt die Königin Semiramis von Assyrien gezogen, um nördlich des Taurus, in der Salzsteppe von Lykaonien, Tuana zu gründen. Von dieser Stadt ist, auf einem Hügel mitten in der Salzsteppe, eine einzige Marmorsäule erhalten geblieben. Sie heißt noch heute die Säule der Semiramis. So zuverlässig sind Legenden. Zuweilen sind Legenden auch liebenswürdig. Den Ruhm dieser großen Dame, die zu ihrer Zeit eine bedeutende Rolle spielte, haben ihre Gärten länger bewahrt als ihre kriegerischen Taten. Sogar ein so großer, von ihren Zeitgenossen sicherlich als ein bedeutendes Ereignis bewunderter Fortschritt in der Kriegstechnik wie die Erfindung des Steigbügels, die zu jener Zeit in Assyrien gemacht wurde, tritt gegenüber den Blumen, an denen die Königin sich erfreute, in den Hintergrund.
Zur selben Zeit gründete eine andere hervorragende Frau eine Stadt, in deren Sternen eine große Zukunft und ein schreckliches Ende standen. Königin Dido, die Schwester des phönizischen Königs Pygmalion von Tyros, mußte einer Affaire d'amour wegen

vor dem Zorn ihres königlichen Bruders flüchten. An der Küste Nordafrikas gründete sie die Stadt Carthago. Königin Dido stammt aus derselben Stadt wie die einst von Jupiter geraubte und nach Kreta entführte Prinzessin Europa. Königin Dido ist es, der Aeneas –

Infandum, regina, jubes renovare dolorem –

den Untergang Trojas erzählt. Auch der Untergang Trojas hatte mit der Liebesgeschichte einer Königin angefangen. An den Küsten der Aegaeis hat die Schönheit der Frauen Geschichte gemacht.

Dreihundert Jahre später zog Darius der Große von Persien auf seinem Feldzug gegen die Skythen durch die Kilikischen Tore. Das war das Jahrhundert, in dem Solon in Athen, Konfuzius in China, Buddha in Indien die Menschen lehrten.

Solon lehrte Europa, die soziale Ordnung durch das Gesetz zu sichern. Konfuzius lehrte China, das Zusammenleben der Menschen unter die Herrschaft der Sitte zu stellen. Buddha lehrte Indien, auch die geringste Kreatur zu lieben. Keine der Lehren dieser großen Männer aus dem fernen 6. Jahrhundert hat aufgehört, in der Welt zu wirken.

Zweihundert Jahre nach König Darius zog Alexander der Große durch die Kilikischen Tore. Das war die Zeit der letzten Lebensjahre Euklids, der die mathematischen Grundlagen der Geometrie geschaffen hat. Aristoteles, der Lehrer Alexanders des Großen, bewies aus dem Phänomen der Mondfinsternis die Kugelgestalt der Erde. Um diese Zeit kam zum erstenmal über Indien und Persien chinesische Seide nach Europa.

Viele Heere der byzantinischen Kaiser sind in den Feldzügen gegen die Araber durch die Kilikischen Tore gezogen. Um 800 nach Christi Geburt marschierte Harun al-Rashid, Aaron der Aufrechte, durch die Pylae Ciliciae nach Kleinasien, um dem Kaiser Nikephoros von Byzanz Tributzahlungen aufzuzwingen. Das Bagdad Harun al-Rashid's ist der Schauplatz der Märchen aus Tausendundeiner Nacht, die wir noch immer mit Entzücken lesen. Niemals wird Hollywood Sheherezade ersetzen können.

Harun al-Rashid schickte eine Gesandtschaft an Karl den Großen nach Aachen. Bei dieser Gelegenheit erschien, zum erstenmal wieder seit Hannibals Zeiten, ein Elefant nördlich der Alpen. Die Gesandtschaft des Kalifen von Bagdad brachte Geschenke, deren Kostbarkeit die Bewunderung der Franken erregte. Unter den Gegengaben Kaiser Karls befanden sich zwei fränkische Löwenköpfe aus Bronze. Sie sind von einem späteren Kalifen

einem chinesischen Kaiser geschenkt worden. So sind sie nach Peking gelangt. Diese prachtvollen frühmittelalterlichen Plastiken habe ich vor dreißig Jahren in den kaiserlichen Sammlungen in der Verbotenen Stadt in Peking noch gesehen.
Dreihundert Jahre später zogen die ersten Kreuzfahrer unter Gottfried von Bouillon durch die Kilikischen Tore, um Jerusalem zu erobern.
Das letzte Heer, das hier vorüberkam, war am Ende des ersten Weltkrieges die Armee der verbündeten Türken und Deutschen auf dem Rückzug vom Suezkanal. Tausende von Flüchen siegreicher und besiegter Soldaten, Tausende von Gebeten frommer Pilger sind durch diese Schlucht gehallt. Die nassen Felswände der Pylae Ciliciae sind vom Moos der Geschichte überwachsen.
Alle diese Könige und Feldherren, die durch die Kilikischen Tore marschiert sind, waren in Tarsos. Dieses Tarsos liegt heute unter sieben Metern Schwemmland begraben. Aus alter Zeit erhalten geblieben sind nur zwei Dinge – der prachtvolle Blick von der Stadt auf das Taurusgebirge, auf dem der Schnee bis in den Mai hinein liegen bleibt, und die Güte der Wolle der auf dem Taurus weidenden Ziegen, aus der die Zelte gemacht werden. Die Ausgrabung des alten Tarsos wird einmal eine Sensation sein.
Schon Xenophon, der griechische Feldherr und Geschichtsschreiber, erwähnt um 400 vor Christi Geburt Tarsos als große und blühende Stadt. Unter den Nachfolgern Alexanders des Großen wurde die Stadt griechisch und entwickelte sich zu einem Mittelpunkt der Wissenschaft. Im Jahre 64 wurde Tarsos von Pompeius zur Hauptstadt der Provinz Kilikien erhoben.
In dieser reichen Stadt, in der Seeleute aus allen Häfen des Mittelmeers, Kaufleute aus Gallien, Spanien, Persien und Ägypten, berühmte Gelehrte und die hohen Beamten der römischen Verwaltung sich trafen, hat Paulus seine Jugend verbracht. Paulus war von Alexander dem Großen zeitlich nicht weiter entfernt als wir vom Großen Kurfürsten. Viele Geschichten wird sein Vater ihm erzählt haben; und auch dieser Vater wird nicht darauf verzichtet haben hinzuzufügen, was seit Adam alle Väter ihren Söhnen erzählen, wieviel schöner es in der guten alten Zeit gewesen sei. Adam jedenfalls hat damit recht gehabt.
Paulus' Vater hat den Marcus Tullius Cicero noch erlebt, den berühmtesten Rechtsanwalt Roms, den letzten Republikaner, den elegantesten Stilisten der lateinischen Sprache. Paulus' Vater ist ein amüsierter Zuschauer der Liebesgeschichte des Antonius und der Kleopatra gewesen. Der römische Feldherr und die ägyp-

tische Königin haben ihre Liebe mit dem Untergang bezahlt. Doch war diese Liebe immerhin Shakespeare ein Drama wert. Paulus' Vater hat auch den berühmtesten Sohn der Stadt gekannt, Athenodoros, den Philosophen, der aus Tarsos auszog, um in Rom der Lehrer des Octavianus Augustus, des ersten römischen Kaisers, zu werden. Wie hätte der Vater des Paulus ahnen können, daß es sein lebhafter und ungebärdiger Sohn sein werde, der den Namen Tarsos für alle Zeiten in das Buch der Geschichte eintragen werde!

Um die Gestalt des Apostels Paulus zu verstehen, ist es nützlich, sich klarzumachen, daß er in einer Weltstadt aufgewachsen ist. Der Horizont eines internationalen Hafens, der Glanz der Zivilisation des Imperium Romanum zur Zeit seiner Blüte, die Bildung dieser hellen und aufgeklärten hellenisch-römischen Welt haben die Jugend des Paulus geprägt. Er war sich der Auserwähltheit seines Volkes bewußt. Er war ein frommer Jude. Die Juden waren älter als die Römer, älter als die Griechen. Paulus sprach hervorragend griechisch. Er war stolz darauf, ein Civis Romanus, ein römischer Bürger, zu sein.

Antonius hatte Tarsos zur Freien Stadt gemacht. Augustus hatte der Stadt ihre Rechte bestätigt. Wenn die Generosität des Antonius gegen Tarsos nur die Dankbarkeit für Flitterwochen mit einer Königin war, bei Augustus war es die Dankbarkeit für die Weisheit seines Lehrers Athenodoros.

Paulus, ein Mann von durchdringender Intelligenz, ein glänzender Menschenkenner, weit in seinem Leben gereist, war ein urbaner Mann, ein Mann von Welt. In einer apokryphen Apostelgeschichte wird er beschrieben. Er sei ein Mann von kleiner Statur gewesen, mit schütterem Haar, von kräftigem Körperbau, mit zusammenstoßenden Augenbrauen und scharf gebogener Nase. Er sei ein Mann voller Charme gewesen. Zuweilen sei er wie ein Mensch erschienen, zuweilen habe er den Ausdruck eines Engels gehabt.

Auf der Fahrt nach Antiochia habe ich das Schlachtfeld von Issos besucht. Es liegt etwas nördlich des heutigen türkischen Hafens Alexandrette, an der nordöstlichen Ecke der Bucht, an der die von Westen nach Osten verlaufende Südküste von Kleinasien nach Süden umbiegt. Das Schlachtfeld ist ein nur wenige Kilometer breiter Streifen zwischen Meer und Gebirge.

Dieser schmale Streifen ist eine öde, nur spärlich bebaute, größtenteils versumpfte Marsch. Kümmerliche Wäldchen sind über die Landschaft verstreut. Armselige Dörfer liegen in der Sonne.

Ein Aquaedukt aus der Römerzeit zieht quer durch die Landschaft. Überall durchbricht der nackte Fels die Hänge der Berge. Hie und da wächst dürftiges Gestrüpp. Im Licht des Morgens blitzt und glitzert das nahe Meer. Die Akteure der Schlacht waren auf der einen Seite der dreiundzwanzigjährige König Alexander von Mazedonien und seine Armee von dreißigtausend gut ausgebildeten und gut bewaffneten Soldaten. Auf der anderen Seite stand König Darius III. von Persien mit einem Heer von zweihunderttausend Mann. Alexander gewann die Schlacht. Der persische Gegner kam auf dem engen Schlachtfeld nicht dazu, seine Streitmacht operativ zu entwickeln. Eine bayerische Gebirgsjägerdivision hätte den Perserkönig retten können. Aber bayerische Gebirgsjäger sollten dieses Schlachtfeld erst zweiundzwanzig Jahrhunderte später zu Gesicht bekommen. Die Schlacht endete mit der Vernichtung der persischen Streitmacht. Die Flucht des Königs Darius nach Ekbatana und Persepolis ist die längste Flucht, die je ein Feldherr geflohen ist.

Der Harem des Darius wurde von den Mazedoniern gefangengenommen. Alexander behandelte die Damen mit chevaleresker Höflichkeit. Kein Haar wurde ihnen gekrümmt außer denen, die sie sich von dem Hoffriseur des Siegers krümmen ließen.

Darius bot Alexander als Preis des Friedens den ganzen Westen seines Reiches an. Alexanders Feldherr Parmenion äußerte, daß, wenn er König Alexander wäre, er dieses Angebot annehmen würde. Alexander antwortete: »Und ich, wenn ich Parmenion wäre, würde es auch annehmen.« Bis in die Sahara, bis nach Kabul in Afghanistan, bis zum Indus ist Alexander gelangt.

Auf diesem Stück unscheinbaren Marschbodens wurde die Jahrhunderte währende Herrschaft der griechischen Kultur in Westasien errichtet. Auf dem von den Griechen umgepflügten Acker Asiens hat sich die Geschichte des frühen Christentums abgespielt. Über das leere Land, auf dem nur Ziegen weiden, blickt von der Höhe eines Berges die Ruine einer Kreuzritterburg.

Antiochia, die heutige türkische Stadt Antakiyah am Unterlauf des Orontes, liegt fünfzig Kilometer südlich von Alexandrette. Seleukos I. Nikator, Feldherr Alexanders des Großen und Erbe eines Teils des Riesenreiches, hat die Stadt im Jahre 301 vor Christi Geburt an der Stelle eines Altars, den Alexander dem Zeus geweiht hatte, gegründet. Zur Zeit der Apostel war Antiochia die Hauptstadt der römischen Provinz Syria. Damals war sie eine der vier größten Städte des Reiches. In der Geschichte

des Christentums hat Antiochia eine bedeutende Rolle gespielt. Auch in diesem Falle habe ich mich verwundert gefragt, warum die Stadt an einer so merkwürdigen Stelle mitten im Gebirge, zwanzig Kilometer von der Küste entfernt, gegründet worden ist. Sieht man es sich an, bekommt alles sogleich einen Sinn. Aus der fruchtbaren Ebene des Orontes war die Stadt gut zu versorgen. Die Berge waren die Verteidigungswälle gegen Angriffe, die aus der Syrischen Wüste oder von der Küste her kamen. Gleichzeitig hatte Antiochia durch den Orontes eine gute Verbindung zu seinem Hafen, der an der Mündung des Flusses ins Meer lag. Aus den Quellen des Gebirges konnte die Stadt mit Wasser versorgt werden. An diesem wohlgeschützten und gut zu verteidigenden Platz endete die große Karawanenstraße, die über Aleppo vom Euphrat kam.
Antiochia muß eine eigenartige Stadt gewesen sein. Sie war weder eine griechische noch eine römische Gründung. Sie war eine mazedonische Stadt. Ihre ersten Bewohner waren die harten, kriegsgewohnten Veteranen Alexanders des Großen, Männer, die die Welt erobert hatten. Der König hatte eine wunderschöne Prinzessin geheiratet, deren Wiege am Fuß des Hindukush gestanden hatte. Das war Roxane, die Tochter eines der hundert von Alexander besiegten Könige, des Königs Oxyartes von Baktrien. Alexander, ein Aristokrat, der nichts von Rassetheorien hielt, befahl seinen Soldaten, die Eroberung des schönen Landes durch die Eroberung seiner schönen Mädchen abzurunden. Er veranstaltete die Massenhochzeit von Susa. Seine Veteranen waren nicht so frei von Vorurteilen wie ihr großer König. Der Hochzeit von Susa folgte die Meuterei von Opis, in der die Soldaten sich gegen die Verschmelzungspolitik Alexanders zur Wehr setzten. Die Meuterei hatte keine Folgen. Die Folgen der Hochzeit von Susa jedoch waren nicht mehr aus der Welt zu schaffen. Mit ihr hatte der langdauernde Prozeß begonnen, in dem die Asiaten hellenisiert und, da die Asiaten selbst von alter Kultur waren, die Griechen orientalisiert wurden.
Zur Zeit der Apostel war Antiochia eine prachtvolle Stadt, geschmückt mit herrlichen Tempeln, luxuriösen Bädern und meilenlangen Kolonnaden. Der Circus von Antiochia, im Jahrhundert vor Christi Geburt erbaut, war der größte im Römischen Reich. Die gepflasterten Straßen von Antiochia waren nachts mit Lampen hell erleuchtet. Von keiner anderen antiken Stadt ist das bekannt.

In Antiochia wurde griechisch, syrisch, phönizisch, persisch, aramäisch und lateinisch gesprochen. Es gab eine große und wohlhabende jüdische Gemeinde. Künstler, Gelehrte, Schiffskapitäne, Kaufleute, Kameltreiber, Kokotten, Matrosen, Soldaten und Sklaven füllten die lebhaften Straßen. Die Antiochier müssen genau das gewesen sein, was wir heute Levantiner nennen.
Juvenal, der römische Schriftsteller, der etwa von 60 bis 140 gelebt hat, bezeichnet die Antiochier als rastlos, begierig, stolz, turbulent und zur Satire geneigt. Das Abenteurerblut der Soldaten ist in dieser Stadt nie ganz zur Ruhe gekommen.
In Antiochia wurden alle Religionen des Westens und des Ostens gepflegt. Das hat sicher zur religiösen Toleranz, aber kaum zur Festigung der Sitten beigetragen. Laster und Tugenden sind in den verschiedenen Religionen verschieden. Juvenal beklagt, daß »ein Strom von Aberglaube und Unmoral aus dem Orontes in den Tiber fließe«.
Dem unruhigen Charakter der Bevölkerung entsprach die bewegte Geschichte der Stadt. Häufig haben Erdbeben Antiochia heimgesucht. 83 vor Christi Geburt wurde die Stadt vom König Tigranes von Armenien erobert, zwanzig Jahre danach von den Römern. Caesar, zu dem die Stadt nach der Schlacht von Pharsalos mit fliegenden Fahnen überging, belohnte ihre Untreue gegen Pompeius mit einem eleganten neuen Theater und einem prächtigen Bad. Außerdem fügte er den berühmten Boulevards von Antiochia einen neuen hinzu.
Mein türkischer Chauffeur fuhr mich zunächst durch Antakiyah hindurch, eine steile schmale Straße hinauf, etwa acht Kilometer ins Gebirge. Ich ließ es geschehen, obgleich ich nicht wußte, wohin er wollte. Nichts auf der Welt lohnt sich so sehr wie gute Trinkgelder, und wenn man dreißig Jahre lang gute Trinkgelder gibt, sieht man schließlich aus wie ein Mann, der dreißig Jahre lang gute Trinkgelder gegeben hat. Das hatte sich mein Dragoman wohl auch gesagt, und so kam ich nach Daphni, von dem ich nichts wußte. Ohne die Tüchtigkeit meines türkischen Kilometerfreundes hätte ich es, da ich von dieser Gegend keinen Baedeker besaß, nicht zu sehen bekommen.
Daphni war der Sommeraufenthalt der römischen Beamten und der reichen syrischen Kaufleute. Die Villen und Bäder gruppierten sich um ein einzigartiges Naturphänomen. An einem steilen, vielleicht hundert Meter hohen Berghang, unter Lorbeerbäumen, Zypressen, Eichen und Eukalyptusbäumen, entspringen aus dem Felsen zwanzig armdicke Quellen. In einem zarten Silber-

filigran vereinigen sich die Quellbäche, trennen sich wieder, bilden kleinere und größere Wasserfälle, um sich schließlich in einem Becken zu sammeln, aus dem ein mächtiger Wasserfall zum Orontes hinabstürzt. Die Sonne scheint durch das Laub der alten Bäume und überschüttet das Bild mit zitternden Lichtreflexen. Hin und wieder bilden sich unter dem Laubdach aus Sonne und Sprühregen kleine Regenbogen.
An dieser Stelle wurde die Nymphe Daphne, als sie, wie es in Unterprima so schön hieß, von dem lüsternen Apollo verfolgt wurde, auf ihr Flehen hin von Zeus in einen Lorbeerbaum verwandelt. Dieser bezaubernde, für Apollo freilich etwas enttäuschende Vorgang hat sich eigentlich in Thessalien abgespielt. Die Mazedonier haben die Sage mitgenommen. Es ist ein Zeichen ihrer kulturellen Kraft, daß sie imstande gewesen sind, den Lorbeerbaum der Sage auf dem eroberten Boden Syriens zum Grünen zu bringen. Die Spanier des 16. Jahrhunderts haben in Mexiko noch Legenden geschaffen. Die Engländer des 18. Jahrhunderts in Nordamerika waren dazu nicht mehr imstande.
Dem von Zeus geprellten Gott zum Trost wurde in Daphni ein großer Apollotempel errichtet. Dieses Heiligtum gewährte den von den Gerichten Verfolgten Asyl. So dürfte es schon im Baedeker der Antike drei Sterne gehabt haben. Man kann sich vorstellen, wie sich unter dem Schutz des Asylrechts die internationalen Hochstapler des Römischen Reiches am Lorbeerbaum der geretteten Unschuld versammelt haben, um bis zur nächsten Amnestie zu jeuen, Gelage abzuhalten und einander zu betrügen. Zu dem schlechten moralischen Ruf, den Antiochia damals in der Welt hatte, dürfte das Asylrecht des lüsternen Gottes nicht wenig beigetragen haben.
In Daphni hat sich der römische Feldherr Germanicus von den Strapazen seiner Feldzüge gegen unsere kriegerischen Vorfahren erholt. In dieser Umgebung verführerisch heidnischer Schönheit verfaßte Julianus Apostata, der letzte römische Kaiser, der noch einmal den Kampf gegen das Christentum aufnahm, seine berühmte Streitschrift gegen die neue Lehre in einem Winter, in dem er einen Feldzug gegen die Perser vorbereitete. Der letzte große Heide war ein hochgebildeter Mann. Henrik Ibsen hat in seinem Drama »Kaiser und Galiläer« der Tragik dieses Lebens ein großartiges Denkmal gesetzt. Ibsen selbst hat das Stück für sein bestes Werk gehalten.
Von Daphni fuhr ich nach Antiochia zurück. Vom halben Hang aus hat man einen weiten Blick auf die von Bergen eingeschlos-

sene Ebene bis zum fernen See von Antakiyah. Hie und da blitzt in der Sonne eine Schleife des Orontes auf, der sich in zahlreichen Windungen durch die fruchtbare Landschaft schlängelt. Der Umfang der antiken Stadt ist aus dieser Vogelperspektive noch zu erkennen.

Hier, in Antiochia, hat es die erste von der Synagoge unabhängige christliche Gemeinde gegeben. Hier wurden die Jünger Christi zum erstenmal Christen genannt. Hier ist Petrus gewesen. Die Christen von Antiochia verehren ihn als den ersten Bischof der Stadt. Auf diese Überlieferung gründete Antiochia später seinen Anspruch, in der Hierarchie der Stätten der Christenheit seinen Platz unmittelbar nach Rom einzunehmen. In Antiochia hat das Werk des Apostels Paulus begonnen. Hier hatte der Heilige Geist gesprochen: »Sondert mir aus Barnabas und Saulus zu dem Werk, dazu ich sie berufen habe.«

Zwischen der Mitte des 3. und dem Anfang des 6. Jahrhunderts haben in Antiochia dreißig große kirchliche Versammlungen stattgefunden. Schon 325, auf dem Konzil von Nicaea, wurde Antiochia Mittelpunkt und Auge des Christentums genannt. Es war ein Platz der christlichen Gelehrsamkeit, führend in historischer und grammatischer Bibelkritik und Exegese, während die Schule von Alexandria mehr dem Mythos und der Allegorie zugeneigt war. Professor Bultmann wäre damals nicht nach Alexandria, sondern nach Antiochia berufen worden.

Wie in Byzanz und in Ephesos errichtete Kaiser Konstantin auch in Antiochia eine prachtvolle Kirche. Der Glanz des Namens Antiochia ist so groß, daß der Titel eines »Patriarchen von Antiochia« noch immer von vier Kirchen vergeben wird. Es gibt einen römischen, einen griechischen, einen maronitischen und einen syrischen Patriarchen von Antiochia. Keiner von ihnen residiert heute mehr in der Stadt.

Im 5. Jahrhundert begann der Verfall der Stadt. Unter Kaiser Justinian im Jahre 526 gab es ein Erdbeben, bei dem eine Viertelmillion Menschen ums Leben kamen. Hundert Jahre später wurde die Stadt von den Arabern erobert. 1098, während des ersten Kreuzzuges, gründete der Normanne Bohemund, Fürst von Tarent, der Sohn Robert Guiscards, das erste lateinische Herzogtum in Syrien. Er nannte sich Fürst von Antiochia. Dieses Herzogtum sollte hundertundfünfzig Jahre dauern. Um diese Zeit war ein großer Teil der christlichen Kirchen noch vorhanden. Bis zu den Kreuzzügen führten die Araber ein tolerantes Regiment. Von all den alten, kostbaren und herrlichen Dingen

sind heute nur noch Trümmer übrig. Auch die Ausgrabung von Antiochia wird eine Sensation werden.
Ich fuhr hinab in die Stadt. Mein Fahrer hielt vor einem modernen, bemerkenswert schönen Gebäude, vor dessen Eingang zwei antike Plastiken stehen. Der Wackere bedeutete mir hineinzugehen. Zu meiner Verblüffung befand ich mich in einem Museum, erstaunlicher, als ich je eines gesehen. Das Museum beherbergt ein halbes Hundert großer römischer Mosaiken in vortrefflichem Zustand aus dem 1. Jahrhundert nach Christi Geburt. Sie sind in den römischen Villen in Daphni ausgegraben worden. Sie lassen etwas ahnen von dem Luxus und der Pracht der antiken Stadt, die sich rühmen konnte, daß für die Wasserversorgung ihrer Bäder drei römische Kaiser, Caligula, Trajan und Hadrian, Aquaedukte gebaut hatten. Die Mosaiken stellen Szenen aus der griechischen Mythologie dar – das Urteil des Paris, den Wettstreit im Trinken zwischen Herakles und Dionysos, aber auch Jagd- und Trinkszenen aus der Zeit. Manche der Gesichter sind von einer Lebendigkeit, die den Betrachter erschreckt.
Das Museum enthält eine Anzahl der noch immer sehr seltenen hethitischen Plastiken, dazu eine Münzsammlung mit Stücken von großer Schönheit. Die Münzen reichen von den Achaemeniden bis zum letzten türkischen Sultan.
In demselben Saal, in dem die Münzen die wohlbekannte Geschichte der letzten dreitausend Jahre erzählen, hängt an der Wand ein Kasten, der die unbekannte Geschichte der dreitausend vorhergehenden Jahre erzählt. Er ist nicht größer als die Kästen der Schmetterlingssammler. Die Sammlung, die er enthält, ist schlechthin unvergleichlich. Es handelt sich um nichts weiter als um eine Anzahl kleiner Siegelzylinder. Sie sind nicht größer als ein Daumen. Jedem Siegel ist sein Abdruck in Wachs oder Ton beigefügt. Alle diese Siegel stammen aus dem Açana Höyügü. Das ist ein kleiner, etwa zwanzig Kilometer nördlich von Antiochia im Tal des Orontes gelegener Hügel.
Eines Tages erschien im Museum ein Bauer mit dem Stück einer Tonvase. Die Bauern wissen, daß es sonderbare Leute gibt, die Scherben mit Geld bezahlen. Die Scherbe war beim Pflügen auf einem Acker am Hang des Açana Höyügü zum Vorschein gekommen. Diesen Hügel haben dann mit Unterstützung der türkischen Regierung die Archäologen vom Oriental Museum in Chicago mit einem Graben durchschnitten. Sie fanden vierzehn archäologische Schichten. Die älteste ist auf das Jahr 4500 vor Christi Geburt zu datieren. Das ist älter als die älteste bekannte

Dynastie Ägyptens, älter als die Kultur der Sumerer, die in Ur in Chaldaea ausgegraben worden ist. In jeder dieser vierzehn Schichten sind Siegelzylinder gefunden worden. Die der ältesten Schicht zeigen geometrische Muster. Sie entzücken durch ihre graphische Phantasie. Um 3800 beginnen die figürlichen Darstellungen. Sie sind in den Abdrücken genau zu erkennen. Sie zeigen in Zeichnung und Komposition die Feinheit und Köstlichkeit antiker Gemmen. Von einigen Siegeln kennen die Gelehrten noch nicht die Kultur, zu der sie gehören. Doch ist es nur eine Frage weiterer Grabungen und Forschungen, daß das herausgefunden und geklärt werden wird.

Nachdem ich, auf der Fahrt von Antiochia nach Aleppo, das Tal des Orontes verlassen habe, beginnt die Wüste. Es ist eine Steppenwüste, in der nur hie und da eine Distel, ein Dornbusch oder ein Grashalm wächst. Alle dreißig, vierzig Kilometer treffen wir auf ein kleines, aus Lehmhütten bestehendes Dorf. Wir begegnen einer Schar von Zigeunern. Durch diese Welt des Sandes ziehen auch die Zigeuner nicht mehr mit Wagen. Die Zelte werden von Kamelen getragen.
Die türkisch-syrische Grenzstation liegt in einem kleinen Gebirgsstock, der sich mitten in der Wüste erhebt. Als ich aus dem Paßbüro wieder herauskomme, ist mein Koffer verschwunden. Nun ist es in der Wüste nicht möglich, bestohlen zu werden. Man kann nur beraubt werden. Wollte ein Dieb einen Koffer davontragen, man sähe ihn fünf Stunden lang durch den Sand stapfen. So ist nicht zu stehlen bei den Beduinen keine Tugend. Nur ein Räuber, der eine Waffe hat, kann sich erlauben, sich etwas anzueignen. Schließlich stellt sich heraus, daß ein liebenswürdiger Italiener meinen Koffer einfach in seinen Wagen verladen hat. Er kommt auf mich zu und lädt mich ein, als sein Gast nach Aleppo mitzufahren. Der zweite Gast, dessentwegen der Italiener an die Grenze gekommen ist, stammt aus Baden. Er hat es sich zur Lebensaufgabe gemacht, den Beduinen Nähmaschinen zu verkaufen.
Die Familie des Italieners war 1460 aus Venedig nach Aleppo gekommen. Seitdem sitzt sie in dieser Wüstenstadt und treibt Handel. Offenbar ist man dabei reich geworden. Als ich später bei dem reizenden Mann zu Gast geladen war, entdeckte ich an der Wand des Speisezimmers einen Carpaccio. Einer der Ahnen hatte das Bild im Atelier des Meisters in Venedig gekauft und in die Wüste mitgenommen. Vor der liebevoll gemalten Fassade

von S. Marco stehen, in Turban und orientalischem Gewand, einige Moslems, die aus Aleppo dahingekommen sein mögen. Dank der trockenen Luft haben die Farben die volle Frische behalten, die der Meister ihnen einst gegeben hatte. Diese Überraschung wurde durch eine generöse Gastfreundschaft in sympathischer Weise ergänzt. In Aleppo habe ich einen Freund.
Die Straße war, wie an allen Grenzen, zunächst schlecht. Dann wurde sie ausgezeichnet. Die Länder des Vorderen Orients haben das Eisenbahnzeitalter übersprungen. Dafür haben sie gute Autostraßen. Wir fuhren durch die eintönigen Sandhügel der Syrischen Wüste, Welle auf, Welle ab. Vom Kamm einer solchen Sandwoge sieht man unendlich weit, aber was man sieht, ist das Nichts. Die Landschaft ist nackt. Der Horizont ist leer. Er ruft das Gefühl der Grenzenlosigkeit hervor. Plötzlich, als wir aus einem Wellental wieder auftauchen, liegt Aleppo vor uns. Es ist mit scharfen Rändern gegen die Wüste abgesetzt, ein sandgelbes Häusermeer in strahlender Sonne. Man sieht zahlreiche Kuppeln und Minaretts, aber in dem ganzen Bild keinen einzigen Baum. Aus dem Häusermeer ragt auf einem Hügel mit steilen Hängen die Zitadelle auf. Ungeheure Steinmassen sind auf diesen Kegel getürmt, als hätten vorweltliche Riesen gebaut.
Das ist Aleppo, von den Arabern Haleb genannt. Dreihunderttausend Menschen wohnen in dieser Wüstenstadt. Haleb ist alt. Schon Abraham hat in einem Brunnen auf der Zitadelle seine rote Kuh getränkt. Die Moslems haben ihm an diesem Brunnen eine Moschee errichtet.
Ich habe das Gefühl, wirklich in der Fremde zu sein. Die Moslems tragen den Fez oder den Turban. Die Frauen tragen schwarze Schleier. Freilich, nur bei den Bäuerinnen sind diese Schleier undurchsichtig. Bei den eleganten Araberinnen sind sie aus zarten Geweben. Sie ermöglichen eine sittenstrenge Form der Koketterie. Am Abend sind Frauen auf der Straße kaum zu sehen. Die Koketterie der Frauen, die noch zu sehen sind, ist mit Sittenstrenge nicht sehr genau bezeichnet. In den unzähligen Caféhäusern sitzen nur Männer.
Als Gilbert Keith Chesterton das erstemal von seinen Freunden abends auf den Broadway geführt wurde, blieb er stehen, sah sich die Lichtreklamen an und meinte: »Wie schön wäre das, wenn man Analphabet wäre!« In Aleppo in der Syrischen Wüste hätte er das haben können. Alle Inschriften ohne Ausnahme, auch die Lichtreklamen, sind in arabischer Schrift geschrieben. Es sieht zauberhaft aus. Besonders für Neonröhren ist die ara-

bische Schrift wie geschaffen. Doch ist es zuweilen schwierig, sich zurechtzufinden. Als ich ein Telegramm aufgeben wollte, mußte ich lange suchen, bis ich das Postamt entdeckte. Ich wollte nach »Garmisch-Schmölz« telegraphieren. Aber der rechtgläubige Moslem bezweifelte, daß es auf der Welt einen Platz mit einem so ungewöhnlichen Namen gebe. Bei »München« ließ er sich überzeugen. Doch wollen wir keinen geographischen Hochmut zeigen. Shakespeare läßt im Macbeth das gute Schiff »The Master of the Tiger« in den Hafen von Aleppo einlaufen.
Die Geschichte von Haleb geht bis ins 3. vorchristliche Jahrtausend zurück. Es sind immer dieselben Völker, die als Eroberer dieser alten Städte auftreten – Amoriter, Hethiter, Assyrer, Ägypter, Babylonier, Griechen, Araber, Mongolen und Türken. Auf ägyptischen Monumenten ist Haleb schon vor viertausend Jahren erwähnt.
In der Nähe von Aleppo, mitten in der Wüste, liegt das Kloster des heiligen Symeon des Styliten. Vierzig Jahre seines Lebens hat Symeon auf einer Säule verbracht und den Menschen gepredigt. In der Liebe zur geringsten Kreatur hat er vielleicht sogar Buddha übertroffen. Als einst aus einer seiner Wunden ein Wurm herausfiel, hob er ihn auf, setzte ihn wieder in die Wunde und sagte: »Iß, was dir Gott gegeben hat!« Um die Stelle, an der seine Säule gestanden hat, wurde im 5. Jahrhundert eine Kirche gebaut. Sie gehört zu den ersten Kirchen, deren Grundriß die Form eines Kreuzes hatte. Ihre Ruinen sind noch zu sehen.
Die Dschami Cakariya, die große Moschee von Aleppo wurde von den Umayyaden, der ersten arabischen Dynastie in Damaskus, an der Stelle einer Basilika der Kaiserin Helena errichtet. Die Dschami Cakariya birgt das Grab des Zacharias, des Vaters Johannes' des Täufers. Die Moschee wird von einem viereckigen Minarett überragt. Es ist sehr früh, von schöner Einfachheit, mit kostbaren Ornamenten geschmückt.
In der Synagoge der Soferim in Aleppo wird eine bemerkenswerte Handschrift aufbewahrt, der Codex des Ben Asher. Es ist eine hebräische Handschrift des Alten Testaments aus dem 10. Jahrhundert. Der »Urtext«, aus dem Luther übersetzt hat, war recht jungen Datums. Es war die Textausgabe des Gerson ben Mose, die 1494 in Venedig erschienen ist. Die unter Mitarbeit vieler Fachgelehrter in unserer Zeit geschaffene Biblia Hebraica, die heute als maßgebend gilt, bietet den Text einer Petersburger Bibelhandschrift. Diese geht auf den Codex des Ben Asher zurück, den der Rabbi von Aleppo aufbewahrt.

Die Zitadelle ist ein kyklopisches Befestigungswerk. Die Steilhänge des Hügels, auf dem sie erbaut ist, sind gepflastert. Arabische Schriftsteller versichern, daß der Hügel künstlich sei und die Zitadelle auf achttausend Säulen ruhe. Den tiefen Graben überschreite ich auf einer Brücke, die in ein hohes, mit zwei großartigen Löwen geschmücktes Tor mündet. Sie erinnern an die Löwen am Tor von Mykene. Der eine Löwe lacht, der andere ist traurig. Unzählige Geschichten knüpfen sich an die konträren Gemütslagen des Königs der Wüste, der das Symbol so vieler Könige der Geschichte war und also gleich gute Gründe hat, zu lachen oder zu weinen. Gewaltige Mauern, sichere Brunnen, große unterirdische Vorratsräume, riesige Türme machen dieses Festungswerk fast uneinnehmbar. Nur die Hethiter haben es einmal mit Waffengewalt genommen. Die Kreuzritter haben von Antiochia aus vergeblich versucht, Aleppo zu unterwerfen. Zwar mußten die Einwohner Tribut an die Franken zahlen, aber die Eroberung der Zitadelle ist den Kreuzrittern nicht gelungen.

Von der Zinne der Zitadelle geht der Blick weit über die Wüste in eine sehr ferne Vergangenheit. Hier beginnt Syrien, das Land jener Kulturen, die den farbigen Teppich bilden, in den die Geschichte des Volkes Israel verwoben ist. Noch heute sind die Figuren, welche die Kinder von Aleppo für ihre Spiele mit Kreide auf den Asphalt malen, Männer mit assyrischen Bärten. Im Museum der Stadt steht eine Plastik, der Gute Hirte, der das Lamm trägt, dieses in der abendländischen Kunst so gern behandelte Motiv. Die Plastik von Aleppo ist sumero-babylonisch, 2. Jahrtausend vor Christi Geburt, gefunden in Tel Hariri am Euphrat.

Der Blick von der Zitadelle von Aleppo über die Stadt in die sonnenüberglänzte Wüste hat sich nicht verändert, seitdem Abraham von Mesopotamien gezogen kam, um Canaan in Syrien zu erreichen, das Land, in dem unsere Überlieferung ihren Ursprung, unsere Kultur ihre Wurzeln hat.

Syrische Horizonte

Die Weltgeschichte scheint aus nichts zu bestehen als aus Kriegen, blutigen Grausamkeiten, Verrat, Ruhmsucht und der Erschaffung von Reichen, die zum Untergang bestimmt sind. Das Ergebnis scheint kein anderes zu sein als Erschlagene, an deren Gräbern Tränen fließen, Flüchtige, deren Ziel die Verzweiflung ist, und die Zerstörung alter, herrlicher und kostbarer Dinge. Mit dem verlorenen Paradies hat die Weltgeschichte angefangen. Mit der Spaltung des Atoms ist sie bei der Möglichkeit ihres Endes angekommen. Aber alte, herrliche und kostbare Dinge hat es von den frühesten Zeiten an gegeben. Zwischen Verzweiflung und Zerstörung, aus Schweiß, Blut und Tränen wurde immer neu geschaffen, was nach Jahrhunderten wieder zu alten, herrlichen und kostbaren Dingen wurde.

Die Geschichte Syriens ist ein ungeheures Spektakel des Welttheaters.

Die Spuren des Menschen in diesem Winkel der Erde reichen bis in die Altsteinzeit. Sie sind also hundertundfünfzigtausend Jahre alt. Damals war das Klima in diesen Landstrichen noch tropisch feucht und heiß. Die ältesten Funde menschlicher Knochen in Syrien sind hunderttausend Jahre alt. Sie wurden in der Nähe des Sees Genezareth gefunden. Die frühesten Siedlungen, deren Spuren erlauben, Kulturen zu unterscheiden, gehen bis in den Anfang des 5. Jahrtausends vor Christi Geburt zurück.

Von den drei Weltreligionen, die nur einen Gott verehren, sind die jüdische und die christliche in Syrien entstanden. Der Islam hat in Syrien seine höchste Blüte erlebt. Die Gläubigen der drei Religionen blicken aus allen Teilen der Welt nach den Heiligtümern, die über Syrien verstreut sind.

In Syrien war es, wo zum erstenmal in der Geschichte ein Reich des Geistes errichtet wurde, wo zum erstenmal eine Idee ihre Herrschaft über alle Macht und alle Herrlichkeit der Erde begründete. Es war die Idee, daß die Welt von Gott erschaffen und der Mensch das Ebenbild Gottes sei.

In Syrien war es, wo zum erstenmal verkündet wurde, daß der Mensch des Menschen Bruder sei. Syrien ist der moralische Lehrer der ganzen Menschheit. Mit Recht sagt Philip K. Hitti, der

Historiker des Landes, daß jeder gebildete Mensch auf Erden zwei Vaterländer habe – sein eigenes und Syrien.
Dieses Syrien, das in der Geistesgeschichte einen so hohen Rang einnimmt, ist gleichzeitig das ungeheuerlichste Schlachtfeld der Historie. Es gibt kaum einen Fußbreit Bodens in diesem Land, der nicht das Grab eines Helden oder eines armen Teufels ist.
In Zeiten des Friedens war Syrien immer ein Land des Welthandels, dessen Export und Import schon im frühesten Altertum von China bis Spanien, vom Nil bis zur Ostsee reichten. In Palmyra wurde aus einem Grab aus der Zeit des Augustus neben einem Stück chinesischer Seide eine mykenische Keramik aus dem 2. Jahrtausend ausgegraben.
Die Syrer haben das Alphabet erfunden. Sie haben das Kupfer in Gebrauch genommen. Wahrscheinlich ist Syrien das Land, in dem der Mensch zum erstenmal Getreide angepflanzt und Erde zu Ton gebrannt hat. Aus dem benachbarten Mesopotamien stammen der Pflug, das Rad, der Wagen.
Wenn ich von Syrien spreche, ist damit nicht der heutige Staat gemeint, dessen Grenzen ein Ergebnis des ersten Weltkrieges sind. Gemeint ist, was im Altertum darunter verstanden wurde. Dieses Syrien wird im Osten vom Euphrat begrenzt, im Norden vom Taurusgebirge, im Westen von der Küste des Mittelmeers, im Süden von der Halbinsel Sinai.
Für die Geistesgeschichte Syriens war es entscheidend, daß das Land zwischen der sumero-babylonischen Kultur im Zweistromland im Osten und der ägyptischen Kultur im Süden lag. Daß Syrien immer der Schauplatz großer Ereignisse gewesen ist, hat geographische Gründe.
Das Land ist so zerrissen, daß es niemals zu einem straff organisierten Staatswesen zusammengefaßt werden konnte. Seine ausgedehnten Grenzen waren niemals zu verteidigen. So wurde es immer wieder zur Beute jedes Eroberers, der es begehrte. Die strategische Position zwischen den historischen Kontinenten Asien, Afrika und Europa setzte Syrien unzähligen Überfällen aus. Babylonier und Assyrer, Amoriter und Phönizier, Ägypter und Hethiter, Aramäer und Hebräer, Griechen, Perser, Mazedonier, Parther, Römer, Armenier, Araber und Mongolen sind in dieses Land eingefallen. In Syrien hat sich das Drama der Kreuzzüge abgespielt. Schließlich wurde das Land von den Türken erobert.
Im Anfang des 19. Jahrhunderts zog Napoleon nach Syrien. Später überfielen europäische Mächte erneut das alte Land. In

beiden Weltkriegen wurde dort gekämpft, und auch heute herrscht nur Waffenstillstand. Dieses unglaubliche Land hat mehrfach in der Geschichte eine weltpolitische Rolle gespielt, aber fast immer nur unter der Herrschaft von Eroberern.
Im 11. Jahrhundert vor Christi Geburt herrschten in Nordsyrien die Aramäer. Sie waren ein den Hebräern nahe verwandtes Volk, das aus den Wüsten Nordarabiens über Mesopotamien nach Syrien gekommen war. Der aramäischen Sprache war bestimmt, in der Geschichte eine bedeutende Rolle zu spielen. Nicht nur Jesus und seine Jünger haben aramäisch gesprochen, sondern wahrscheinlich schon die Erzväter der Juden, ehe sie im Gelobten Land auch dessen Sprache annahmen. Das Hebräische ist ein phönizischer Dialekt. Sowohl Rebekka als auch Lea und Rahel, Jakobs Frauen, waren vermutlich Aramäerinnen.
Im 10. Jahrhundert schuf König Salomo sein mächtiges Reich.
Im Jahre 301 vor Christi Geburt hatte Seleukos I. Nikator die Stadt Antiochia am Orontes gegründet und zur Hauptstadt Syriens gemacht. Die Herrschaft der Seleukidendynastie dauerte bis zum Jahre 64 vor Christi Geburt.
In der zweiten Hälfte des 3. Jahrhunderts nach Christi Geburt hat eine Herrscherin syrischen Geblüts dem Land eine Großmachtstellung erobert. Das war die Königin Zenobia. Die Hauptstadt ihres Reiches, Palmyra, lag mitten in der Wüste.
Die letzte weltbedeutende Glanzzeit Syriens war, nach der Eroberung durch die Araber, das Kalifat der Umayyaden mit Damaskus als Mittelpunkt. Die Herrschaft der Umayyaden hat von 661 bis 750 nach Christi Geburt gedauert.
Heute gibt es auf dem Gebiet des alten Syrien vier selbständige Staaten, die Republik Syrien mit der Hauptstadt Damaskus, die Republik Libanon mit der Hauptstadt Beyrouth, das Hashemitische Königreich Jordanien mit der Hauptstadt Amman und den Staat Israel. Die Halbinsel Sinai gehört zu Ägypten. Das einzige, was allen vier Staaten gemeinsam ist, ist die Syrische Wüste.
Der Mensch liebt es, sich des Glanzes zu erinnern und das Elend zu vergessen. Was haben diese Völker gelitten in den siebzig Jahrhunderten, durch die wir ihre Geschichte verfolgen können! Ein weiser Jude hat nach den Menschenverfolgungen unserer Tage das beschwörende Wort gesprochen: »Gottes Güte möge den Menschen davor bewahren, erleiden zu müssen, was er ertragen kann.«
Die Geschichte der Leiden eines der Völker Syriens erzählt uns

das Alte Testament. Das Alte Testament ist eine zuverlässige historische Quelle. Allerdings werden weltpolitische Ereignisse nur dann erwähnt, wenn sie das Volk Israel betreffen.
Als die Juden aus Ägypten auszogen, blühte das mykenische Reich. Zahlreiche mykenische Gefäße sind in Ägypten gefunden worden. Sie galten als Kostbarkeiten. Daß Moses, dieser gebildete, am Hof des Pharao als ägyptischer Prinz erzogene Mann, von dieser Kultur, deren Rang Homer bezeugt, nichts gewußt habe, ist ausgeschlossen. Das Alte Testament erwähnt nichts davon.
Homer muß gewußt haben, wer König Salomo war. Homer hat nur hundertundfünfzig Jahre nach Salomo gelebt. Das Reich König Salomos war eine Großmacht. Küsten verbinden. Schiffe machen an Küsten wohnende Völker zu guten Nachbarn, wenn sie sie nicht zu Feinden machen. Aber auch den Feind kennt man. Daß Homer vom Ruhm König Salomos und vom Glanz seiner Hauptstadt, von dem sogar die Königin von Saba im Süden Arabiens gehört hatte, nichts gewußt habe, ist unvorstellbar. Von Homer erfahren wir nichts über König Salomo, von den Propheten nichts über Homer. Erst die Geschichte Syriens vom Ende des 13. Jahrhunderts vor Christi Geburt an setzt uns darüber ins Bild, in welcher Umwelt das Volk der Juden gelebt hat.
Umgeben von unerbittlichen Feinden, immer wieder besiegt, seiner staatlichen Selbständigkeit beraubt, verschleppt, ständig in der Versuchung, an Jahwe zu zweifeln und den mächtigen Göttern der Sieger zu dienen, haben die Juden das historische Meisterstück zuwege gebracht, zu überleben, allen Anfechtungen zum Trotz am Gesetz Mosis festzuhalten und den Propheten zu glauben, bis erfüllt war, was sie geweissagt hatten.

Eine Stunde vor Sonnenuntergang, Ende November, fahre ich aus Homs nach Osten in die Wüste hinein. Homs ist ein kleines Landstädtchen am östlichen Rand des nördlichen Libanon. Es ist das alte Emesa, das in der Spätantike ein Mittelpunkt des syrischen Baalskultes war.
Mein Ziel ist Tadmor, eine Oase in der Syrischen Wüste, hundertundachtzig Kilometer östlich von Homs. Tadmor wird schon im 18. Jahrhundert vor Christi Geburt auf Inschriften erwähnt. Unter dem Namen Palmyra, die Palmenstadt, wurde es die blühende Hauptstadt des Reiches der Königin Zenobia. Noch heute wird Palmyra von den Arabern die Braut der Wüste genannt.
Palmyra wurde im Jahre 273 nach Christi Geburt vom Kaiser

Aurelian zerstört. Was übrigblieb, ist, von Sand und Wind verweht, das größte uns bekannte Ruinenfeld einer späten hellenischen Stadt.
Man könnte von gut erhaltenen Ruinen sprechen. Seit der Zerstörung der Stadt ist auf ihrem Gebiet nicht wieder gebaut worden. Es gab niemand, der die Ruinen als Steinbruch hätte benutzen können. Palmyra war rings von der schweigenden Wüste umgeben. Nur einige Beduinen hausten in der Oase.
Im Jahre 1173, zur Zeit der Kreuzzüge, besuchte der mittelalterliche Reisende Rabbi Benjamin von Tudela den Platz. Wir verdanken diesem gelehrten spanischen Juden zahlreiche wertvolle geschichtliche Informationen. Rabbi Benjamin fand in Palmyra eine kleine jüdische Kolonie. Dann geriet die Stätte vollständig in Vergessenheit. Am Ende des 17. Jahrhunderts wurde sie von einem englischen Arzt in Aleppo, Dr. William Halifax, wiederentdeckt.
Hundertundachtzig Kilometer sind für ein Auto in der Wüste keine Entfernung. Auf der Piste ist, wenn man Glück hat, diese Distanz leicht in zwei Stunden zurückzulegen. Hier gab es eine Art Straße. Sie hatte, zufolge des ständigen Windes, die Oberfläche eines Wellblechs bekommen. Die Streifen verliefen quer zur Fahrtrichtung. Es gibt dann zwar immer noch eine bestimmte Geschwindigkeit, etwa zwischen fünfundsechzig und fünfundsiebzig Stundenkilometern, mit der man über das Wellblech hinweghuschen kann, aber dabei kann leicht eine Feder brechen. Das wollte mein Fahrer nicht riskieren. Wir hätten auch neben der Straße fahren können, zumal unterdessen der Vollmond, eine dicke gelbrote Orange, über den Horizont heraufgestiegen war. Aber dabei kann man sehr beträchtlich vom Wege abkommen. Das wieder wollte ich nicht riskieren.
So fuhren wir Stunde um Stunde dahin in dem verzweifelten Tempo von zwanzig Kilometern. Der Fahrer klagte um seinen schönen Wagen. Ich versprach ihm etwas mehr Geld. Aber Geld hat in der Wüste keinen rechten Klang. Nach zwei Stunden begegnete uns ein Lastwagen, ein gezähmter Dinosaurier in einer ungeheuren Staubwolke. Beide Fahrer gaben heftig und freudig Signal – ein fast menschlicher Laut.
Es fing an, empfindlich kalt zu werden. Mit dem steigenden Mond wurde das Licht weiß. Rechts und links des Weges, in einer Entfernung von acht bis zehn Kilometern, schwangen sich Hügelketten in silberner Einsamkeit am Horizont dahin.
Der ratternde Wagen, ein junger Syrer aus einem alten Volk,

ein alter Franke aus einem jungen Volk in der menschenleeren Wüste, verloren in das funkelnde Universum – es war, als zögen wir durch die kalte, unheimliche Schönheit eines anderen Sterns dahin.
So ist seit Jahrtausenden der Mensch mit seinen Karawanen durch die Wüste gezogen von einem Ufer der Fruchtbarkeit zum anderen, durch das Sandmeer der Verlassenheit, der Einsamkeit, der Gefahr.
Die Wüste ist die eigentliche metaphysische Landschaft. Berge bringen Götterwelten hervor. In Wäldern hausen Trolle, Feen, Zwerge. Das Meer macht die Dämonen der Tiefe lebendig. Nichts dergleichen ist in der Wüste möglich. Weder Götter noch Geister noch Dämonen können in der Leere der Wüste ein Dasein haben. Die Wüste ist die wahre Landschaft Gottes. Die Erleuchtung, daß die Welt von Gott erschaffen sei, konnte dem Menschen nur in der Wüste zuteil werden. In der Wüste ist sie ihm zuteil geworden.
Es ist die Wüste, durch welche Abraham von Haran in Mesopotamien nach Canaan gezogen ist. Es ist die Wüste, in welcher der Berg des Gesetzes aufragt. Es ist die Wüste, durch welche die heilige Familie vor dem Zorn des Königs Herodes nach Ägypten geflohen ist.

Die Karawanen brachten die Kostbarkeiten Indiens und Chinas nach dem Westen und die Kostbarkeiten der kunstverständigen Völker des Mittelmeers nach dem Osten.
Wichtiger als die Kostbarkeiten, die der Welthandel von fernen Völkern zu fernen Völkern brachte, war die schwerelose Fracht der Karawanen, die Fracht der Ideen.
Durch die Syrische Wüste ist der Mönch Olopön nach Osten gezogen, um in China das Christentum zu verbreiten. Um die gleiche Zeit ist aus dem Osten Kunde vom Prinzen Gautama Buddha bis in ein einsames Kloster am Toten Meer gedrungen.
Im Kloster St. Sabas, das am Toten Meer liegt, hat ein Mönch namens Johannes die Lebensgeschichte des indischen Prinzen Josaphat aufgezeichnet. Dieser Prinz ist von der Kirche heiliggesprochen worden.
Die Kunde vom Leben des Prinzen Josaphat muß der Mönch Johannes aus Indien gehabt haben. Wie die Gelehrten feststellen konnten, stimmt die Geschichte, die der Mönch Johannes erzählt, in allen Einzelheiten mit der Geschichte des Lebens Buddhas überein.

Daß ein Prinz, der die Liebe zu aller Kreatur gelehrt und ein Leben der Gnade geführt hat, nur ein Christ sein könne, war für den Mönch am Toten Meer selbstverständlich. So ist, als eine bezaubernde historische Arabeske, zufolge der Frömmigkeit eines gelehrten Mönches, wenn auch nicht Buddha selbst, so doch der Geist seiner Lehre heiliggesprochen worden.

Unterdessen mußten wir nach meinen Kilometerberechnungen eigentlich in Palmyra sein. Aber da wir die Straße mit der Wellblechoberfläche schließlich doch verlassen hatten, konnten wir uns um einige Winkelgrade in der Richtung geirrt haben. Es war zehn Uhr abends geworden.

Ein Licht taucht auf. Ein Licht in der Wüste! Ein kleines, freundliches, rötliches Licht! Es kommt aus einem Zelt. Jemand kommt gelaufen. Es ist ein Sergeant der syrischen Armee, ein großer, kräftiger Mann von dreißig Jahren mit dickem, etwas wirrem schwarzem Haar und dem offenen Gesicht, wie einfache Soldaten es haben. Er strahlt vor Entzücken darüber, daß Menschen vorbeikommen. Er lädt uns ein, sein Zelt zu betreten. Eine kräftige Herzlichkeit geht von ihm aus. Irgendwann hat er bei den Franzosen gedient. Er spricht gut französisch.

Wenn ein Araber in der Wüste einen Fremdling in sein Zelt einlädt, erwirbt der Fremde in einem Augenblick die Privilegien einer jahrtausendealten Tradition, der Tradition der Gastfreundschaft der Wüste. Darin hat Karl May die Beduinen richtig geschildert. In der Wüste ist der Mensch des Menschen Feind, oder er ist sein Bruder.

Der Gruß, mit dem der Sergeant den Franken mitten in der Nacht auffordert, Platz zu nehmen, ist ein schönes Beispiel für den Zauber der arabischen Sprache. Der Sergeant lädt mich ein mit den Worten: »Meine Hütte ist arm und schmutzig. So sitze nieder im Glanz meiner Augen.«

Die Araber haben ein Sprichwort, daß Allah beim Menschen drei Dinge zur Vollendung habe gelangen lassen – die Hand des Chinesen, das Hirn des Franken, die Zunge des Arabers.

Für den Franken schiebt der gastfreundliche Mann noch eine Kiste herein, die er sorgfältig mit seinem Lammfellmantel bedeckt. Hätte man uns doch in unserer Jugend, statt uns Kniebeugen üben zu lassen, gelehrt, auf der Erde zu sitzen! Wie wir uns da niederlassen, ist es das köstliche Gefühl, Anker zu werfen im uralten Hafen der Brüderlichkeit.

Es läßt sich bei diesem Syrer, einem Mann aus einem so alten

Volk, einem Volk zwischen den Völkern, nicht entscheiden, ob die Brüderlichkeit auf den Erzvater der Juden, den indischen Prinzen oder den arabischen Propheten zurückgeht. Unter diesem Zelt wohnen Abraham, Buddha und Mohammed friedlich beieinander. Der treffliche Mann macht sich sogleich daran, Mokka zu bereiten. Nach so vielen Stunden Staubes schmeckt er herrlich. Liebenswürdige Redensarten werden getauscht. Wir genießen zwischen Vergangenheit und Zukunft einen glücklichen Augenblick. Kain hat nie gelebt.

Ich kann meinen Gastgeber durch ein Geschenk erfreuen, das in der Wüste wertvoll ist. Es ist die Gabe des Prometheus, eine Schachtel Zündhölzer. Nach einem heiteren Palaver nehmen wir Abschied unter dem silbernen Mond der Wüste. Der Sergeant weist uns noch den Weg. Wir geben uns die Hand. Niemals werden wir einander vergessen.

Zehn Minuten später fahren wir, entlang der Säulenkolonnade des Grand Boulevard von Palmyra, an dem mächtigen Sonnentempel vorbei. Der Marmor leuchtet gespenstisch weiß. Endlich landen wir wohlbehalten im kleinen Wüstenhotel »Zur Königin Zenobia«.

Wüste und Ackerland, Beduine und Bauer, dieser Gegensatz beherrscht seit grauer Vorzeit die Geschichte des Landes. Seit siebentausend Jahren wird in Syrien der niemals endende Kampf zwischen den schweifenden Nomaden und den seßhaften Bauern geführt. Unter guten Regierungen wird der Wüste Acker abgewonnen. In Zeiten der Anarchie begräbt der Wind den Fleiß des Bauern unter dem Sand. Nicht immer haben die fremden Eroberer schlecht regiert. Unter den Pharaonen, unter den römischen Kaisern, unter den Kalifen hat das Land lange Zeiten des Friedens und der Blüte erlebt.

Syrien, das von so vielen fremden Herrschern regiert worden ist, ist der Welt auch diese Herrscher nicht schuldig geblieben.

Um das Jahr 200 nach Christi Geburt gibt es auf dem römischen Kaiserthron eine syrische Dynastie. Die Gründerin der Dynastie war die Kaiserin Julia Domna. Sie stammte aus Homs, von wo ich am Nachmittag weggefahren bin. Sie heiratete den Septimius Severus, den sie als kommandierenden General einer Legion in Syrien kennengelernt hatte. Im Jahre 193 bestieg Septimius Severus den Thron. Er war der einzige römische Kaiser, der aus Afrika gebürtig war. Er hat, ein Trost für alle Sextaner der Weltgeschichte, sein Leben lang nie richtig Latein gelernt.

Julia Domna war eine der schönen Frauen der Weltgeschichte. Ihre Münzen und Portraitbüsten zeigen es. Sie war auch eine der unglücklichsten. Caracalla, der Sohn der Julia Domna, ermordete, um seine grausame Herrschaft antreten zu können, seinen Bruder Geta in den Armen seiner Mutter. Bei diesem Attentat durchbohrte Caracalla mit seinem Dolch die Hand seiner Mutter, die ihren Sohn Geta zu schützen versuchte. Gibbon, der englische Historiker des Römischen Reiches, hat zu diesem Verbrechen bemerkt, daß Julia Domna dazu verdammt war, das Leben des einen Sohnes ebenso beweinen zu müssen wie den Tod des anderen.

Zu dieser Dynastie gehört Heliogabal, der mit dreizehn Jahren das Amt des Hohenpriesters Baals in Emesa geerbt hatte und mit vierzehn Jahren den römischen Kaiserthron bestieg. Nach einer dreijährigen prunkvollen Regierung, deren orientalische Ausschweifungen selbst den Römern zuviel geworden waren, wurde er ermordet.

Zwanzig Jahre später sitzt wiederum ein Syrer auf dem römischen Kaiserthron. Es ist Philipp der Araber. Der römische Kaiser, der das Fest des tausendjährigen Bestehens der Stadt Rom zu feiern hatte, war, ein Witz der Weltgeschichte, ein Araber, dem für seine Siege an der Donau der Titel Germanicus Maximus verliehen worden war. Die Spätantike war eine Welt ohne Vorurteile.

Vom 4. bis zum Anfang des 7. Jahrhunderts war Syrien ein christliches Land. So hat dieses erstaunliche Volk auch auf den byzantinischen Thron einen großen Herrscher entsandt, den Kaiser Heraklios von Byzanz. Er stammte aus Edessa. Wie Antiochia ein geistiges Zentrum des griechischen Christentums, so war Edessa das geistige Zentrum des syrischen Christentums. Heraklios stellte die vom Perserkönig Chosroes zerstörte Grabeskirche in Jerusalem wieder her. Als Heraklios am 14. September des Jahres 629 das wahre Kreuz Christi in Jerusalem wiederaufrichtete, jubelte die Christenheit. Dieser 14. September wird noch heute als Feiertag begangen.

Der Syrer Heraklios unternahm noch einmal einen Versuch, den die Christenheit verheerenden Streit über die Frage, ob Christus eine oder zwei Naturen habe, durch die Lehre des Monotheletismus zu entscheiden. Nach dieser Lehre hat Christus nur einen Willen.

Aber die Schlacht von Yarmuk stand bevor. Syrien sollte arabisch werden.

Mit jeder neuen Eroberung hat der politische Blickwinkel Syriens gewechselt. Er hat die Windrose durchwandert über alle Horizonte hin. So ist es ein weltoffener Blick geworden.
Dreimal hat dieses Land seine Sprache gewechselt. Bis zu Alexander dem Großen wurde in Syrien aramäisch gesprochen. Von da an bis zur Eroberung durch den Islam war die führende Sprache Griechisch. Dann wurde Arabisch die Sprache des Landes. Sie ist es bis heute geblieben. Das alte Syrisch, ein Abkömmling des Aramäischen, ist in der Liturgie der syrischen Kirche erhalten geblieben. Syrische Übersetzungen der Bibel gibt es schon in sehr früher Zeit.

Was für ein Land! Was für ein Volk!

Bei Sonnenaufgang betrete ich das weite Feld der Ruinen von Palmyra. Die Säulenkolonnade der Hauptstraße ist erhalten. Sie führt mitten durch das Ruinenfeld hindurch, vorbei an dem Amphitheater, das gerade aus dem Sand gegraben wird. Durch den Triumphbogen am Eingang des Grand Boulevard sieht man das nackte Wüstengebirge liegen, das Palmyra gegen Norden schützt. Auf einer seiner Spitzen blitzen in der Sonne die Zinnen einer aus dem Mittelalter stammenden türkischen Festung. Steil und drohend ragt das Kastell in den Himmel. Auf der anderen Seite, nach der Ebene zu, liegt der mächtige Sonnentempel, von dem sogar noch Teile des Daches erhalten sind. Ein großes Portal führt auf einen Hof, ein gewaltiges Trümmerfeld. Die Farbe des Steins ist ein leuchtendes, rötliches Gelb. Die Konturen des Tempels zeichnen sich mit äußerster Feinheit gegen den Himmel ab. Ein paar schwarz gekleidete Beduinenfrauen mit Wasserkrügen auf dem Kopf schreiten dahin wie eh und je. Hinter dem Sonnentempel erstrecken sich Wälder von Dattelpalmen.
Dann beginnt mit einem scharfen Schnitt sogleich wieder die Wüste. Viele Stunden wandere ich durch die Ruinen, bis zu den merkwürdigen Steintürmen in den Seitentälern, den Türmen des Schweigens, in denen die Toten in vielen Stockwerken übereinander bestattet wurden.
Die Stadt hat mehr als hunderttausend Einwohner gehabt. Wie konnte eine solche Großstadt mit ihrem Luxus, ihrer Pracht und ihrem Reichtum mitten in der Wüste entstehen?
Es ist reichlich Wasser da. Wasser in der Wüste bedeutet quellende Fruchtbarkeit. Das war der eine Reichtum. Der zweite Reichtum war der Handel.

Die Karawanenstraße von Osten nach Westen hat im Lauf der Zeit einige Male ihre Trace gewechselt. Viele hundert Jahre lang ging sie über Petra, die Felsenstadt im Süden Jerusalems. Dann ging der gesamte Handel zwischen Osten und Westen ebenso lange über Palmyra.
Die Stadt ist so etwas wie ein Hafen in der Wüste gewesen. Der Reichtum Palmyras war der Reichtum einer Hafenstadt. Politisch lebte Palmyra von der Eifersucht seiner großen Nachbarn, von der Spannung zwischen dem Römischen Reich und dem von den Römern nie besiegten Reich der Parther jenseits des Euphrat. Unter der letzten Herrscherin, der Königin Zenobia, hatte sich das palmyrenische Reich über ganz Syrien und Mesopotamien bis nach Ägypten ausgedehnt. Zenobia war eine bedeutende Frau. Sie sprach arabisch, griechisch und aramäisch. Sie schrieb eine Geschichte des Ostens. Griechische Philosophen wurden an ihrem Hofe geehrt. Auch sie muß, nach den erhaltenen Münzen, eine schöne Frau gewesen sein.
Königin Zenobia wurde vom Kaiser Aurelian besiegt. Sie floh auf einem Kamel durch die Wüste nach Osten, wurde aber mitten in der Nacht, bei dem Versuch, über den Euphrat zu entkommen, gefangengenommen. Im Glanz ihrer Edelsteine und Perlen schmückte sie den Triumphzug des Siegers in Rom. Doch war der Kaiser durchaus chevaleresk zu seiner schönen Feindin. Er soll ihr eine Villa in Tivoli in der Nähe Roms geschenkt haben. In dem üppigen Park dieser Villa in Tivoli mag die Königin Zenobia von Palmyra zuweilen von der kargen und erhabenen Schönheit der Wüste geträumt haben.
Wie ein Meteor über den Himmel zieht, so hat der Glanz Palmyras für kurze Jahrhunderte in der Wüste geleuchtet. Solcher Plätze hat es in diesem unwahrscheinlichen Syrien viele gegeben. Die meisten sind vom Erdboden verschwunden. Allmählich erst bringt der Spaten der Archäologen sie wieder ans Licht.
Die zahlreichen in Palmyra erhalten gebliebenen Fresken bilden die kunsthistorische Brücke zwischen der altsemitischen Kunst Syriens und den Anfängen der christlichen Kunst. In der am Euphrat gelegenen Festung Dura Europos, der Grenzfestung des palmyrenischen Reiches gegen Osten, ist eine sehr frühe Kirche ausgegraben worden. Sie stammt aus dem Jahre 232 nach Christi Geburt. In ihr sind einige Gemälde erhalten geblieben, darunter eine Darstellung Adams und Evas. Wenige hundert Meter neben dieser christlichen Kirche in Dura Europos stand eine Synagoge aus etwa der gleichen Zeit. Sie enthielt die frühesten uns be-

kannten bildlichen Darstellungen, Fresken mit Themen aus der Biblischen Geschichte. Sie befinden sich heute im Museum in Damaskus.
Palmyra, die Braut der Wüste, hat, dank der Gunst der Umstände, von der Glorie ihrer goldenen Tage einen letzten Glanz auf Erden zurückgelassen. Die Schönheit der alten Bauten in der leuchtenden Sonne Syriens preist das Genie und die Tapferkeit des Menschen unter dem erhabenen Horizont der Wüste, welche die Schönheit der Schöpfung preist.

Krak des Chevaliers

Fünfundvierzig Kilometer westlich von Homs, dem Emesa der Kaiserin Julia Domna und des Heliogabal, steht in den nördlichen Ausläufern des Libanon eines der merkwürdigsten Denkmäler, die Europa im Orient errichtet hat. Es ist das »Krak des Chevaliers«, die größte mittelalterliche Burg, die ich je gesehen habe. »Krak« ist das türkische Wort für Burg. »Les chevaliers« sind die Kreuzritter. Der arabische Name ist Husn el-Akrâd. Er bedeutet Kurdenfestung.
Beim Verlassen von Homs weht uns ein starker Westwind entgegen, der sich während der Fahrt zum Sturm steigert. Der Sturm treibt die Wolken vom Meer her in die Syrische Wüste. An den Gipfeln des Libanon sind die Wolken in Fetzen gerissen worden. Es fängt an zu regnen. Mein kleiner freundlicher Fahrer blickt bedenklich zum Himmel. Er hält es für eine ausgemachte fränkische Narretei, daß einer bei einem solchen Wetter auf einen Berg hinauf will.
Ein Stückchen müssen wir durch libanesisches Gebiet. Sogleich wird, der Grenze wegen, die Straße schlecht. Das Gebirge hat begonnen. Die Erhebungen sind sechshundert bis achthundert Meter hoch. An den tieferen Hängen sind Reste von Wald erhalten geblieben. Auf den Kuppen hat der Regen den Felsen herausgewaschen. An einer Wegbiegung taucht das Krak des Chevaliers in einer Entfernung von acht Kilometern Luftlinie auf. Die Burg liegt auf einer vorspringenden Bergnase. Von dem runden Bergrücken hebt sie sich als scharfe geometrische Kontur gegen die düsteren, grauen Wolken ab. Um die Strecke von acht Kilometern Luftlinie zu überwinden, brauchen wir drei Stunden.
Zunächst halten wir beim Zollamt an. Das Zollhaus ist eine win-

dige Bretterbude, in der ein paar frierende Zöllner sitzen. In einem Kupferbecken brennt ein Holzkohlenfeuer. Der Holzkohle ist trockener Kamelmist beigemischt. Der Rauch dieses Feuers ist scharf und beizend, aber nicht unangenehm. Es ist einer jener Gerüche, welche, selbst wenn viele Jahre vergangen sind, ehe sie einem wieder begegnen, ganze Welten aus der Erinnerung hervorzaubern. Wir bekommen einen Mokka. An den Tassen wärmen wir uns die Finger. Die Syrer sind reizende Leute. Ihre Freundlichkeit, ihre natürliche, herzliche Gastfreundschaft, ihre behagliche Neigung zu einem Palaver vom Wetter bis zur großen Politik gewinnen schnell das Herz jedes Fremden, der eines hat.

In dieser kleinen Zollbude wird ein wegekundiger Führer angeworben. Die zum Krak des Chevaliers fast um den ganzen Berg herum steil sich hinaufwindende Straße besteht bis heute nur aus dicken Basaltbrocken. Sie sind vom Regen spiegelglatt. Glücklicherweise hat der Fahrer keine Nerven. Mit graziöser Leichtigkeit steuert er den rutschenden Wagen die Serpentinen hinauf. Der Hang stürzt neben der Straße mehrere hundert Meter in die Tiefe. Von Zeit zu Zeit drückt ein Sturmstoß den Wagen ein wenig aus der Bahn. Je höher wir steigen, um so großartiger wird der Ausblick. Sicher ist dieser Weg nur für Maultiere. Käme ein Wagen entgegen, es entstünde ein unlösbares Problem. Der Prophet war mit dem Fahrer. Die Engel waren mit mir. Es kam kein Wagen.

Plötzlich, hinter einer Wegbiegung, steigt die Burg, nur hundert Meter entfernt, vor uns auf, eine riesige, in den Himmel ragende Festung. Die Kuppe, auf der sie liegt, stürzt nach Süden, Osten und Norden steil in die Tiefe. Nach Westen läuft sie in einen kleinen Bergsattel aus. In der Mulde des Sattels liegt ein Dorf. Zwischen den schwarzäugigen Kindern, die unseren haltenden Wagen sogleich umringen, ist eines mit weizenblondem Haar und hellblauen Augen.

Wir überschreiten eine Brücke, die über einen tiefen, mit fast senkrechten Wänden gemauerten Graben führt, und treten in das düstere Torgewölbe ein. Von hier aus führt ein gepflasterter, von gemauerten Rundbogen überdachter Weg dreihundert Meter lang in einem flachen Bogen in leichtem Anstieg nach oben. Alle dreißig Meter ist in der Mauer ein Durchbruch, der einen Blick in die Tiefe und in die Ferne freigibt. Eine ganze Schwadron könnte diesen Torweg in geschlossener Viererformation hinaufreiten. Für die übertriebenen Dimensionen der Burg hat vielleicht der Ehrgeiz, die Zitadelle von Aleppo übertrumpfen zu wollen, eine Rolle gespielt. Endlich kommt man in weite, freie Höfe.

Der Saal, in dem die Ritter getafelt haben, ist erhalten. An seinem Eingang sind zwei Wappen in den Stein gemeißelt, der einzige im Bereich der Burg noch vorhandene ornamentale Schmuck. Gegenüber dem Rittersaal liegt die Burgkapelle. Auch ihre Mauern stehen noch.

Zwischen dem Rittersaal und der Burgkapelle ist ein Platz, auf dem an Steintischen zuweilen im Freien gezecht worden ist. Wir dürfen uns vorstellen, wie eines Tages auf der Burg ein Ritter aus Frankreich, soeben auf dem Kamm des Libanon, am Rand der Wüste eingetroffen, die neueste literarische Sensation vortrug – die Legende vom Heiligen Gral, die Chrétien de Troyes gerade in dichterische Form gefaßt hatte.

In den unteren Stockwerken liegen die Räume für Mannschaften und Vorräte. Ich bin ein alter Quartiermacher und verstehe etwas von diesem Geschäft. In dieser Burg wären fünftausend Mann leicht unterzubringen. Der Backofen, ein Ding von unwahrscheinlichen Ausmaßen, ist noch vorhanden. Ganze Reihen von halb in den Boden eingelassenen, mannshohen Tongefäßen dienten zur Aufbewahrung enormer Mengen von Olivenöl. Die Burg war für eine lange Belagerung eingerichtet.

Der Kommandant des Platzes wohnte in einem Turmzimmer mit einer flachen Terrasse als Dach. Da von der Terrasse aus der Grund, auf dem die Burg steht, nicht zu sehen ist, habe ich das schwindelerregende Gefühl, der Turm schwebe frei in der Luft. Nach Norden und Süden blickt man in das kahle Gebirge, im Westen, bei klarer Sicht, bis zum Meer, im Osten in die Wüste, die sich beinahe sechshundert Kilometer weit bis zum Euphrat erstreckt.

Die Anlage ist großartig, pathetisch, phantastisch. Aber sie macht zugleich einen barbarischen Eindruck. Es gab in Syrien ein System solcher Burgen. Ihre Plätze waren so ausgewählt, daß immer wenigstens zwei Burgen in Sichtweite voneinander lagen. So konnte man sich mit Leuchtsignalen verständigen. Das strategisch wohldurchdachte System beherrschte die von Norden nach Süden führende Küstenstraße, den von Westen nach Osten, von der Küste nach Homs führenden Gebirgspaß und die alte Karawanenstraße, die zwischen Gebirge und Wüste, von Tarsos, Antiochia und Aleppo kommend, nach Damaskus, Jerusalem und Ägypten führt.

In dieser Burg haben von 1180 bis 1271 europäische Ritter gehaust, Männer, deren Heimat die Champagne, die Pfalz, Toskana oder Cornwall waren.
Was hatten die Ritter hier zu suchen? Was war das für eine Welt, aus der die Männer kamen, die so mächtige Bauten in einem Land errichteten, in dem keiner von ihnen und keiner ihrer Vorfahren geboren war?
Das plötzliche Auftreten der schwerbewaffneten europäischen Ritterheere in Syrien am Ende des 11. Jahrhunderts muß auf die Araber und Türken wie eine Naturkatastrophe gewirkt haben. Viereinhalb Jahrhunderte vorher waren in ähnlicher Weise die Araber aus ihren Wüsten hervorgebrochen und mit schlagkräftigen Armeen in Europa erschienen.
Um genau zu sein, dürfte man hier freilich nicht von Europa sprechen. Als Mohammed zu lehren begann, gab es das, was wir heute Europa nennen, noch nicht. Dieses Europa entsteht erst in den Jahrhunderten zwischen dem Eroberungszug des Halbmondes und dem des Kreuzes. Die Organisation des Lehnswesens war die erste gesellschaftliche Ordnung, welche die nördlichen Völker sich nach ihren großen Wanderungen schufen. Es ist bemerkenswert, daß diese Ordnung keine nationale war. Die europäische Hocharistokratie ist bis auf den heutigen Tag international geblieben.
In der gleichen Zeitspanne, in der Europa sich konsolidierte, haben die Araber, wilde Wüstenbeduinen, die nichts hatten als ihren neuen Glauben, ihre unerschütterliche Tapferkeit und ihre kostbare Sprache, den bezaubernden Garten der arabischen Zivilisation zum Blühen gebracht. Feurig und empfindlich wie ihre Pferde, zäh und geduldig wie ihre Kamele eroberten sie die Welt. Das Reich der Umayyaden mit Damaskus als Hauptstadt, das von 651 bis 750 dauerte, reichte von Spanien und Frankreich bis Indien und bis zu den Grenzen Chinas in Innerasien. Es war größer als das Römische Reich zur Zeit seiner größten Ausdehnung. Der Gründer der Dynastie, die Damaskus zu einer der glänzendsten Metropolen der Welt machte, ist der Kalif Mu'awiyah.
Mu'awiyah gehörte zur alten Familie der Quraish, die von Mohammed aus Mekka vertrieben worden war, bei den Eroberungszügen nach dem Tod des Propheten aber wieder zur Macht kam. Mu'awiyah hat einmal gesagt: »Ich brauche mein Schwert nicht, solange meine Peitsche genügt, und meine Peitsche nicht, solange meine Zunge genügt. Und wenn auch nur ein Haar mich an einen

Mitmenschen bindet, so lasse ich es nicht reißen. Wenn er zieht, lasse ich nach. Wenn er nachläßt, ziehe ich.« Er war kein Politiker. Er war ein Diplomat. Sein Weg zur Macht war weniger blutgerötet als der der meisten Gründer neuer Dynastien.

Im Lauf der folgenden Jahrhunderte hat der arabische Genius das griechische Erbe der Antike und die persische Kultur mit der Lehre Mohammeds zu einer neuen Einheit verschmolzen. Der Glanz dieser Schöpfung verdient noch heute unsere Bewunderung.

Auf diese Zivilisation stießen die Kreuzritter, als sie das Heilige Grab von den Ungläubigen befreien wollten. Sie kamen aus einem Europa, das im Lauf der vorhergehenden drei Jahrhunderte seiner selbst sich bewußt geworden war. Dieses Bewußtsein war ein christliches. Ihm war es noch gegenwärtig, daß Europas Religion aus dem Orient stammt.

Als die Kreuzzüge begannen, hatten die Normannen gerade Sizilien von den Arabern zurückerobert. Robert Guiscard, der große Normannenherzog, hatte sich schon aufgemacht, Byzanz zu erobern, als er an der Pest verstarb. Sein Sohn, der Graf Bohemund von Tarent, wurde Fürst von Antiochia.

In Deutschland war das Leben Heinrichs IV. zu Ende gegangen, jene dramatische Biographie, die in Canossa einen tragischen Höhepunkt erreicht hatte. Um diese Zeit wurden in Deutschland die arabischen Ziffern eingeführt. Familiennamen kamen in Gebrauch. Die Burg Drachenfels wurde erbaut. Freiburg im Breisgau erhielt das Stadtrecht. Albrecht der Bär schuf die Mark Brandenburg.

In England wurde der Tower als normannische Zwingburg errichtet. Westminster Hall entstand. In England gab es damals drei Millionen Menschen.

In Frankreich hatte Abaelard in seinen Schriften den ersten Versuch unternommen, die Übereinstimmung von Vernunft und Glauben nachzuweisen.

In Spanien eroberte Rodrigo Diaz de Vivar, der Cid, der Held der Maurenkriege, die Stadt Valencia zurück. Juda Halevy, der in Toledo geborene spanische Dichter, Theologe und Arzt, einer der bedeutendsten jüdischen Gelehrten des Mittelalters, wanderte am Ende seines Lebens nach Palästina aus – der erste Zionist.

Als die Kreuzzüge vorüber waren, schrieb Dante seine Göttliche Komödie. Giotto, der Begründer der europäischen Malerei, malte seine frommen und zarten Träume. Thomas von Aquin, »All-

gemeiner Lehrer der Christenheit«, schrieb sein Hauptwerk »Summa Theologica«. Roger Bacon in England tat die ersten Schritte ins Reich der modernen Naturwissenschaft, indem er Experiment und Erfahrung für die Grundlagen der Wissenschaft erklärte.
Die Norweger nahmen das Christentum an. Die Sebalduskirche in Nürnberg wurde gebaut. Die erste Leipziger Messe wurde eröffnet.
Eduard II. von England vertrieb die Juden aus seinem Land und berief die ersten Bürger ins britische Parlament.
Von den Genuesen wurden die Canarischen Inseln entdeckt. Marco Polo, der venezianische Reisende, berichtete von seinem langjährigen Aufenthalt in China. In Peking war wieder eine christliche Kirche dem Gottesdienst übergeben worden.

In den zweihundert Jahren, die die Kreuzzüge gedauert haben, wurde die Alpenstraße über den St. Gotthard gebaut. Florenz schuf sich eine Goldwährung. Der heilige Franziskus von Assisi pries die Armut. Die Kathedralen von Reims und Burgos wurden errichtet. Moskau wurde gegründet.
Tannhäuser kam zum Sängerwettstreit auf die Wartburg. Die Universitäten Paris und Damaskus öffneten ihre Tore. Rudolf von Habsburg regierte. Die Mongolen führten ihren Eroberungskrieg. Ins Lateinische wurden übersetzt Euklid, Aristoteles und der Koran.
Das ist der Hintergrund, auf dem die Kreuzzüge sich abgespielt haben. Was haben sie bedeutet? Sind sie eine verschollene romantische Legende? Waren sie eine großartige Manifestation des Glaubens und der Tapferkeit? Waren sie ein imperiales Geschehen oder nur die letzten Beutezüge der Völker des Nordens, die aus Neugier, Naivität und Raublust die Ordnung der Welt, das Imperium Romanum, zerstört hatten?
Die Kreuzzüge sind alles das und noch einiges mehr. Ihnen voraus geht ein jahrhundertelanger theologischer Disput zwischen Christentum und Islam. Als die Lehre des Propheten bekannt wurde, haben die Christen sie zunächst nicht als neue Religion empfunden, sondern eher als eine Sekte. Mohammeds Lehre ist so streng monotheistisch wie die Gotteslehre der Juden. Mit dem Begriff der Dreieinigkeit allerdings sind die Moslems dialektisch niemals fertig geworden. Sie erschien ihnen als Polytheismus. Jesus wurde als Prophet des Glaubens vom Islam anerkannt. Auch hat der Prophet große Teile nicht nur der jüdischen, son-

dern auch der christlichen Überlieferung in den Islam übernommen.
Die Moslems selbst fühlten sich der christlichen Lehre so nahe verwandt, daß ein Kalif von Damaskus einen Kaiser von Byzanz aufforderte, mit ihm gemeinsam ein Konzil abzuhalten, um festzustellen, welches die wahre Lehre sei. Als ich aus Damaskus zurückkam, habe ich einem unserer hervorragendsten Theologen die Frage vorgelegt, ob Gott und Allah denn nun identisch seien. Der große Theologe erklärte mir mit leisem Lächeln, das sei eine Frage, auf die er die Antwort nicht aus dem Ärmel schütteln könne. Ich hoffe, ihn wiederzusehen.
Sultan Saladin ließ, als er sich, in den Wechselfällen des Krieges, einmal Jerusalem näherte, einer Delegation der Kreuzritter sagen: »Ich glaube, daß Jerusalem das Haus Gottes ist, wie ihr auch glaubt. Ich will es weder belagern, noch im Sturme nehmen.« Daß die Unvernunft der Christen ihn zwang, die Stadt doch zu stürmen, war nicht seine Schuld. Die Behandlung, die er der eroberten Stadt angedeihen ließ, war human, verglichen mit den Massacres, die die Kreuzritter bei der ersten Eroberung Jerusalems unter Heiden und Juden veranstaltet hatten.
In der romantischen Welt des kraftstrotzenden europäischen Lehnsrittertums wurden die Kreuzzüge als eine Art Gottesurteil aufgefaßt. Der theologische Disput sollte nunmehr durch das Schwert entschieden werden. Die romantische Bereitschaft, für das große Ideal des Glaubens in den Kampf zu ziehen, wurde durch geographische Kenntnisse nicht getrübt.
Daß die Entscheidung zu Ungunsten des Christentums ausfiel, hat die Gemüter der Frommen lange Zeit bewegt, schließlich aber dazu beigetragen, daß bei den Völkern des Nordens die primitive puritanische Auffassung, daß Gott seinen Kindern Erfolg auf dieser Welt schuldig sei, allmählich einer tieferen und geistigeren Auffassung wich. Eine letzte Erinnerung an die Kreuzzüge hat sich bis in unsere Tage erhalten. Wer von uns vor dem ersten Weltkrieg geboren ist, ist noch Zeitgenosse des letzten Königs von Jerusalem gewesen. Seine Apostolische Majestät, Kaiser Franz Joseph von Österreich, führte unter den vielen Titeln, die er hatte, auch den Titel eines Königs von Jerusalem.
Den Kreuzzügen lag ein ganzes Bündel von Motiven zugrunde. Das Vordringen der Selçuken in Anatolien, die Gefahr, die in der Schwächung des byzantinischen Reiches lag, die Hoffnung der italienischen Handelsstädte Pisa, Genua, Venedig und Amalfi, die Küsten des östlichen Mittelmeers zurückzuerobern

und den Vorderen Orient dem Handel wieder zu erschließen, haben in gleicher Weise die Kreuzzüge verursacht.
Daß al-Hakim, der wahrscheinlich geisteskranke Kalif von Cairo, im Jahre 1010 die Grabeskirche in Jerusalem hatte zerstören lassen, hatte die gesamte Christenheit in ungeheure Aufregung versetzt. Damals tauchte der Gedanke, die heiligen Stätten in Palästina mit Waffengewalt von den Ungläubigen zu befreien, zum erstenmal auf.
Die entscheidende Figur in der Vorgeschichte der Kreuzzüge ist Papst Urban II. Er war ein Staatsmann ersten Ranges. Er hatte den Plan, das europäische Rittertum für ein einheitliches Ziel unter seiner Führung zusammenzufassen. Wenn ihm das gelang, konnte er weiterhin hoffen, die Pax Romana unter der Herrschaft der Kurie wieder aufzurichten. So traf der Hilferuf, den Kaiser Alexios von Byzanz, vor dessen Toren die Selçuken standen, an Urban II. und das Konzil von Piacenza richtete, bereitwillige Ohren.
Der Papst berief eine Versammlung nach Clermont in der Auvergne. Die Ansprache, die er dort hielt, fiel wie Feuer in das trockene Reisig frommer Bereitschaft. Sie hatte weltweite Folgen. Die Geschichte kennt nur wenige Reden, die als solche historische Tatsachen sind. Ich zitiere das wichtigste Stück.
Aus allen Teilen Europas waren so viele Menschen herbeigeströmt, daß die Versammlung trotz der späten Jahreszeit im Freien abgehalten werden mußte. Der Heilige Vater sprach:
»Die Wiege unseres Heils, das Vaterland des Herrn, das Mutterland der Religion ist in die Gewalt eines gottlosen Volkes gefallen. Das gottlose Volk der Sarazenen bedrückt mit seiner Tyrannei die heiligen Stätten, auf denen der Herr gewandelt ist, und hält die Gläubigen in Knechtschaft und Unterwerfung. Hunde sind ins Heiligtum gekommen. Das Allerheiligste ist entweiht. Das Volk, das dem wahren Gott dient, ist erniedrigt. Das auserwählte Volk erleidet unwürdige Bedrückung... Bewaffnet Euch, meine Brüder, mit dem Eifer Gottes! Gürtet Eure Schwerter! Rüstet Euch und seid Söhne des allmächtigen Gottes! Besser ist es, im Kampf zu sterben, als unser Volk und die Heiligen leiden zu sehen! Wer Eifer hat für das Gesetz Gottes, schließe sich uns an! Wir wollen unseren Brüdern helfen. Ziehet aus, und der Herr wird mit Euch sein! Wendet die Waffen, mit denen Ihr in sträflicher Weise Bruderblut vergießt, gegen die Feinde des christlichen Namens und Glaubens! Die Diebe, Räuber, Brandstifter und Mörder sollen das Reich Gottes nicht be-

sitzen. – Erkauft Euch mit wohlgefälligem Gehorsam die Gnade Gottes, daß er Euch Eure Sünden, mit denen Ihr seinen Zorn erweckt habt, um solch frommer Werke und der vereinigten Fürbitten der Heiligen willen schnell vergebe! – Wir aber erlassen, durch die Barmherzigkeit Gottes und gestützt auf die heiligen Apostel Petrus und Paulus, allen gläubigen Christen, die gegen die Heiden die Waffen nehmen und sich der Last dieses Pilgerzuges unterziehen, alle die Strafen, welche die Kirche für ihre Sünden über sie verhängt hat. – Und wenn einer dort in wahrer Buße fällt, so darf er fest glauben, daß ihm Vergebung seiner Sünden und das ewige Leben zuteil wird!«
In mächtigen Kaskaden, biblisch im Stil, hallte die Rede des Papstes über die erregten Häupter dahin. Aus der Menge erhob sich der Ruf: »Dieu li volt! – Gott will es!«
Dieser Ruf sollte zweihundert Jahre lang über die Welt erschallen.

Schrecklicherweise begannen die Kreuzzüge mit grausigen Judenmassacres, die von einem ersten Pöbelhaufen, der das Rheintal hinaufzog, begangen wurden. Die kirchlichen Autoritäten versuchten, diesen Massacres Einhalt zu gebieten. Sie hatten nur wenig Erfolg. Dafür war die Führung des ersten Heeres der Ritter eine erlesene Blüte der europäischen Hocharistokratie. Zu den ersten Kreuzrittern gehörten Robert Guiscards Sohn, der Graf Bohemund von Tarent, sein Enkel Tankred von Hauteville, der Held von Tassos »Befreitem Jerusalem«, und Raimund Graf von Toulouse. Raimund hatte schon in Spanien gegen die Ungläubigen gekämpft. Er ist ein Vorfahre des Malers Henri Toulouse-Lautrec. In Konstantinopel stießen zum Heer der Kreuzritter Herzog Robert von der Normandie und Graf Stephan von Blois, dessen Schloß noch heute zu den schönsten Bauten an der Loire gehört. Dem Grafen Stephan von Blois hatte Papst Urban in Lucca das Banner St. Petri anvertraut. Er starb in sarazenischer Gefangenschaft. Der Feldherr des ersten Kreuzzuges war Herzog Gottfried von Bouillon. Die Ruine seiner Burg steht in einem Flußtal der Ardennen nordöstlich von Sedan. Schwert und Kreuz Gottfried von Bouillons hängen noch heute in der Grabeskirche zu Jerusalem.
Der erste Kreuzzug führte zur Eroberung von Jerusalem.
Der zweite Kreuzzug stand unter Führung König Ludwigs VII. von Frankreich und Kaiser Konrads III. Er endete mit einem vollständigen Desaster.

Auf dem dritten Kreuzzug war es, daß Kaiser Friedrich Barbarossa im Flüßchen Salef am Fuß des Taurus ertrank. Der weitere Verlauf dieses Kreuzzuges brachte die mehr romantische als politische Auseinandersetzung zwischen Sultan Saladin und König Richard Löwenherz von England.
Der vierte Kreuzzug führte zu nichts als zur Eroberung Konstantinopels durch die Franken.
Ein letzter Erfolg wurde Europa noch einmal beschieden, als Kaiser Friedrich II., von Sizilien aus, nach dem Orient aufbrach. Dieser Fürst hatte ein Kreuzzugsgelübde abgelegt. Da er zu lange gezögert hatte, es zu erfüllen, war er mit dem Kirchenbann belegt worden. Schließlich brach er doch noch auf. Er überraschte die Araber durch seine Bildung und seine Kenntnis der arabischen Sprache und verblüffte Europa damit, daß er, nach einem Jahrhundert christlicher Mißerfolge, mit dem Kalifen al-Kamil 1229 einen vernünftigen Vertrag abschloß, der den Christen freien Zutritt zu den heiligen Stätten gewährte. Nur der Felsendom in Jerusalem, der an der Stelle des Tempels Salomonis steht, blieb den Moslems vorbehalten.
Der diplomatische Erfolg Friedrichs II. war nicht von langer Dauer. Die europäische Position war, zufolge der Uneinigkeit der Christen untereinander und der heftigen, von verzehrendem Neid erfüllten Konkurrenz zwischen Venedig und Genua, nicht mehr zu retten. 1291 wurden die letzten Kreuzritter aus Syrien vertrieben.
Der Feldherr, der Syrien von den Kreuzrittern befreite, war der Mamelukensultan Baybars, Sohn einer Sklavin und Gründer einer machtvollen ägyptischen Dynastie. Während Baybars gegen die Kreuzritter kämpfte, brachen die Mongolen in Syrien ein. Baybars schlug den Mongolengeneral Kitbugha in der Schlacht von Ayn Jaluk aufs Haupt. Schon einmal war auf diesem Feld nahe bei Nazareth ein übermächtiger Riese vom Mut eines entschlossenen Mannes besiegt worden. Ayn Jaluk ist die Quelle Goliaths. Mit Kitbugha war nach siebenhundert Jahren der Mönch Olopön in seine syrische Heimat zurückgekehrt. Der Mongolengeneral Kitbugha war ein nestorianischer Christ.
Kitbugha fiel auf dem Felde Goliaths. Es war die erste Niederlage, die die Mongolen erlitten. Europa weinte und jubelte. Es weinte über die Niederlage der Kreuzritter. Es jubelte über die Niederlage der Mongolen. Die Mongolen waren von der Tatsache, daß sie überhaupt besiegt werden konnten, so verblüfft, daß sie sich wieder nach Asien zurückzogen. Wahrscheinlich hat

der Mamelukensultan Baybars, der die Kreuzritter aus Syrien vertrieb, bei Nazareth Europa vor den Mongolen gerettet.
Auf der Höhe der Terrasse des Bergfrieds im Krak des Chevaliers kann man sich vorstellen, wie diese Ritter, nach Menschenaltern harter Kämpfe in einem verzehrenden Klima, eingeschlossen in ihrer mächtigen Burg, rings auf ein feindliches Land hinunterblickend, schließlich von einer Art historischen Schwindels ergriffen wurden. Die Burg ist ohne Kampf an Baybars übergeben worden.
Die Kreuzzüge haben das Bild der Welt verändert. Die geschichtliche Wirklichkeit des frühen Christentums war Europa an den heiligen Stätten wieder ins Bewußtsein gedrungen. Die schreckliche Plünderung Konstantinopels führte unter dem Einfluß der geraubten, nach Europa verbrachten Kostbarkeiten zu einer bedeutsamen Belebung der europäischen Kunst. Man hatte im Orient gelernt, buntes Glas herzustellen. In den Kirchenfenstern der gotischen Kathedralen schuf Europa dem in Gefahr geratenen Glauben Werke von hoher Schönheit und Frömmigkeit.
Graf Godefroy von Villehardouin, Marschall der Champagne, ein großer Herr, ein Ironiker und Dandy, schuf sich nach dem Verlust Syriens ein Herzogtum auf dem Peloponnes. Seine Burg lag auf dem Hügel von Mistras im Tal des Eurotas, ohnweit der Stelle, wo das alte Sparta gestanden hat. Dieser Chevalier hat ein Kriegstagebuch hinterlassen. Die dialektische Spannung, die zwischen seinem Bericht und den Geschehnissen nachzuweisen ist, ist die gleiche, die allen Kriegstagebüchern, die je geschrieben worden sind, eigen ist. Der Versuch, der Wahrheit die Ehre zu geben, wird durch poetisches Talent beeinträchtigt. Mit diesem Kriegstagebuch begründete der Graf von Villehardouin die französische Prosaliteratur. Der literarische Ahnherr Montaignes, Flauberts und Prousts ist ein Kreuzritter.
Die arabische Zivilisation hatte sich der europäischen nicht nur in Bildung, Toleranz, Feinheit der Sitte und Weite des Horizontes überlegen gezeigt, sondern vor allem auch in dem, was Europa von jeher am leichtesten überzeugt hat, in der Kriegskunst. Mit dieser Zivilisation war Europa bekannt geworden.
Die fränkischen Buben jener Zeit haben zwischen den Haselbüschen auf den Wiesen Europas »Saladin und Löwenherz« gespielt. Ein biederer Chronist staunt bei der Charakterisierung Saladins, dieses vornehmen Mannes, der von Geburt ein Kurde

war, daß ein so falscher Glaube einen so ausgezeichneten Mann hervorbringen könne.

Die höfische Kultur, die die Troubadours der Provence im 13. Jahrhundert schufen, war eine brillante Synthese der ritterlichen Überlieferungen Europas und Arabiens. Der Wappenspruch der Troubadours »Prou et courtois – stolz und höflich« stammt aus der Wüste, ein Geschenk der arabischen Zivilisation an Europa.

Die Tradition der Troubadours haben die deutschen Minnesänger in unvergänglichen Liedern fortgesetzt. Das damals geschaffene Ideal der Ritterlichkeit hat durch das ganze Mittelalter hindurch bis in unsere Zeit hinein die Grausamkeit der europäischen Kriegführung immer wieder gemildert. Der erste Weltkrieg hat auch dieser Überlieferung den Garaus gemacht.

Die politischen Folgen der Kreuzzüge waren bedeutend. Das byzantinische Kaisertum wurde so geschwächt, daß es nach wenig mehr als zweihundert Jahren eine Beute der Türken wurde. Das religiöse Erbe der byzantinischen Kaiser traten die Zaren von Rußland an. Die französische Krone erfuhr eine Stärkung ihrer Macht und ihres Reichtums. Der 1190 in Akkon an der Küste Syriens gegründete Deutschritterorden zog nach dem rauhen Nordosten und eroberte das Baltikum.

Das wichtigste Ergebnis der Kreuzzüge ist, daß die arabische Zivilisation das von ihr übernommene und bewahrte Erbe der griechischen Antike an Europa weitergegeben hat. Ohne die Kreuzzüge wäre Europa niemals das geworden, was es werden sollte.

Die gewaltigen Mauern des Krak des Chevaliers, da unten fern in Syrien auf dem Kamm des Gebirges zwischen Meer und Wüste, sind nicht ohne Sinn gebaut worden. Die klirrenden Tritte der Ritter in den weiten Hallen sind verklungen. Der Sturm, der an dem alten Gemäuer rüttelt, ist der Sturm der Geschichte.

Im Schatten des Libanon

Die Zeder vom Libanon ist ein berühmter Baum des Altertums, Geschichte gewordene Botanik wie der Weinstock Noahs und der Ölbaum der Athene. Ihrer Schönheit und Seltenheit wegen ist die Zeder, ein immergrüner Baum, seit alters ein Symbol des Glücks. Im 92. Psalm heißt es: »Der Gerechte wird grünen wie

ein Palmbaum; er wird wachsen wie eine Zeder vom Libanon.«
Der Tempel Salomonis, dessen Pracht die Bibel schildert, war verschwenderisch mit dem Holz der Zeder ausgestattet. Der Ruhm des Tempels Salomonis ist dreitausend Jahre alt. Der Ruhm der Zeder ist älter.
König Salomo hat von 972 bis 932 regiert. Schon eineinhalbtausend Jahre früher schmückte Pharao Snefru die Tempel und Paläste seines Reiches mit dem Holz der Zeder vom Libanon. Wir wissen das aus einer Hieroglypheninschrift aus dem Jahre 2750 vor Christi Geburt. Sie ist zugleich die früheste Nachricht von einer Verbindung des Alten Reiches der Ägypter mit Syrien. Die Zedern für Pharao Snefru kamen aus Gubla an der phönizischen Küste. Dieser Ort hieß später und heißt noch heute Byblos.
Während einer langen Periode der Geschichte waren die Maste der Schiffe auf dem Mittelmeer, von der Küste Phöniziens bis zu den Säulen des Herakles am Atlantischen Ozean, Zedern vom Libanon. Und immer noch fährt die Zeder zur See. Die vor wenigen Jahren wiedererrichtete Republik Libanon führt in ihrer Flagge die Zeder – das friedfertige Symbol eines Staates, dessen Volk zugleich eine der jüngsten und eine der ältesten Nationen der Welt ist.
Die dichten Zedernwälder, mit denen im Altertum der Libanon bedeckt war, sind verschwunden. Nur an einer einzigen Stelle ist eine Gruppe der alten Bäume erhalten geblieben.
Das Libanongebirge erstreckt sich als durchgehender Gebirgszug die phönizische Küste entlang. Es beginnt im Norden querab Cypern und endet im Süden an der nördlichen Grenze des Staates Israel. Der Gebirgszug ist etwa dreihundert Kilometer lang. In seine Flanken sind tiefe Täler eingeschnitten. Die Flüsse auf der Westseite führen das ganze Jahr hindurch Wasser. In seinem nördlichen Teil steigt der Gebirgskamm bis zu einer Höhe von dreitausend Metern an.
Östlich des Libanon liegt die gut bewässerte und fruchtbare Hochebene von el-Bika, im Altertum Coelesyria genannt. Auf el-Bika, an der Quelle des Orontes, steht die gewaltige Ruine des Sonnentempels von Baalbek. Östlich von el-Bika, parallel zum Libanon, verläuft der Antilibanon. Er endet im Süden im Berge Hermon, auf dem der Jordan entspringt. Vom Gipfel des Hermon sieht man den See Genezareth liegen. Der Antilibanon ist die Westgrenze der Syrischen Wüste.
Die Zedern zu besuchen, fuhr ich eines Morgens von Beyrouth in

nördlicher Richtung die Küste hinauf. Die kunstvoll und gut gebaute, wenn auch schmale Straße führt am Meer entlang. Rechterhand über dem Libanon steigt die Sonne herauf. Sie erwärmt langsam die frische Morgenluft. Linkerhand blicke ich auf das Meer hinaus. Es ist von einer leichten Brise mit heiteren Schaumkrönchen geschmückt. Ein paar von Möwen begleitete Fischerboote sind unterwegs. Ein weißer Dampfer mit dicker Rauchfahne steuert in guter Fahrt den Hafen von Beyrouth an.
Der Streifen, den die Natur zwischen Gebirge und Meer dem Menschen belassen hat, ist schmal. Zuweilen öffnet sich dem Blick ein Tal. Das Klima ist, da der Libanon die kalten Winde aus Norden und Osten abwehrt, fast subtropisch. Oliven, Wein und Feigen wachsen in Fülle. Felder wechseln mit dichten, schattig kühlen Orangenhainen ab. Die Früchte leuchten gelb und verführerisch aus dem satten Grün. Sie sind reif zur Ernte.
Ich fahre die älteste Küste der Geschichte entlang. Wahrscheinlich sind Oliven und Feigen an dieser Küste zum erstenmal angebaut worden. Das Wort für Wein in der altägyptischen Sprache, also am Ende des 4. Jahrtausends vor Christi Geburt, ist phönizischen Ursprungs. Die Phönizier müssen älter sein als die Ägypter.
An diese Küste hat der Fisch den Jonas ausgespien. Die Fischer von Sidon zeigen noch heute den Platz, an dem dieses bemerkenswerte Ereignis sich abgespielt hat. Schon von jeher hat der Prophet im Bauch des Fisches den Zoologen mehr Schluckbeschwerden gemacht als dem Fisch. Man kann die Zoologen auch nicht damit trösten, daß es eine ferne Legende sei. Die Geschichte hat sich zu einem historisch ziemlich späten Zeitpunkt abgespielt. Der Prophet Jonas hat in der ersten Hälfte des 8. Jahrhunderts gelebt. Ein später Zeitpunkt ist das, verglichen mit dem jener bezaubernden Story, die sich keine fünfzig Meilen südlich von der ungewöhnlichen Landung des Jonas abgespielt hat. Zeus taucht in Gestalt eines Stiers aus dem Meer auf bei einer Wiese am Strand, auf der die Prinzessin Europa, die Tochter des Königs Agenor von Tyros, mit ihren Freundinnen spielt. Europa besteigt den Rücken des Stiers und wird von ihm über das Meer nach Kreta entführt. Dort bringt sie den König Minos zur Welt. Wollte man diese Sage datieren, müßte man sie um mindestens zweitausend Jahre früher als den Propheten Jonas ansetzen.
Der Kern dieser Sage ist die Entstehung des minoischen Reiches. Seine Kultur ist die bisher älteste uns bekannte, welche als europäisch bezeichnet werden kann. Die Ausgrabungen fördern im-

mer neue Überraschungen zutage. Nachdem es endlich auch gelungen ist, wenigstens die Linear b, eine der drei kretischen Schriften, zu entziffern, sind weitere Überraschungen zu erwarten. Keine Überraschung wird es bedeuten, wenn die Archäologen feststellen werden, daß die minoische Kultur aus Syrien stammt. Die Sage sagt es. Nach zwei Stunden Fahrt mit ständig wechselnder Kulisse biegt der Fahrer nach Osten ins Gebirge ab. Es geht durch steile Schluchten aufwärts. Vorbei an malerischen Dörfern, die, zuweilen vom Turm einer maronitischen Kirche überragt, an den Hängen liegen, klettert die Straße in Serpentinen ins Gebirge hinauf. Glitzernd und blitzend steigt das Meer am Horizont hoch. Nach drei Stunden haben wir zweieinhalbtausend Meter Höhe erreicht.
Die Trace der Straße folgt einem Flußtal. An den Hängen ist jeder Quadratmeter Erde bebaut. Die von Steinmauern gestützten Terrassen, die sich eine über der anderen erheben, sind, von oben betrachtet, eine eindrucksvolle Landkarte bäuerlichen Fleißes. Zuweilen passieren wir eines der schönen Sommerhäuser der reichen phönizischen Kaufleute aus Beyrouth.
Der Baum der tiefen Lagen ist der Maulbeerbaum. An den Steilhängen wächst Eichengestrüpp, dazwischen stehen Buchen und Kiefern. Zuweilen stürzt eine Felswand schroff zu dem in der Tiefe dahinbrausenden Fluß hinab. Bei den unzähligen Windungen der Straße wechselt immer wieder tiefer, kühler Schatten mit heller, warmer Sonne, deren Steigen den durch die zunehmende Höhe verursachten Temperaturverlust immer wieder ausgleicht. Raffinierte Bewässerungsanlagen verteilen das kostbare Wasser, das der jährliche Schnee dem Libanon bringt, bis in die letzte Ecke. Es ist eine zugleich wilde und kultivierte Landschaft. Die klimatischen Gegensätze in diesem Winkel der Welt sind so groß, daß es in einem Umkreis von achtzig Kilometern von der Küste, an der man baden kann, Bananenpflanzungen, Skiplätze und Oasen in der Wüste gibt.
Wir treffen nur wenige Wagen, dafür aber viele Esel. Unverdrossen trägt der Esel, das treue Tier, der alte Freund des Menschen, die Last des Handels und dazu gewöhnlich noch seinen Herrn oder seine Herrin auf seinem geduldigen Rücken durch den Staub der Landstraße.
Die Zedern, nur etwa vierhundert Bäume noch, die unter dem Kamm des Gebirges erhalten geblieben sind, gäbe es heute auch nicht mehr, wenn sie nicht an einer so schwer zugänglichen Stelle stünden, daß es für keine Habgier je gelohnt hat, sie zu fällen.

Cedrus Libani wird nicht sehr hoch. Selbst die ältesten Bäume sind nicht höher als dreißig Meter. Die im Himalaya wachsende indische Zeder, im Sanskrit Devadaru, Baum der Götter, genannt, erreicht eine Höhe von sechzig Metern. Wälder von Zedern gibt es noch heute im Taurusgebirge und im Atlas.
Die Zeder streckt, nach oben sich verjüngend, ihre breiten, fächerartigen Äste weit nach allen Seiten aus. Ihre Kontur ist ein fast gleichseitiges Dreieck. So wirkt sie wie eine Pyramide. Jeder Baum steht für sich allein, den Nachbarn nur da und dort mit einem besonders weit ausladenden Ast berührend. Die letzten Zedern sind Aristokraten.
Der größte der Bäume beschattet ein steingefaßtes Brunnenbecken mit köstlich erfrischendem Quellwasser. Daneben steht eine maronitische Kapelle. Der Priester begrüßt uns freundlich. An hohen Feiertagen zelebriert er an einem Altar neben dem Brunnen die Messe im Freien.
Über das Alter der Bäume habe ich nichts Zuverlässiges herausfinden können. Ich tröste mich damit, daß das Herrn Baedeker vor vierzig Jahren auch nicht gelungen ist. An einem abgesägten Baum von fünfzig Zentimetern Durchmesser habe ich zweihundertzweiundachtzig Jahresringe gezählt. Da der Veteran am Brunnen einen Stammumfang von sechzehn Metern hat, ist es möglich, daß er zur Zeit König Salomos zu grünen angefangen hat.
Die Bäume bilden eine feierlich wirkende, dunkle Gruppe. Sie stehen vor einem nackten, grauen, von Geröll bedeckten Abhang, an dem eine schmale Straße sich zum wenige hundert Meter höher gelegenen Kamm des Gebirges hinaufwindet. Auf dem Kamm liegt noch der Schnee vom letzten Winter.
Die Zedern sind Zeitgenossen einer bewegten Epoche der Geschichte, in der unzählige Kriege und Glaubenskämpfe durchgefochten wurden, große Reiche entstanden und wieder zerfielen. Das Strandgut der Katastrophen wurde von den Wogen der Ereignisse in die einsamen Täler des Libanon geschwemmt. Er ist das Fluchtgebirge der Geschichte des Vorderen Orient, das Gebirge der verlorenen Angelegenheiten.
Es gibt im Süden des Libanon Dörfer, die noch heute von Samaritanern bewohnt werden, den letzten Resten jenes Volkes, zu dem der barmherzige Samariter der Bibel gehört. Sie haben bis heute an ihrer Religion festgehalten.
Die Samaritaner spielen eine große Rolle in der Textkritik des Alten Testamentes. Ursprünglich haben sie zum Volke Israel

gehört. Wann die Trennung stattgefunden hat, ist nicht genau bekannt. Von Alexander dem Großen haben die Samaritaner die Erlaubnis bekommen, ihren Tempel auf dem heiligen Berge Garizim in Palästina zu errichten. Die Trennung muß also vor 330 vor Christi Geburt erfolgt sein.

Bei der Abspaltung vom Volke Israel nahmen die Samaritaner als einziges heiliges Buch den Pentateuch, die fünf Bücher Mosis, mit. Diesen »samaritanischen Pentateuch« haben sie treu über die Jahrhunderte bewahrt. Auch haben sie ihre alten Bräuche bis in unsere Zeit hinein gerettet. Bis zum ersten Weltkrieg noch haben sie ihre religiösen Feste unter einem Hohenpriester gefeiert, dessen Amt in einer Familie des Stammes Levy erblich war. Jedes Jahr zum Passahfest wurden, nach dem Gesetz Mosis, sieben weiße Lämmer geopfert. Ob dieses Ritual die Wirren der beiden Weltkriege überlebt hat, vermag ich nicht zu sagen.

Der samaritanische Pentateuch ist, da die Samaritaner von den Juden streng getrennt lebten, außerhalb des Einflusses der hebräischen Schriftgelehrten geblieben. So stellt er die Form dar, die die fünf Bücher Mosis im 4. Jahrhundert vor Christi Geburt bei den Juden gehabt haben.

Der Text des samaritanischen Pentateuchs ist ein wichtiger Beweis für die Genauigkeit der Textüberlieferung des Alten Testamentes. Zwar zeigt er etwa sechstausend Abweichungen gegenüber dem Text, den Luther für seine Übersetzung benutzt hat. Doch sind die Abweichungen überwiegend stilistischer und orthographischer Art. Ein Altes Testament in dem Sinne, wie wir das Wort heute gebrauchen, gibt es erst etwa seit dem Jahre 200 vor Christi Geburt. Durch den samaritanischen Pentateuch erfahren wir, daß die Festlegung der kanonischen Form der Bücher Mosis schon mit dem Ende der babylonischen Gefangenschaft, also um die Mitte des 6. Jahrhunderts, im wesentlichen abgeschlossen war.

Im Libanon gibt es noch Nosairier. Sie sind eine islamische Sekte und führen ihre Abstammung auf Ismael, den Sohn Abrahams von der Hagar, zurück.

Im Gebiet des Hermon leben die Drusen, auch sie eine islamische Sekte. Die Drusen haben die drei besten Dinge, die es auf Erden gibt, zum Gegenstand des Fanatismus gemacht. Sie sind fanatisch fromm, fanatisch freiheitsliebend und fanatisch gastfreundlich. Eine weitere Besonderheit ist, daß sie den Kalifen göttliche Ehren erwiesen. Der Prophet Mohammed selbst hat niemals den Anspruch erhoben, göttlicher Abkunft zu sein.

Im Libanon gibt es noch Assassinen, Überlebende jener geheimnisvollen und schrecklichen Mördersekte aus dem Taurus, die vor mehr als tausend Jahren den Mord als Waffe des Terrors in die Politik eingeführt hat. Vom Namen dieses Volkes ist das französische Wort für Mörder abgeleitet. Assassin – ein Wort, das blitzt wie ein niederfahrender Dolch.
In einzelnen Ortsnamen des Libanon leben verschollene Kulturen weiter, von deren Existenz wir überhaupt erst durch die neuesten Forschungen der Archäologie etwas erfahren.
Von den verlorenen Angelegenheiten ist eine aus den Gebirgstälern des Libanon in die Welt zurückgekehrt. Während der langen Jahrhunderte der arabischen Herrschaft saß der Patriarch der maronitischen Kirche in dem Bergkloster Kannôbin in einem Hochtal des Libanon. Dieses Kloster ist schon von Kaiser Theodosios I. am Endes des 4. Jahrhunderts gegründet worden. Das Oberhaupt der maronitischen Kirche trägt den Titel eines Patriarchen von Antiochia. Heute steht die maronitische Kirche wieder unter der Oberhoheit des Papstes. Sie hat das Privileg, die Liturgie in syrischer Sprache zu feiern, behalten. Auch dürfen die Priester der niederen Ränge verheiratet sein. Der Patriarch residiert heute in Beyrouth.
Nördlich von Damaskus, im Antilibanon, liegt das Dorf Ma'lula. Die Bauern von Ma'lula sprechen noch heute aramäisch, die Sprache, die Jesus gesprochen hat. Ich habe das Dorf besucht. Es liegt abseits der Straße tief im Gebirge. Als wir uns von Osten her, von der Straße aus, die von Aleppo durch die Syrische Wüste nach Damaskus führt, durch das hügelige Vorgelände dem Gebirgsstock näherten, schien der Weg an einer steilen Felswand zu enden. Erst dicht vor der Felswand öffnete sich ein Spalt, durch den wir in das kurze Tal, in dem das Dorf liegt, einfahren konnten. Am Fuß dieser Felswand, etwa dreihundert Meter hoch, bot sich uns ein seltenes Bild. Die von Schnee bedeckte Syrische Wüste, die zu unseren Füßen lag, war überbraut von wogenden Nebeln, aus denen hie und da eine Hügelkette auftauchte. Durch die Nebel leuchtete schwach an einzelnen Stellen die Sonne, das Gewölk in Purpur tauchend. Die unregelmäßig konturierten Purpurflecke wanderten in den brauenden Nebeln über das Land wie Strahlenemanationen unsichtbarer Geister. In der Höhe wölbte sich, tiefblau, der Himmel der Wüste.
Das Dorf ist mit weißen Häusern die steilen Hänge des Tales hochgetürmt, gekrönt von einem Kloster der heiligen Thekla.

Die Bauern, freundliche Leute, boten Mokka an. Dann unterhielten sie sich über die Fremdlinge. Und das eben taten sie in aramäischer Sprache.
Aramäisch ist eine dem Hebräischen nahe verwandte semitische Sprache. Zum gleichen Sprachstamm gehören das Akkadische oder Assyro-Babylonische, das Canaanitische oder Phönizische, das Arabische und das Äthiopische. Ursprünglich haben sich diese Sprachen nur wie Dialekte voneinander unterschieden. Erst im Lauf der Jahrhunderte haben sie sich weiter differenziert.
Das Aramäische hat eine merkwürdige Rolle in der Geschichte gespielt. Es wurde von Darius I. zur Staatssprache des Perserreiches erhoben. Darius, dem die Geschichte das Prädikat »der Große« zubilligt, ist der Schöpfer des Perserreiches.
Von der Mitte des 11. bis zur Mitte des 8. Jahrhunderts hat es einen aramäischen Staat mit Damaskus als Hauptstadt gegeben. Dieses Damaskus wurde von König David einmal erobert. Aber schon zweihundert Jahre vor Darius wurde dieses Reich durch Tiglat Pileser III., den König von Assyrien, vernichtet. So wurde zur Lingua franca des persischen Weltreiches eine Sprache, die ursprünglich von den Gründern dieses Reiches nicht gesprochen worden war und auch keine imperiale Macht mehr hinter sich hatte. Dieser Vorgang ist ohne Beispiel in der Geschichte.
Einige Zeit, nachdem die Israeliten aus der babylonischen Gefangenschaft zurückgekehrt waren, nahmen sie das Aramäische als Umgangssprache an. Das Hebräische blieb Sprache der Priester und Schriftgelehrten. Teile der zeitlich jüngsten Bücher des Alten Testaments, der Bücher Esra und Daniel, sind schon in aramäischer Sprache geschrieben. So wurde Aramäisch die Sprache, die Jesus, seine Jünger und die Juden seiner Zeit gesprochen haben.
Die früheste aramäische Inschrift, die wir kennen, stammt aus dem 9. Jahrhundert vor Christi Geburt. Sie wurde gefunden in Tell-Halaf im nördlichen Syrien. Eine der frühesten schriftlichen Erwähnungen von Christen, die es überhaupt gibt, ist in aramäischer Sprache, aber in lateinischen Buchstaben geschrieben. Sie ist auf die Wand eines Hauses in Pompeji gekritzelt in einem Raum, der vermutlich eine Hauskapelle war. Das ist also vor dem Jahre 79 nach Christi Geburt, dem Jahr der Zerstörung Pompejis, gewesen.
An der Küste des Libanon hat das erste große Seevolk der Geschichte gesessen, die Phönizier. In der Bibel heißen sie Canaa-

niter. Sie waren auch das erste große Handelsvolk der Welt. Von ihnen stammt das Alphabet. Sie haben den Atlantischen Ozean entdeckt.
Schon um das Jahr 1000 vor Christi Geburt wurde von den Phöniziern an der Straße von Gibraltar Cadiz gegründet. Um 850 folgte Carthago an der nordafrikanischen Küste. Von den Phöniziern hat Homer erfahren, daß es den Okeanos, den Ozean, wirklich gibt. Palermo in Sizilien, Cordoba in Spanien, Tarsos am Fuß des Taurusgebirges stehen auf alten phönizischen Städten.
Zur Zeit des Pharao Necho, der von 609 bis 593 regiert hat, umsegelten phönizische Seeleute Afrika. Sie fuhren vom Roten Meer über das Kap der Guten Hoffnung zur Straße von Gibraltar, dann durch das Mittelmeer nach Ägypten zurück. Für ihre Fahrt brauchten sie drei Jahre. Zweimal gingen sie an Land, säten, ernteten und segelten weiter.
Woher wissen wir das? Selbst die Tatsache, daß Herodot es berichtet, bedeutet nur, daß er aufgeschrieben hat, was er gehört hatte. Dabeigewesen ist er nicht. Aber zuweilen leistet sich die Überlieferung den Scherz, den Beweis einer Wahrheit selbst zu liefern.
Herodot schreibt: »Und dann haben sie erzählt – wer immer das glauben mag, ich jedenfalls glaube es nicht –, sie hätten bei ihrer Fahrt rund um Afrika die Sonne zur Rechten gehabt.«
Gerade das, was Herodot zweifeln ließ, ist für uns der Beweis, daß die mutigen Seeleute wirklich dort, wo die Sonne mittags im Norden steht, auf der südlichen Halbkugel, gewesen sind. Glücklicherweise haben die Heimgekehrten das, weswegen sie am meisten befürchten mußten, als Lügner verschrieen zu werden, der Wahrheit gemäß erzählt.
Strabo, der Geograph zur Zeit Christi, berichtet, daß die Phönizier schon zu Hannibals Zeiten in Cornwall in England gewesen seien, um das wertvolle Zinn zu holen. Strabo erzählt die köstliche Story von jenem phönizischen Kapitän, dem römische Schiffe in der Absicht folgten, in seinem Kielwasser den Seeweg zum Zinn zu erfahren. Der Phönizier setzte entschlossen sein Schiff an der atlantischen Küste Spaniens auf den Strand und reiste über Land nach Carthago zurück. In seiner Heimatstadt angekommen, stellte er an den carthagischen Senat das Ansinnen, ihm dafür, daß er das Zinnmonopol gerettet habe, Schiff und Verdienstausfall zu ersetzen. Seine Bitte wurde vom Senat

erfüllt. Das ist der früheste Fall einer Vollkaskoversicherung, den die Geschichte kennt.
Ein Beweis für eine sehr frühe Verbindung mit dem Norden sind ein Paar goldene Ohrringe, die der Ägyptologe Flinders Petrie in einem Grab in Gaza fand. Lange hat der berühmte Forscher diese Ohrringe, die er in keiner der drei Dutzend ihm bekannten Kulturen unterbringen konnte, in der Tasche mit sich herumgetragen, bis er durch einen glücklichen Zufall in seinem Club in London auf einen Gelehrten stieß, der von der Kultur, zu der diese Ohrringe gehören, soviel verstand wie Petrie von Ägypten. Dieser Kenner konnte ihm sagen, daß die Ohrringe aus dem Irland des 2. Jahrtausends vor Christi Geburt stammen. Mit dem Alter des Grabes, in dem die Ohrringe gefunden worden waren, stimmte diese Datierung vortrefflich überein.
Auch von dem Handel der Phönizier an der Westküste Afrikas erzählt Herodot amüsante Einzelheiten. Den Phöniziern, die vor der Küste auf Reede lagen, gelang es häufig nicht, mit den Eingeborenen in persönlichen Kontakt zu kommen. Die Phönizier gingen mit Booten an Land, legten ihre Waren im Sand nieder und zogen sich wieder auf ihre Schiffe zurück. Nach einer gemessenen Weile kamen die Eingeborenen aus dem Busch. Sie legten so viel Gold neben die Ware, wie sie zu geben bereit waren, um sogleich wieder zu verschwinden. Dann kamen die Phönizier wieder. Wenn es ihnen Goldes genug war, nahmen sie es mit. Wenn es ihnen nicht genug war, ließen sie Ware und Gold liegen und gingen wieder auf die Schiffe zurück, bis die Eingeborenen mehr Gold gebracht hatten. Herodot bemerkt, daß keiner den anderen betrogen habe. Freilich fügt er mit leiser Ironie ein »On dit« hinzu.
Lange Zeit hindurch hat man von den Phöniziern nur aus zweiter Hand gewußt. Noch Egon Friedell in seiner »Kulturgeschichte Ägyptens und des alten Orients« bezeichnet sie als ein geschicktes Händlervolk ohne schöpferische Kräfte. Diese Meinung läßt sich nicht aufrecht erhalten. Der Spaten der Archäologie hat den Gegenbeweis erbracht. An vielen Plätzen an der phönizischen Küste wurden die unglaublichsten Dinge aus der Erde geholt.
In Ra's al-Shamrah, etwas südlich des heutigen Hafens von Alexandrette, stieß man beim Graben auf eine Stadt, die ein gänzlich verschollenes Stadium canaanitischer Kultur repräsentiert. Diese Stadt hieß Ugarit. Danach wird diese ganze Kultur die ugaritische genannt. Die Stadt ist etwa von 1400 bis 1200

reich und blühend gewesen. Im Ugaritischen taucht um 1400 zum erstenmal das Wort »Syrien« in der Schreibweise »Shryn« auf. In der Architektur von Ra's al-Shamrah fanden sich ägyptische und hethitische Motive. Die Hethiter hatten ihr Reich in Kleinasien und ihre Hauptstadt östlich von Ankara, der heutigen Hauptstadt der Türkei. Es fand sich aber auch Tonware von der Insel Cypern und sogar aus Mykene, dem Reich des Agamemnon auf dem Peloponnes. Es fanden sich Schwerter der Hyksos, eines merkwürdigen Volkes noch unbekannter Herkunft, das etwa zur Zeit Josephs in Ägypten regierte. Diese ganze Kultur von Ugarit oder Ra's al-Shamrah verschwindet um 1200 aus der Geschichte. Wahrscheinlich ist Ugarit von den sogenannten Seevölkern zerstört worden, von denen Nachrichten vorliegen, daß sie sogar von den Ägyptern nur mit großer Anstrengung an der Eroberung ihres Landes gehindert werden konnten.
Zwei Spuren hat die ugaritische Kultur auf der Erde zurückgelassen. Die eine ist nicht mehr als der Name eines Dorfes im Libanon ohnweit der Stelle, an der die Stadt Ugarit stand. Das Dorf heißt Furzul. Furzul ist das ugaritische Wort für Eisen, dessen Bearbeitung die Ugariten schon zu einem sehr frühen Zeitpunkt gekannt haben müssen. Die andere Spur sind einige Perlen der ugaritischen Literatur. Sie sind uns in Teilen der Sprüche Salomonis und der Psalmen erhalten geblieben.
Die eindrucksvollste der phönizischen Ausgrabungsstätten ist die Stadt Byblos. Sie liegt von Beyrouth eine Autostunde entfernt. Bei der Ankunft in der kleinen Stadt, auf der Suche nach der fünftausend Jahre alten phönizischen Vergangenheit, trifft man zunächst auf eine herrliche frühromanische Kirche. Sie wurde im 11. Jahrhundert von den Seigneurs de Gibelet, den französischen Herren von Byblos zur Zeit der Kreuzzüge, erbaut. Die Kirche ist gut erhalten. Den Gottesdienst versehen maronitische Priester. Doch fangen die Überraschungen von Byblos damit erst an. Zum Meer hin ragt eine gewaltige, von einem tiefen Graben umgebene Mauer auf. Sie gehört zu der Burg, die die Herren von Gibelet hier errichtet haben. Diese Kreuzritterburg mit ihren meterdicken Mauern ist ein gewaltiges Festungsbauwerk. Sie muß hohen strategischen Wert gehabt haben. Sie beherrschte den Hafen in gleich sicherer Weise wie die wichtige Küstenstraße. Von der Innenausstattung der Burg ist nichts erhalten, aber ihre Mauern sind nur zum kleineren Teil zerstört. Vom hohen Belfried sieht man weit aufs Meer hinaus. Zu Füßen der Burg stehen einige Säulen eines Jupiter-

tempels, am Absturz zum Meer hin ein leidlich erhaltenes römisches Amphitheater. Ohnweit davon liegen, einige Meter tiefer, die ausgegrabenen Grundmauern eines phönizischen Tempels aus dem 18. Jahrhundert vor Christi Geburt. Hundert Meter davon, wieder um einige Meter tiefer, ist der Grundriß eines phönizischen Tempels aus dem 28. Jahrhundert vor Christi Geburt gut erkennbar. Noch ist der Altar zu sehen, auf dem jenem Gott, den die Bibel als Moloch kennt, Menschenopfer dargebracht wurden.

Auf dem Weg hinab zu den Ausgrabungsstätten stoße ich auf einige in der Erde belassene, vorgeschichtliche Skelette. Die Menschen sind in großen Tongefäßen begraben worden. Die Gräber stammen aus dem 5. Jahrtausend vor Christi Geburt. Während ich einen der auffallend schmal und fein gebauten Schädel betrachte, hallen die Glocken der Kreuzritterkirche über Vergangenheit und Vergänglichkeit dahin. Hoch darüber zieht das Kursflugzeug nach Konstantinopel durch den Himmel.

In den phönizischen Königsgräbern von Byblos sind kostbare Schätze entdeckt worden. Sie stehen heute im Museum in Beyrouth. In dem Tempel aus dem 28. Jahrhundert wurde eine Alabastervase mit dem Siegel eines Pharao gefunden, das die Datierung des Bauwerks ermöglichte. Eine vergoldete Bronzestatuette aus der Zeit um 2000 vor Christi Geburt zeigt eine Haartracht, die noch heute im Libanon vorkommt. Ein Elfenbeinrelief stellt den Kampf eines Stiers mit einem Löwen und einem Greifen dar. Eine Sphinx aus vergoldeter Bronze hat, was man ein semitisches Profil nennt. Neben einem von vergoldeten Blättern eingerahmten Silberspiegel kann man kannelierte goldene Trinkgefäße von klassischer Form und eine aus einem einzigen eigroßen Bergkristall geschnittene Portraitplastik bewundern. Alle diese Gegenstände sind von erlesener Schönheit. Das Überraschendste an ihnen ist, daß sie durchaus nicht fremdartig wirken. Die Waffen waren aus Gold oder Elektron. Elektron ist eine Legierung von Gold und Silber. Unter den mit Ornamenten in eingelegter Arbeit geschmückten Streitäxten sind Stücke, die elegant genannt werden müssen.

Aus einem Grab des 13. Jahrhunderts, das in zwölf Metern Tiefe lag, haben die Archäologen den Sarkophag des Königs Ahiram von Byblos ausgegraben. Ahiram ist ein Zeitgenosse Mosis. Der Sarkophag ruht auf vier Löwen. Er ist mit Reliefs geschmückt. Das eine der Reliefs zeigt König Ahiram auf seinem Thron. Diese Abbildung ist kunsthistorisch wichtig.

Der Thron für König Salomo ist von phönizischen Künstlern verfertigt worden. Wir können annehmen, daß er dem des Königs Ahiram ähnlich war. Der Thron ist von zwei Sphinxen flankiert.
Die Seitenwand des äußeren steinernen Deckels des Sarkophags trägt eine Inschrift. Sie ist eine der ältesten bekannten Alphabetinschriften.
Das Alphabet ist um 1600 vor Christi Geburt von einem phönizischen Bergmann in den Türkisminen der Pharaonen im Sinaigebirge geschaffen worden. Die geniale phönizische Schöpfung ist über die Griechen und Römer zu allen Kulturvölkern des Westens und über die Aramäer und Perser bis zu den Indern gelangt. Was alles hat das Alphabet in dreitausend Jahren bewirkt! Allein diese Überlegung macht die Inschrift zu einem bedeutenden Dokument. Der Zufall will, daß auch ihr Inhalt bedeutend ist.
Die Inschrift lautet:

»DIESER SARKOPHAG WURDE GESCHAFFEN VON ITHOBAL, SOHN DES AHIRAM, KÖNIGS VON BYBLOS, FÜR AHIRAM, SEINEN VATER. MÖGE ER FÜR DIE EWIGKEIT GESCHAFFEN SEIN! UND WENN EIN KÖNIG UNTER DEN KÖNIGEN, EIN STATTHALTER UNTER DEN STATTHALTERN GEGEN BYBLOS ZU FELDE ZIEHT UND DIESEN SARKOPHAG DER ERDE ENTREISST, MÖGE DAS SZEPTER SEINER MACHT ZERBROCHEN UND SEIN KÖNIGLICHER THRON GESTÜRZT WERDEN! DER FRIEDE MÖGE IHN MEIDEN! SEIN ANDENKEN MÖGE AUSGELÖSCHT SEIN FÜR IMMER!«

Wie das Grollen eines Gewitters tönt dieser Fluch aus der Vergangenheit der Jahrtausende mit voller Kraft in unseren Tag hinein. Noch nichts konnte Ithobal, der Sohn des Königs Ahiram, davon ahnen, daß nicht Eroberer den Sarkophag seines Vaters ans Licht bringen würden, sondern Gelehrte. Ob der Fluch des Königssohnes auch die Neugier der Wissenschaft trifft?
Im jahrtausendealten Schatten der Zedern vom Libanon ist es unsere Aufgabe, auch davon uns Rechenschaft zu geben.

Mit dem ersten gebrechlichen Kahn, mit dem der Mensch sich in die unbekannte Einsamkeit des Wassers hinauswagte, reiste eine vornehme alte Dame mit. In ihrem Dienst stand auch die erste Karawane, die sich in die unbekannte Einsamkeit des Sandes hinauswagte. Die vornehme alte Dame ist die Geschichte. Die Spur, die die Karavelle des Columbus durch den Atlantik gezogen hat, sind einige Schaumwirbel im Wasser gewesen. Die Spur, die die Geschichte im Sand der Wüste zurückläßt, sind die Knochen derer, die nicht ans Ziel gekommen sind.
Als ich das erstemal Damaskus besuchte, kam ich von Aleppo. Ich saß in einem großen amerikanischen Wagen, der mit hundert Stundenkilometern die Straße von Aleppo nach Damaskus entlangfegte. Es war sieben Uhr morgens. Die von der Sonne mit einer blitzenden Aura vergoldete Zitadelle von Aleppo versank hinter dem Horizont.
Wir waren sieben Passagiere. Bei der Abfahrt hatte ein würdiger weißbärtiger Beduine dem Franken höflich seinen Platz neben dem Fahrer angeboten.
Wir waren erst wenige Kilometer unterwegs, als mein wohlwollender Gönner das einzige arabische Wort, das ich verstehe, aussprach. Er sagte »Radio«. Der Fahrer stellte das Gerät an, und zwar sogleich auf maximale Lautstärke, für die Nerven ein starkes Stück. Eine Frauenstimme fing an zu singen. Es war eine schöne Stimme. Sie sang einen für unser Ohr eintönigen arabischen Song, der sich über viele Stunden hinzog. Ich hatte das Gefühl, daß die Sängerin ihre Ballade um fünf Uhr morgens mit Noahs Taube angefangen habe und so gegen Mittag bei der Flucht Mohammeds aus Mekka anlangen werde. Der Wagen fuhr, des Staubes wegen, geschlossen. Erst dachte ich, ich würde von dem Lärm verrückt. Aber man reist nicht nach Syrien, um Jazzschlager zu hören. Übrigens ist es fraglich, was man länger aushielte.
Diese Balladen sind eine alte Tradition. Schon vor der Zeit Mohammeds traten auf den Märkten Arabiens die Poeten der Beduinenstämme miteinander in Wettbewerb. Die Gedichte wurden, von Instrumentalmusik begleitet, gesungen. Die preisgekrönten wurden, in goldenen Lettern auf Seide gemalt, an der Kaaba in Mekka aufgehängt.
Die Poesie hat der arabischen Sprache die Leichtigkeit und Biegsamkeit, die Eleganz und den Reichtum verliehen, der die Ara-

ber, nachdem sie den Orient erobert hatten, dazu befähigte, die besiegten Kulturen sich anzueignen. Fast immer wird der kräftigere, aber barbarische Sieger dazu neigen, die höhere Kultur des Besiegten zu der seinen zu machen. Nicht immer wird er dazu imstande sein.
Die Straße, die entlangfahrend wir dem Happyend der Geschichte von Noahs Taube lauschen, führt, tadellos asphaltiert, durch die Wüste. Die Wüste ist steinig. Zuweilen taucht hinter den Sandhügeln zur Linken ein fernes Felsengebirge auf, dessen Konturen in der Sonne flimmern. Einmal erscheinen zur Rechten die schneebedeckten Kuppen des Antilibanon.
Auf dieser Straße ist seit unvordenklichen Zeiten die vornehme alte Dame gereist. Sargon, König von Akkad, ist sie am Ende des 3. Jahrtausends vor Christi Geburt entlanggezogen. In einer Inschrift erzählt König Sargon, daß seine Mutter geringer Herkunft gewesen sei und ihn nach seiner Geburt in einem mit Pech abgedichteten Weidenkörbchen auf dem Euphrat ausgesetzt habe. König Akki, der den friedlichen Beinamen »der Bewässerer« getragen hat, habe ihn aufgenommen und großgezogen.
Dreihundert Jahre später, in der Mitte des 20. Jahrhunderts, zog Abraham diese Straße auf seinem Weg von Haran in Mesopotamien über Aleppo nach Canaan hinab. Um 1500 kam der Pharao Thutmosis III., als er Syrien eroberte, hier vorbei. Sein Obelisk steht in Konstantinopel. Um 1250 kam Moses die Straße vom Sinai herauf. 597 zog Nebukadnezar sie entlang, um Jerusalem zu erobern und den König Jojachim von Juda und einen Teil seines Volkes nach Babylon in die Gefangenschaft wegzuführen. Diese Wüstenstraße ist ein Highway of History.
Nach drei Stunden Fahrt überqueren wir den Paß, der über den Antilibanon führt. Eine weite Ebene breitet sich vor uns aus. Über dem Horizont steigt der schneebedeckte Hermon an der Grenze Palästinas auf. Plantagen von Aprikosen- und Orangenbäumen, Weingärten, Zypressen, Pappeln und Weiden beleben das Bild. Im Schatten der Bäume liegen alte Bauernhöfe. In den Hecken blühen die letzten Rosen des Jahres. Mit einem Schlag hat sich die unfruchtbare Wüste in einen blühenden Garten verwandelt. Kein Wunder, daß den Beduinen diese Oase wie ein Paradies erschienen ist.
Ich bin in Damaskus, das im Lauf der Geschichte die Hauptstadt so vieler Reiche war, das so viele Male erobert, zerstört und wieder aufgebaut wurde. Die Syrer feiern gerade den Jah-

restag ihrer Befreiung von der französischen Mandatsherrschaft.
Viele Beduinen sind aus der Wüste in die Stadt gekommen. Sie tragen ihre schöne Tracht, den weitfallenden weißen Burnus, der um den Kopf mit einer Silberschnur zusammengehalten wird. Immer wieder gehen – ein bezauberndes Bild – drei oder vier junge Beduinen, schöne Männer mit mageren Gesichtern, scharf geschnittenen kühnen Nasen und ihren dunklen tausendjährigen Wüstenaugen Hand in Hand mitten auf der Straße. Keinem Autofahrer würde es einfallen, eine solche Kette der Freundschaft trennen zu wollen. Es könnte ihm geschehen, daß er dabei erschlagen würde. Zwischen den fröhlichen Menschen und den Autos suchen sich viele lustige Esel mit ihren kleinen trippelnden Schritten und würdige Kamele, in würdigem Paßgang hochmütig über die Menge hinwegsehend, ihren Weg.
Die Kolonialherrschaft Englands und Frankreichs im Orient war von kurzer Dauer. Da diese Politik auf wenig mehr beruht hat als darauf, daß die Kanonen des Okzidents besser schossen als die des Orients, haben ihre Erfolge nicht einmal hundert Jahre vorgehalten. Die Geschichte des Menschen ist nicht die Geschichte seiner Waffen und auch nicht die Geschichte seines Exports, sooft auch immer der friedfertige Handel das Gold seiner Gewinne in Waffen verwandelt hat. Die Geschichte des Menschen ist eine Geschichte von Ideen.
In weiten Gebieten, die einst blühende Domänen des Christentums waren, hatte der Islam seine Herrschaft angetreten. Nur in Syrien konnten die maronitische und die syrische Kirche und in Ägypten die koptische Kirche die christliche Überlieferung bewahren. Nach Jahrhunderten einer glorreichen und zivilisierten Herrschaft ist das Reich der Araber im Orient, an den afrikanischen Küsten des Mittelmeers und in Spanien wieder zerfallen.
Was wir heute in den arabischen Ländern erleben, ist eine Renaissance, eine echte Wiedergeburt. Die arabische Sprache wird in einem außerordentlich weiten Gebiet gesprochen und verstanden. Dieses Gebiet reicht von Mesopotamien bis Marokko. Im Inneren Afrikas ist Arabisch seit der Mitte des 18. Jahrhunderts die Sprache des Handels. In allen Ländern, in denen Arabisch gesprochen wird, ist die herrschende Religion die Lehre des Propheten. Diese Welt, die einerseits aus zahlreichen Nationalstaaten besteht, andererseits nur eine Überlieferung, eine Schrift und eine Religion hat, ist nicht so sehr dem heutigen Europa ähnlich als vielmehr der Welt des späten Mittelalters,

als Latein, Humanismus und Christentum eine Einheit geschaffen hatten, innerhalb deren der Nationalismus erst anfing, eine Rolle zu spielen.
Man darf sich bei der Betrachtung dieser Entwicklung nicht dadurch verwirren lassen, daß der wiedererwachende arabische Geist nach den langen Zeiten der Unterdrückung durch Türken, Franzosen und Engländer im Gewand eines übertriebenen Nationalismus auftritt. Der Nationalismus hat sich als ein zwar äußerst bösartiges, aber jedenfalls sehr wirksames Mittel der Politik erwiesen. Die Araber geben heute an Europa zurück, was sie im letzten Jahrhundert der Unterdrückung von ihm gelernt haben. Ich finde, daß sie das auf eine höchst zivilisierte Weise tun. Der Nationalismus ist für die Völker der arabischen Welt ein Durchgangsstadium. Wenn alte Völker aus dem Leid der Geschichte etwas lernen, ist es die Weisheit der Toleranz.
Die Damaszener lieben zu sagen, daß Damaskus die älteste Stadt der Welt sei. Auf jeden Fall ist ihr Name Dimashq nicht semitischen Ursprungs. Die Stadt Dimashq muß es schon vor der Zeit der Amoriter gegeben haben, also vor der Mitte des 3. Jahrtausends, als die Amoriter als erste aus Arabien kommende semitische Völkerwelle erobernd in Syrien einbrachen. Ausgrabungen bestätigen das hohe Alter des Platzes.

Ich wohne im Hotel zur Königin Semiramis. Vom Fenster der Königin Semiramis sehe ich den Djebel Kasyun liegen. Er erhebt sich am nördlichen Stadtrand von Damaskus. Er ist dreizehnhundert Meter hoch. Nach der Überlieferung der Moslems ist der Djebel Kasyun der Berg, auf dem Abraham die Erleuchtung zuteil wurde, daß es nur einen, den Allmächtigen Gott gibt.
Die arabischen Mohammedaner leben in den Ländern, in denen die Biblische Geschichte sich abgespielt hat. So hat dieses seinem innersten Wesen nach poetische Volk viele bezaubernde Legenden geschaffen. Sie haben ihren guten Sinn. Nicht selten erhellen sie Zusammenhänge, die aus der Bibel nicht ersichtlich sind. Die Erleuchtung Abrahams wird im Alten Testament nicht erwähnt.
Auf halber Höhe des Djebel Kasyun, des Berges Abrahams, liegt die Mastabe el-Imperator, die Terrasse des Kaisers. Sie wurde von den höflichen Damaszenern erbaut, um dem deutschen Kaiser Wilhelm II., als er auf seiner Orientreise Damaskus besuchte, die Stadt zeigen zu können. Die Orientalen hatten

Sinn dafür, daß Seine Majestät mit seinem ganzen Gefolge auf der Terrasse Platz haben müsse. So ist es eine großzügige Anlage geworden. Wenn man auf der Mastabe el-Imperator steht, während im Westen die Sonne hinter dem Libanon in großer Glorie untergeht, im Osten die tiefrote, übergroße Scheibe des Mondes über der Wüste aufsteigt und nun zwischen den weißen Villen in den weit sich erstreckenden Gärten der Oase Damaskus die Lichter aufflammen, hat man Grund, die Schönheit der Welt zu preisen.
Der letzte deutsche Kaiser ist der letzte europäische Monarch gewesen, der noch einmal einen allerdings höchst friedlichen Kreuzzug unternommen hat. Bei dieser Fahrt zum Heiligen Grab wandelte Kaiser Wilhelm auf den Wegen seiner Vorfahren, der Markgrafen Johann und Albrecht von Brandenburg, die im Jahre 1435 von Berlin-Cölln aus eine Pilgerfahrt nach Jerusalem unternahmen. Ein gebildeter Medicus, der Leibarzt des Markgrafen Johann, Dr. Hans Lochner, hat über diese Reise einen erbaulichen Bericht verfaßt. Auf der Insel Rhodos wurde den Pilgern von den Tempelrittern einer der dreißig Silberlinge gezeigt, um die Judas den Herrn verraten hat. Bei der Landung in Palästina wurden sogar die Markgrafen, ehe sie die sieben Dukaten, die jeder Pilger an den Sultan bezahlen mußte, abgeliefert hatten, von den türkischen Zöllnern unfreundlich und demütigend behandelt. Die Herren nahmen es geduldig als eine Schickung des Himmels hin. Man sollte sich daran ein Beispiel nehmen. Kaiser Wilhelm II. hat sich über den Empfang, den ihm die türkischen Behörden bereiteten, nicht beklagen können.
Das geschichtliche Urteil über Wilhelm II. ist reif für eine Revision. Die Methode, einen einzelnen Mann für die Untugenden eines ganzen Zeitalters verantwortlich zu machen, indem man es nach ihm benennt, und die Tugenden, die er gehabt hat, zu verspotten, ist weder fair noch historisch. Auf die Araber jedenfalls hat dieser entzückend pittoreske Monarch einen ungewöhnlichen Eindruck gemacht. In den Zelten der Beduinen in der Wüste spricht man noch heute von ihm wie von Sultan Saladin oder von König Richard Löwenherz. In Jerusalem hat der Kaiser eine Kirche und ein Hospital, das nach der Kaiserin Auguste Viktoria benannt wurde, gestiftet. Für Saladins Mausoleum in Damaskus hat er den Arabern einen kostbaren Marmorsarkophag geschenkt. Als Kunstwerk ist dieser Sarkophag nicht gerade neben die Werke des perikleischen Zeitalters zu stellen, doch hält er den Vergleich mit spätrömischen Sarkophagen aus. Die Araber haben dem Monarchen nicht vergessen, daß er in

einer Ansprache einmal erklärt hat, daß sie immer damit rechnen könnten, im Deutschen Kaiser einen Freund zu haben. Wenn die Syrer, ein Volk mit äonenalten Erfahrungen in der Politik, die Haltung des vornehmen großen Herrn, der vor fünfzig Jahren auf dem deutschen Kaiserthron saß, mit der Kolonialpolitik der anderen europäischen Mächte vergleichen, haben sie guten Grund, ihm ein ehrenvolles Andenken zu bewahren.

Der Basar von Damaskus, der mit vielen Straßen und Gassen ein ganzes Stadtviertel ausmacht, ist nach dem türkischen Sultan Abdul Hamid benannt. Der Souk Hamidiye ist einer der ältesten Plätze des Handels der Welt. Des heißen Klimas wegen ist der Basar überdacht.

In lebhaftem und fröhlichem Gewimmel drängt sich das Volk. An den Ecken sitzen die öffentlichen Schreiber. Diese Schriftsteller sind Meister in der schwierigen Kunst, die arabische Schrift schön zu schreiben. Man kann den Badern zusehen, wie sie Köpfe und Kinne rasieren. Die Bäckerjungen laufen durch die Basargassen und rufen Allah um Kunden an: »Allah ist der Ernährer! Kaufe mein Brot!«

Das Feilschen gilt als ein Vergnügen des Daseins, bei dem Händler und Kunde in einem Dutzend Sprachen einander zu überlisten versuchen. Der Teppich, auf dem man Mokka trinkend beisammensitzt, ist ein Turnierplatz des Witzes. Um einen Shawl oder eine Kupferkanne zu kaufen, muß man bereit sein, eine Freundschaft fürs Leben zu schließen. Bei dem nächsten Händler, der einen Silberling billiger ist, darf man sie wieder vergessen.

Ein sympathisches Phänomen ist, daß es unter den Händlern keinen Neid gibt. Kauft man bei dem Nachbarn und wirft vielleicht einen entschuldigenden Blick zu dem ersten Händler zurück, kommt er sogleich herbeigeeilt, um tröstend zu versichern: »Allah hat meinem Nachbarn einen guten Käufer geschickt. Zur rechten Zeit wird er auch mir einen schicken!« Wie weise ist das! In den arabischen Ländern gewinnt man den Eindruck, daß die Moslems die Moral, die der Koran sie lehrt, freudiger befolgen als die Christen die Moral, die die Bibel sie lehrt. Kommt man gelegentlich wieder an einem Stand vorbei, an dem man einmal etwas gekauft hat, wird man begrüßt wie ein Bruder, der aus der Wüste kommt. Der Orientale versteht etwas von dem schweren Geschäft, das Leben leicht zu nehmen.

Plötzlich hört das Dach über der Basarstraße auf. Drei mächtige korinthische Säulen, von schmiedeeisernen Reifen umschlossen, steigen weit über die Höhe der Dächer empor. Sie tragen den Rest eines Gemäuers. Zwischen den Säulen zeichnet sich die elegante Kontur eines Minaretts gegen den blauen Himmel ab, ein von der Antike gerahmtes arabisches Kunstwerk des 8. Jahrhunderts.

Die korinthischen Säulen sind der Rest des Tempels des Jupiter Damascenus. Der Tempel stand an der Stelle eines Heiligtums, das dem syrischen Gott Hadad geweiht gewesen war. Die Embleme Hadads auf den alten Reliefs sind Blitz und Donner. Der Donner wird durch einen Hammer symbolisiert. Zuweilen steht Hadad auf einem Stier, dem mediterranen Symbol der schöpferischen Kraft. Hadad war der canaanitische Wettergott. In späterer Zeit wird er mit Jupiter zu einer Gottheit verschmolzen.

Dem Jupiter Damascenus hat zur Zeit des Kaisers Augustus, im Jahre 4 vor Christi Geburt, ein hoher römischer Beamter, der Legat der Provinz Syria, ein Opfer dargebracht, ehe er aus dem warmen Süden aufbrach, um einen neuen Posten im unwirtlichen Norden zu übernehmen. Das Opfer war vergeblich. Der Legat stürzte sich nach einer verlorenen Schlacht in sein eigenes Schwert. Es war Publius Quinctilius Varus, der in der Schlacht im Teutoburger Wald mit seinen Legionen der Partisanentaktik unserer Väter zum Opfer fiel.

Kaiser Theodosios I. hat den Jupitertempel in eine Kirche umgewandelt. Sie wurde Johannes dem Täufer geweiht. In der griechischen Kirche hat Johannes der Täufer den Namen Johannes Prodromos. Das heißt der Vorläufer. Die Kirche wurde später von Kaiser Justinian vergrößert und verschönert. Sie hatte ein denkwürdiges Schicksal.

Bei der Belagerung von Damaskus durch die mohammedanischen Araber 635 nach Christi Geburt gelang es dem arabischen Heerführer Khalid ibn-Walid, in die Stadt von Osten her einzubrechen. Als die Damaszener dessen gewahr wurden, übergaben sie eiligst den Westteil der Stadt freiwillig an den auf der anderen Seite liegenden arabischen Heerführer Abu Ubeida. Die arabischen Heerführer begegneten einander bei der Kirche des Johannes Prodromos.

Für uns, die soviel an Barbarei erlebt haben, klingt, was geschah, fast unglaublich. Der Ostteil der Stadt galt als erobert und wurde geplündert. Der Westteil galt als übergeben und wurde geschont. Die in der Mitte liegende Kirche des Johannes

Prodromos wurde den Moslems und den Christen gemeinsam zur Verfügung gestellt. Sie betraten das Heiligtum durch das gleiche Portal. Die Moslems beteten im Ostteil zu Allah, die Christen im Westteil zum Dreieinigen Gott. Siebzig Jahre später errichtete der Kalif Walid I. auf den Grundmauern der Kirche des Kaisers Justinian die Umayyadenmoschee.
Walid I., unter dessen Regierung im Jahre 711 Spanien, im Jahre 712 Samarkand in Innerasien erobert wurden, dichtete, komponierte und musizierte. Er hörte sich, obwohl er doch der mächtige Kalif war, sogar die Werke anderer Dichter geduldig an. Er muß ein großer Geist gewesen sein.
In dieser Zeit lebte in der Metropole des arabischen Reiches der letzte der griechischen Kirchenväter, der heilige Johannes von Damaskus. Die Zeitgenossen gaben ihm, seiner Beredsamkeit wegen, den Beinamen Chrysorrhoas, »goldener Strom«. Er war ein großer Gelehrter. Er war ein großer Theologe. In seinen Werken baute er ein auf den Lehren der Väter und Konzile der Zeit vom 4. bis zum 7. Jahrhundert beruhendes System der Theologie auf. Thomas von Aquin nennt ihn eine Quelle der Weisheit. Johannes Damascenus war bis zum Jahre 724 Premierminister des Kalifen von Damaskus. Diese Welt ist eine Welt freier Geister gewesen.
Johannes hat nicht nur auf das Christentum, sondern auch auf den Islam einen bedeutenden Einfluß ausgeübt. Seine wissenschaftliche Systematik hat eine Bewegung des Rationalismus in der Theologie des Islam ausgelöst. Sie ist freilich nur von kurzer Dauer gewesen. Doch hat der enge geistige Kontakt und die freie Diskussion der Probleme zwischen den beiden Religionen dazu geführt, daß vieles von der christlich-griechischen Überlieferung der frühen Jahrhunderte in den Islam eingegangen ist.
Johannes Chrysorrhoas beschloß sein Leben als Mönch im Kloster St. Sabas am Toten Meer. Er wurde von der griechischen und von der römischen Kirche heiliggesprochen.
Johannes Damascenus ist, kaum hundert Jahre nach dem Tod Mohammeds, der Augenzeuge eines der phantastischsten Triumphzüge der Geschichte geworden. Es war der Triumphzug des Feldherrn Mousa, der nach der Eroberung Spaniens in Damaskus einzog, in seinem Gefolge vierhundert blondgelockte westgotische Prinzen, in seiner Beute einen silbernen, mit Kilogrammen von Edelsteinen geschmückten Tisch aus der Kathedrale von Toledo.
An den Pyrenäen war der Eroberungszug der Araber zum Still-

stand gekommen, nachdem sie in der Schlacht von Tours und Poitiers an den Ufern der Loire geschlagen worden waren. In der Schlacht von Yarmuk, hundert Jahre vorher, als die Araber an einem heißen Augusttag des Jahres 636 das Heer des Kaisers Heraklios von Byzanz besiegten, um damit Syrien zu erobern, war es ein Sandsturm gewesen, der die Araber gegen die Griechen, die sich gegen dieses Naturphänomen nicht zu schützen wußten, mit Allahs Hilfe die Schlacht hatte gewinnen lassen. Bei Tours und Poitiers waren es die Wolfspelze der Franken, die in der den Arabern ungewohnten eisigen Kälte Karl Martell, dem Feldherrn der Franken, mit Gottes Hilfe zum Sieg verhalfen und Frankreich vor der Eroberung durch den Islam retteten. Sand und Kälte, Burnus und Wolfspelz haben an den entgegengesetzten Enden der damaligen Welt zwei historische Entscheidungen herbeigeführt.

Vom Tempel des Jupiter Damascenus aus besuchte ich die Moschee der Umayyaden. Sie ist ein Meisterwerk früher arabischer Architektur. Ich zog die Schuhe aus und betrat den Hof der Moschee. Er ist einhundertundvierzig Meter lang und vierzig Meter breit. Schon die Maßverhältnisse dieses Hofes rufen ein Gefühl der Feierlichkeit hervor. Der Hof ist mit Marmor gepflastert und auf drei Seiten von einer Säulengalerie umgeben. Die lange Südseite wird von der Moschee eingenommen. In der einen Hälfte des Hofes steht ein steinerner Brunnen, gegenüber, in der anderen Hälfte, ein Schatzhaus, das frei auf zwölf aus dem alten Jupitertempel stammenden Säulen ruht.

In den Galerien, in denen die Gelehrten der Jugend den Koran erklärten, sind einige frühe arabische Mosaiken erhalten geblieben, Landschaften und Bilder von hochgebauten Städten, die an Benozzo Gozzoli erinnern. Das Grün, Blau und Gold zeigt Valeurs von nuancierter Kostbarkeit, die Komposition zeichnerische Finesse – an die Wand geworfene Träume, Erinnerungen an die Fata Morgana der Wüste.

Von den drei Minaretts, die vom Hof der Moschee aus zu sehen sind, ist eines bemerkenswert als ein Meisterwerk des arabisch-ägyptischen Stils. Von der Galerie dieses Turmes rief der Muezzin in getragen melancholischem Sang über die Dächer der Stadt hin die Gläubigen zum Gebet. Das gegenüberliegende Minarett heißt Madinet Isa, das Minarett Jesu. Nach dem Glauben der Moslems ist die Spitze des Madinet Isa die Stelle, an der Jesus, der Prophet, am Beginn des Jüngsten Gerichts die Erde wieder betreten wird.

Es ist ein eigentümlich fremdartiges Gefühl, ohne Schuhe über die Marmorplatten und über die Teppiche der Moschee zu gehen. Die Moschee selbst hat einen langgestreckten, hohen, rechteckigen Mittelbau und zwei rechts und links sich anschließende kleinere, ebenfalls rechteckige Flügel. Der Bau ist einhundertsechsunddreißig Meter lang und siebenundzwanzig Meter breit. Durch die ganze Länge ziehen sich zwei Reihen durch hohe Bogen miteinander verbundener korinthischer Säulen. Teile der Decke sind noch goldinkrustiert. Einige bunte Fenster stammen aus dem 12. Jahrhundert. Der Boden ist vollständig mit Teppichen bedeckt. Ihre Zahl wird mit dreitausend angegeben. Unter ihnen sind herrliche, viele hundert Jahre alte Stücke. Der Gesamteindruck des Raumes ist der einer lichten Weite. Pracht und Reichtum der Ausstattung treten gegenüber den harmonischen Verhältnissen des Ganzen zurück. Da und dort kniet ein Gläubiger, sein Gebet verrichtend, am Boden.
Fast in der Mitte der Moschee steht eine Kapelle mit einer Kuppel. Sie ist rechteckig. Ihre Seitenwände sind schlanke Marmorsäulen, zwischen denen vergoldete Gitter sich spannen. In dieser Kapelle ruht nach der Überlieferung in einem von damaszener Brokaten bedeckten Marmorsarkophag seit der Zeit des Kaisers Theodosios das Haupt Johannes' des Täufers.

Damaskus ist die Stadt, in der Saul von Tarsos Christ wurde.
Ich wandere zum alten Judenviertel der Stadt. Der Weg führt durch unzählige krumme, mit Steinplatten gepflasterte, saubere Gäßchen von der Moschee der Umayyaden zur Derb el-Mustakim. Das ist »die Gerade«, von der die Apostelgeschichte spricht. Die Gerade Gasse zieht sich von Osten nach Westen durch die ganze Stadt. Zur Römerzeit hatte sie Säulenkolonnaden, deren Reste an vielen Stellen ausgegraben worden sind. Das Judenviertel liegt zweifellos noch an derselben Stelle wie zu jener Zeit.
Der Herr forderte den Ananias auf, den erblindeten Saul zu besuchen: »Steh auf und gehe in die Gasse, die da heißt die Gerade, und frage in dem Hause des Judas nach einem namens Saul von Tarsos.« Ein viele Meter in den Boden gesunkenes Haus aus dem 1. Jahrhundert wird das Haus des Ananias genannt. Es ist heute eine Kapelle.
Das Tor, an dem die Gerade Gasse endet, steht ebenfalls noch an der gleichen Stelle wie zur Römerzeit. Teile der alten römischen Stadtmauer sind erhalten geblieben.

Tausend Dinge haben diese Steine gesehen seit jenem Tag, da ein Mann mit Blindheit geschlagen wurde. Sie haben den Übermut siegreicher Heere vieler Völker, sie haben die Tränen der Besiegten gesehen. Unzählige Karawanen sind durch dieses Tor gezogen. Sie brachten Seide und Weihrauch, die Kostbarkeiten des Ostens. Sie brachten Sklaven für die Bergwerke und Galeeren, Sklavinnen für die Harems der Satrapen und Paschas. Diese Steine haben den Karren gesehen mit der Million Goldstücke, mit denen die Damaszener sich von Timur, dem Mongolenkhan, loskauften. Sie haben das Wehklagen der in der Welt berühmten Waffenschmiede der Stadt gehört, die Timur Mann für Mann nach Samarkand und Khorasan verschleppte, um in Sibirien ein neues Rüstungszentrum zu schaffen. Heerführer und Gelehrte, Heilige und Künstler, Mönche, Kaufleute, Beduinen, Sklaven und Reisende aus aller Welt sind durch das Tor von Damaskus aus- und eingegangen seitdem, fast zweitausend Jahre lang. Nichts gibt diesen alten Steinen soviel Bedeutung, als daß sie Zeugen waren, wie ein blinder Mann, von einem Gefährten an der Hand geführt, vorüberschwankte, von dem hochmütigen römischen Wachtposten kaum beachtet.
Der Blinde hatte ein Gesicht gehabt. Jesus Christus war ihm erschienen, ihm, der mit soviel Zorn und Eifer die verfolgt hatte, welche Christus verkündigten.
Welche Gedanken mögen diesen jungen ehrgeizigen Mann aus der großen Stadt Tarsos bewegt haben, als er durch dieses Tor hindurchschritt? Die Nacht der Blindheit umfing ihn. Als er hier vorbeikam, geschlagen von einer überirdischen Macht, wußte er noch nicht, wie bald er das Licht seiner Augen, und mehr als das, wieder erlangen werde.
Ich glaube, daß niemand, der eines Menschen Angesicht trägt, das Osttor von Damaskus zu durchschreiten vermag, ohne im Herzen bewegt zu sein.
Paulus hat die Stadt nicht durch dieses Tor verlassen. Die Juden rotteten sich zusammen, um ihn zu töten. Die Jünger ließen ihn bei Nacht in einem Korb über die Mauer hinab. Am Fuß dieser Mauer begann der Weg, der den Paulus, nachdem er der Welt das Evangelium verkündet hatte, nach Rom führte, wo er als Zeuge Christi starb.

Ur liegt zwanzig Kilometer westlich des Unterlaufs des Euphrat, im Süden der mesopotamischen Wüste. Es ist zweihundert Kilometer von der Küste des Persischen Golfs entfernt. Als die Geburtsstadt des Erzvaters Abraham ist Ur die früheste Stätte der Christenheit auf Erden.
Unsere Kenntnis der Historie geht weit über die Zeit Abrahams in die Vergangenheit zurück. Sogar für die Sintflut sind wir heute nicht mehr allein auf das Zeugnis der Bibel angewiesen. Aus den sumerischen Königslisten kennen wir die Namen einer Reihe von Herrschern, die vor der Sintflut in den Städten im Süden Mesopotamiens regiert haben. Abraham ist die erste biblische Persönlichkeit, deren in der Genesis überlieferte Biographie durch geschichtliche Kenntnisse aus nichtbiblischen Quellen ergänzt werden kann.
Von Damaskus liegt Ur mehr als tausend Kilometer entfernt. Ur zu besuchen kostete viel Zeit und viel Geld, aber die Überraschungen dieser Fahrt wurden nur noch von denen übertroffen, welche mich bei dem Besuch des Horeb, des Berges des Gesetzes auf der Halbinsel Sinai, erwarteten.
Der Omnibus nach Bagdad fährt um fünf Uhr nachmittags in Damaskus ab. Kurz vor Sonnenuntergang kam ich auf den großen Bahnhof, an dem man einsteigt. Das Vehikel, das uns durch die Syrische Wüste bringen soll, ist ein mächtiges Ding. Es besteht aus einer starken Zugmaschine, die mit einer beweglichen Achse an einen Pullmancar auf Reifen gekoppelt ist. Der ganze Zug ist mit geripptem Aluminium verkleidet. Der Prospekt hatte den Bus als »airconditioned« gepriesen. Es stellte sich heraus, daß es wichtiger war, daß der Bus nachts gut geheizt, als daß er am Tage gut gekühlt war. Die Sitze ließen sich zum Schlafen zurückklappen. Sie waren bequem wie in einem Flugzeug.
Bei der Abfahrt gibt es eine kleine Verzögerung. Der Anschlußbus, der die Passagiere von Beyrouth bringen soll, hat infolge frühzeitigen Schneefalls auf dem Paß des Libanon eine Stunde Verspätung.
Unter den Passagieren aus Beyrouth ist eine schöne indische Dame in kostbarem seidenem Sari. Sie reist mit fünfzehn Koffern auf dem Landweg durch Persien nach Karachi, der Hauptstadt von Pakistan. Neben ihr nimmt ein vornehmer Beduine in weißem Burnus Platz. Er wird mitten in der Nacht

mitten in der Wüste aussteigen. Man darf sich vorstellen, daß ein paar hundert Kilometer von hier einige Beduinen seines Stammes auf ihren Sheik warten. Während die elektrischen Bogenlampen von Damaskus aufflammen, sitzen sie um ein Lagerfeuer, dessen roter Schein unter dem weißen Mond der Wüste die gespenstischen Schatten der lagernden Kamele in den Sand zeichnet.
Zunächst geht es eine gute Asphaltstraße entlang. Nach einer Stunde kommt die Zoll- und Paßkontrolle. Sie liegt nicht an der geographischen Grenze des Landes, die eine imaginäre Linie in der Wüste ist, sondern an der Grenze des bewohnten Gebietes. Die Wüste ist Niemandsland. Im Zollhaus gibt es einen ausgezeichneten Tee. Dann beginnt die Piste. Unser Benzinuntier fährt ein Tempo von achtzig bis hundert Stundenkilometern. Der Drachenschwanz einer mächtigen Staubwolke wird von den Rädern hochgewirbelt.

Der biblische Bericht vom Leben Abrahams ist lebendig und farbig. Wieweit mag dieser Bericht den Ereignissen, die sich tatsächlich abgespielt haben, entsprechen?
Der Streit um die Wahrheit der biblischen Überlieferung hat schon zu Jesu Zeiten die Geister bewegt. Philo, der jüdische Philosoph, der im Jahre 10 vor Christi Geburt in Alexandria geboren ist, hat den Satz aufgestellt: »Alles, was im Alten Testament steht, ist Wahrheit. Alles, was Wahrheit ist, steht im Alten Testament.« Die frühen Kirchenväter haben den Versuch unternommen, diese Behauptung als für die ganze Bibel gültig zu erweisen.
Ich stelle nicht die Frage nach der Wahrheit der Offenbarung, sondern die Frage nach der Zuverlässigkeit der Bibel als Quelle der Überlieferung. Die Behauptung der klassischen Naturwissenschaft, daß die Wahrheit der Offenbarung mit den Ergebnissen der Wissenschaft nicht zu vereinen sei, hatte unmerklich zur Folge gehabt, daß in der allgemeinen Meinung die Bibel auch als geschichtliche Quelle für gering erachtet wurde.
Archäologische und historische Forschung zeigen immer deutlicher, daß die Bibel eine zuverlässige historische Quelle ist. Die Zahl der von ihr berichteten Tatsachen, die von der Forschung auf anderen Wegen als richtig bestätigt werden, wächst von Jahr zu Jahr. Das ist nicht verwunderlich. Es gibt in der ganzen Geschichte der Menschheit kein Dokument, dessen Text über eine so lange Zeit mit einer solchen Genauigkeit überliefert

worden ist wie der Text des Alten Testamentes. Die wissenschaftliche Textkritik hat, in einer ungeheuren philologischen Arbeit, als Ergebnis eines ganzen Jahrhunderts gelehrten Fleißes feststellen können, daß der uns heute vorliegende Text sich gegenüber dem kanonischen Text zu Jesu Zeiten nicht wesentlich verändert hat.

Bis vor kurzer Zeit war das älteste uns erhaltene Beweisstück für diese wissenschaftliche Erkenntnis ein aus dem Sand Ägyptens gegrabener Papyrus. Es ist der berühmte Papyrus Nash, der in der Universitätsbibliothek von Cambridge aufbewahrt wird. Er ist im Jahre 1902 publiziert worden. Er enthält in hebräischer Schrift die Zehn Gebote und den Text aus dem Deuteronomium, Kapitel 6, Vers 4 und 5.

Papyri waren seit den ältesten Zeiten das Schreibmaterial Ägyptens. Seit dem Eroberungszug Alexanders des Großen und der Errichtung der Dynastie der Ptolemäer durch einen Feldherrn Alexanders war die offizielle Sprache in Ägypten Griechisch. So groß die Zahl griechischer Papyri ist, die der trockene Sand der Wüste unserer Neugier erhalten hat, hebräische Papyri sind in Ägypten selten. Der Papyrus Nash ist eine Kostbarkeit ersten Ranges.

Die beiden Verse des Papyrus Nash sind Worte Mosis aus den Aussprüchen, in denen er vor seinem Tode dem Volk noch einmal die Gesetze vom Berge Horeb erläutert.

»Höre, Israel, der Herr, unser Gott ist ein einiger Herr. Und du sollst den Herrn, deinen Gott, liebhaben von ganzem Herzen, von ganzer Seele, von allem Vermögen.«

Vom Standpunkt der Forschung aus ist das an Text nicht viel. Aber dieses Papyrusfragment stammt, wie sich aus Schrift und Material nachweisen läßt, aus dem 2. vorchristlichen Jahrhundert. Mit diesem Vers des Moses antwortet Jesus dem Schriftgelehrten, der ihn fragt, welches von allen Geboten das vornehmste sei. Markus berichtet diese Szene im 12. Kapitel seines Evangeliums. Dies ist eine der 862 Stellen, an denen das Alte Testament im Neuen Testament zitiert wird.

Im Jahre 1947 entdeckten Beduinen in einer schwer zugänglichen Höhle am Toten Meer mehrere Buchrollen, die, in Leinen eingeschlagen und mit Pech gegen die Feuchtigkeit geschützt, in Tonkrügen lagerten.

Diese umständliche Form der Aufbewahrung mag sonderbar erscheinen. Aber nicht nur, daß sie uns diese außerordentlich kostbaren Rollen wohl erhalten hat, diese Form der Aufbewahrung ist uralt. Jeremias, nachdem er nach der Rückkehr aus Babylon den Acker gekauft hat, befiehlt dem Baruch: »Nimm diese Briefe, den versiegelten Kaufbrief samt dieser offenen Abschrift, und lege sie in ein irdenes Gefäß, daß sie lange bleiben mögen.« Das treue Festhalten an den altmodischen Gewohnheiten der Vorfahren vermag zuweilen großen Nutzen für die Nachfahren zu stiften.

Diese Rollen aus der Höhle am Toten Meer enthalten unter anderem den Propheten Jesaja, Stücke aus Daniel, einen Kommentar zu Habakuk. Aus der Art der Schriftführung ist zu schließen, daß es sich um Dokumente aus vorchristlicher Zeit handelt.

1949 und noch einmal in allerjüngster Zeit sind weitere Rollen entdeckt worden. Unglücklicherweise haben die Beduinen unterdessen begriffen, welche Werte diese Schriftrollen darstellen. So verbergen sie sie zunächst sorgfältig irgendwo in der weiten Wüste.

Eine Jagd, die Legionäre der Arabischen Legion einmal auf eine Gruppe von Beduinen veranstaltet haben, von denen man wußte, daß sie Schriftrollen gefunden hatten, verlief wortwörtlich im Sande. So ist manches vorläufig verschwunden. Da diese Dokumente viel Geld wert sind, werden sie im Lauf der Zeit wieder auftauchen.

Eine der beiden Rollen des Jesaja ist veröffentlicht. Sie besteht aus siebzehn aneinandergenähten Pergamentblättern, auf denen in vierundfünfzig Kolumnen der ganze Jesajatext geschrieben steht. Dieser Text, der siebenhundert Jahre älter ist als die ältesten bisher bekannten Texte, die 1890 bei Umbauten in der alten Synagoge von Cairo gefunden wurden, enthält zwar zahlreiche Abweichungen in der Wortwahl, in der Grammatik und vor allem in der Rechtschreibung, aber es finden sich keine größeren Textverschiedenheiten, weder an Zusätzen, noch an Auslassungen, noch an Umstellungen. Der Prophet Jesaja hat um 700 vor Christi Geburt gelebt. Man kann es nicht wissenschaftlich beweisen, aber es ist eine erlaubte Annahme, daß, wenn das Erbe der Väter in späterer Zeit mit soviel Sorgfalt behandelt worden ist, in der frommen alten Zeit die heiligen Schriften der Propheten erst recht mit Treue bewahrt worden sind.

Die moderne Textforschung nimmt heute allgemein an, daß die erste Niederschrift des Pentateuch, der fünf Bücher Mosis, im 10. oder 9. Jahrhundert vor Christi Geburt erfolgt ist. Es gibt viele gute Gründe anzunehmen, daß sogar schon dieser Nieder-

schrift ältere schriftliche Quellen zugrunde lagen. Allein die schriftliche Überlieferung überbrückt also dreitausend von den viertausend Jahren, die uns von Abraham trennen.
Über diesem beruhigenden Gedanken bin ich eingeschlafen. Gegen zwei Uhr morgens haben wir einen Stop. Eines der gewaltigen Räder unseres Benzinuntiers muß ausgewechselt werden.
Ich steige aus und gehe ein paar hundert Meter ins Gelände. Der Vollmond scheint. Trotz seines hellen Lichtes funkeln die Sterne mit einer Leuchtkraft, wie ich das noch nie gesehen habe. Der Himmel erscheint dadurch höher und weiter als in unseren Breiten. Der Sand unter meinem Fuß ist hart. Hie und da wächst eine kümmerliche Distel. Kamele fressen sogar dieses trockene Gestrüpp. Da sie eine lebendige Pflanze ist, enthält sie Spuren von Wasser, aber es gehört das Gebiß eines Kamels dazu, dieses Wasser für den Durst mobil zu machen.
Vor mir liegt eine kleine Kette von Sandhügeln. Nach allen anderen Seiten erstreckt sich eine silberglänzende Unendlichkeit. Von hier nach Süden reicht die Wüste zweieinhalbtausend Kilometer weit durch die ganze arabische Halbinsel bis zur Küste von Hadramaut am Indischen Ozean. Um diese Küste von hier aus mit dem Kamel zu erreichen, würde man über hundert Tage brauchen. Viele Meilen im Umkreis gibt es höchstens ein paar Beduinen, die die wenigen Wasserstellen kennen. Vielleicht gibt es auch noch ein paar Springmäuse oder einen einsamen Schakal, und irgendwo mag ein Geier, auf einem Felsblock hockend, seine Nacht verbringen. Der Rest ist Schweigen.
Wenn die Sonne nach alter Weise im Wettgesang der Brudersphären tönt und ihre vorgeschriebene Reise mit Donnergang vollendet, der Mond schweigt.
»Seul le silence est grand, tout le reste est faiblesse.« Nur das Schweigen ist groß, der Rest ist Schwäche. Ich fand diese gewiß ausgezeichnete Bemerkung von Alfred de Vigny, dem Freund Balzacs, im Gästebuch des Hotels zur Königin Zenobia in Palmyra, der Ruinenstadt im Norden der Wüste. Die einzige Schwäche dieses Ausspruchs über das Schweigen ist, daß er schweigend nicht gemacht werden konnte.
Die Kälte des Universums, die aus den funkelnden Sternen herabstürzt, fordert den Trotz des Menschen heraus. Die Erhabenheit der Wüste macht ihn einsam. In ihrer Schönheit fühlt er sich verloren. Das ungeheure Schweigen stellt an den Menschen eine große Frage.
Noch vor dreißig Jahren hat man für die Reise von Damaskus

nach Bagdad dreiundzwanzig Tage auf dem Rücken des Kamels gebraucht. Tag für Tag das grandiose Schauspiel des Sonnenaufgangs, die Hitze des Tages, das grandiose Schauspiel des Sonnenuntergangs, Nacht für Nacht die niederfallende Kühle, der silberne Mond über dem Schweigen der Wüste, das alles erzeugt eine ungeheure Spannung. Die Unendlichkeit des Diesseits zwingt den Menschen, die Brücke zur Unendlichkeit des Jenseits zu betreten.

Der Reifen ist montiert. Die Männer rufen nach mir mit fernherklingenden, gespenstisch echolosen Stimmen. Ich kehre zum Bus zurück. Den zerfetzten Schlauch, den der Monteur weggeworfen hat, wird morgen der Geier mit bösen Schnabelhieben zerhacken.

Durch das kleine, staubbedeckte Kabinenfenster sehe ich Meile für Meile die Wüste vorüberziehen. Die leeren Blechkanister, die alle hundert Meter die Piste markieren, leuchten im Licht der Scheinwerfer auf. Die im Halbschlaf erwachte Phantasie verwandelt die vorbeihuschenden Felsen in tolle Fabeltiere. Nach Stunden wird der Himmel vor uns hell. Es ist ein Gefühl der Erleichterung, wie das Erwachen aus einem schweren Traum.

Die Sonne geht auf.

Das Schauspiel beginnt mit einem ersten Schimmer von blassem Rosenrot. Dieses blasse Rot der Rose wird von Minute zu Minute tiefer, bis es zu leuchtendem Purpur geworden ist. Die ersten hellen Töne vom Blau des Himmels werden sichtbar. Dann kommen neue Farben, die sich mählich zu einem tollen Crescendo des ganzen Prismas steigern. Es ist ein kosmisches Orgelkonzert. Man meint, die Vox coelestis eines himmlischen Johann Sebastian durch die Sphären tönen zu hören. Die Strahlen der Sonne beginnen zu wärmen. Sie beginnen zu blenden. Es ist Tag geworden.

Wie hätten nicht in frühen Zeiten die Menschen die Sonne als Gottheit verehren sollen!

Unterdessen hat der Autobus wieder bewohntes Gebiet erreicht. Palmen und ein paar vereinzelte Häuser tauchen auf. Der Autobus hält an der Paß- und Zollkontrolle des Staates Iraq. Der heiße Tee schmeckt wieder köstlich. Wir fahren über den Euphrat. Eine mächtige Brücke verbindet die hohen Dämme auf beiden Seiten des Flusses miteinander. Der Euphrat ist hier so breit wie der Rhein bei Basel. Langsam und majestätisch wälzt er den

Schlamm des Taurusgebirges hinab zum Persischen Golf vorbei an unzähligen Plätzen, die zu den ältesten Stätten der Geschichte gehören.
Pünktlich um zehn Uhr morgens haben wir den Tigris erreicht. Wir sind in Bagdad. Ein Arc de Triomphe, ein gewaltiges Tor, steht auf einem freien Platz. Riesige, geflügelte Löwen mit Menschenhäuptern schmücken es. Sie stammen aus dem Palast des Königs Assurbanipal in Ninive. Diese zweieinhalbtausend Jahre alten Plastiken sind aus einer für Mesopotamien späten Zeit.
Von der alten Pracht der Stadt des Kalifen Harun al-Rashid, dem Bagdad aus Tausendundeiner Nacht, ist nicht viel erhalten geblieben. Dieses Bagdad haben im 13. Jahrhundert die Mongolen zerstört. Nur das Hotel, in dem ich wohne, hat in seinem Namen das Gedächtnis Sindbads, des Seefahrers, bewahrt. Die Quaimauer besteht noch heute aus Ziegeln mit dem Stempel Nebukadnezars.
Das Bemerkenswerteste in Bagdad sind für den Fremden die Museen. An zwanzig Ausgrabungsstätten in Mesopotamien werden Jahr für Jahr unglaubliche Dinge aus allen Zeitaltern der Menschheit ans Tageslicht gefördert. Das Iraqimuseum ist eine Schatzkammer von Kostbarkeiten. Es ist überfüllt, aber vortrefflich geordnet. Auch sind die Objekte klar und gut beschriftet. Der Bau ist veraltet. Er reicht in keiner Weise mehr für das aus, was das Museum heute alles besitzt. Es sind Schätze, wie sie in dieser Fülle weder das Britische Museum noch der Louvre hat.

Von Bagdad nach Ur sind es dreihundertundsechzig Kilometer nach Südosten. Zunächst führt eine Asphaltstraße nach Hilla. Unterwegs zweigt nach Westen die Straße nach Kerbela, der heiligen Stadt der Shi'iten, ab. In Kerbela wird Ali, der Enkel Mohammeds, der ermordet und in Kerbela begraben wurde, verehrt. Die Moschee darf noch heute niemand betreten, der nicht rechtgläubiger Moslem ist. Es hat etwas Beruhigendes, daß es auf der Welt Plätze gibt, zu denen man nicht einmal mit einer Pressekarte zugelassen wird.
Eine Weile später tauchen, etwas abseits von der Straße, die Wälle von Babylon auf. Das Land ist überall bewässert und bebaut, freilich auf eine sehr primitive Weise. Unternähme man es, nur das Bewässerungssystem aus der zweiten Blütezeit Babylons im 7. Jahrhundert vor Christi Geburt wieder herzustellen, niemand in diesem Land litte Not.
Die irakische Regierung hat mit dem Bau eines Staudamms im

Norden begonnen. Es ist ein Bewässerungsprojekt von hundert Millionen Dollar. Man schätzt, daß auf dem Boden des Zweistromlandes zwanzig Millionen Menschen ernährt werden können. Hundert Kilometer südöstlich von Hilla überschreiten wir bei Samawa auf einer Schiffsbrücke den Euphrat. Auf der anderen Seite des Flusses fährt der Wagen durch eine schmale, halbüberdachte Basarstraße. Wir können nur langsam fahren. Die Kupferschmiede hämmern auf der Straße. Die Zeltmacher sitzen vor ihren Türen. Ein Hammel wird geschlachtet. Kinder spielen. Männer trinken voller Würde ihren Mokka. Die Weiber werfen hinter ihren Schleiern neugierige Blicke auf den Wagen. Fremde sind hier selten.
Diese Basarstraße dürfte vor hundert oder dreihundert, ja vielleicht vor tausend Jahren kaum anders ausgesehen haben als heute. Sie ist fröhlich, gesellig, schmutzig, voller Lärm und Leben. Die Bewohner sind seßhaft gewordene Beduinen. Dieses unzerstörbare, geduldige und fleißige Volk trägt seine Armut mit Würde. Gern spottet es über sich selbst und über seine Obrigkeiten. Es ist hilfsbereit und gastfreundlich. Von Zeit zu Zeit erhebt es sich zu jähen Revolten. Das Volk ist es, über das die Geschichte dahingeht, nicht achtend seines Schweißes, seines Blutes, seiner Tränen.
Dann kommt wieder die Wüste. Von hier an ist sie vollständig flach. Soweit man sehen kann, gibt es auch nicht die kleinste Bodenwelle. Es ist das Schwemmland des Euphrat, auf dem wir noch einmal hundert Kilometer zurücklegen. Wir begegnen keinem Wagen mehr. Fünfzehn Meter unter uns in der Tiefe liegt die Lehmschicht, die die Sintflut zurückgelassen hat.
In jedem Jahrhundert rückt die Küste um zwei bis zweieinhalb Meilen ins Meer hinaus. Zur Zeit Abrahams reichte das Meer bis Ur. Heute ist die Küste zweihundert Kilometer von Ur entfernt. Abraham hat im 20. Jahrhundert gelebt, genau so lange vor Christi Geburt wie wir danach. In Ur in Chaldaea ist Abraham geboren. Dort hat er seine Jugend verbracht. Dort auch hat er Sarah geheiratet. Von Sarahs Herkunft wissen wir nichts. Wahrscheinlich ist sie eine Sumererin gewesen.
»Ur in Chaldaea« ist eine für Abrahams Zeit noch nicht gültige Bezeichnung. Für ihn muß es heißen »Ur in Sumer«. Die Chaldaeer kommen erst ein paar hundert Jahre nach Abraham dorthin. Dem späteren biblischen Chronisten ist es nicht zu verdenken, daß er die geographische Bezeichnung wählte, die zu seiner Zeit gültig war.

Die Familie blieb nicht in Ur. Im 11. Kapitel der Genesis heißt es: »Da nahm Tharah seinen Sohn Abram und Lot, seines Sohnes Haran Sohn, und seine Schwiegertochter Sarai, seines Sohnes Abram Weib, und führte sie aus Ur in Chaldaea, daß er ins Land Canaan zöge; und sie kamen gen Haran und wohnten daselbst.«
Haran liegt im nördlichen Mesopotamien, genau in der Mitte zwischen Euphrat und Tigris. Der Vater starb in Haran. Als Abraham auf Gottes Geheiß nach dem Lande Canaan weiterwanderte, ist er durch die Syrische Wüste gezogen.
Die Beständigkeit der Überlieferung im Orient ist daraus zu ersehen, daß es noch heute in Haran zahlreiche Legenden von Abraham gibt. Die Einwohner von Ain el-Khalil betrachten sich als unmittelbare Nachkommen des Erzvaters. Sie nennen sich »Söhne Abrahams«. Von den Mohammedanern wird Abraham ebenso verehrt wie von den Christen. Mohammed hat einmal erklärt, es sei die Religion Abrahams, die er wiederherstellen wolle. Er nennt ihn »Halil Allah, den Freund Allahs«.
Sogar den Brunnen der Rebekka gibt es noch, ein Denkmal der Geschichte der Brautwerbung Eliesers, des Knechtes Abrahams, für Isaak, Abrahams Sohn, dieser bezaubernden Geschichte, die uns in all ihrer patriarchalischen Schönheit das 24. Kapitel der Genesis erzählt.
Die amüsanteste der mohammedanischen Legenden um Abraham knüpft sich an einen Teich in Urfa. In Urfa, ohnweit Haran, gibt es einen baumumstandenen Weiher mit heiligen Karpfen. Nimrod, der nicht nur ein gewaltiger Jäger war, sondern auch König von Assur, feuerte mit seinem Katapult glühende Holzkohle auf Abraham. Die Kohle fiel von dem heiligen Mann ab. Es wurde ein Weiher daraus. Aus den Funken wurden Fische. Bis zum heutigen Tag sind diese Fische heilig und werden nicht gegessen. In Abrahams Schoß kann sogar ein Karpfen glücklich werden.
Während des letzten Stücks der Fahrt nach Ur erscheint auf der linken Seite am Horizont zuweilen ein dunkler Strich, die Dattelpalmenwälder am Ufer des Euphrat. Zwanzig Kilometer vor dem Ziel taucht an dem vollkommen ebenen Horizont eine gezackte Kontur auf. Das ist der Ziggurat, der Tempelturm von Ur.
Ur war eine Hafenstadt an der Meeresküste. Sie hatte mehr als hunderttausend Einwohner. Ur hat Abraham das Erbe einer tausendjährigen Kultur mitgegeben, die Kultur Sumers, dessen

Blüte vom Jahre 3000 bis zum Jahre 1900 vor Christi Geburt gedauert hat. Um sich von dieser Zeitspanne einen Begriff zu machen, sie ist ebenso groß wie die von Karl dem Großen bis zu uns.
Die Sumerer hatten hervorragende Kenntnisse in Mathematik und Astronomie. Die Zwölfstundeneinteilung unserer Uhr ist eine Ordnung der Zeit, die in Ur vor fünftausend Jahren geschaffen wurde. Die Sumerer hatten eine bedeutende Kunst. Sie hatten eine hochentwickelte Religion.
Die schriftlichen Zeugnisse dieser Kultur gehen bis ins Jahr 2000, also bis in Abrahams Zeit zurück. Wenn es auch nicht gerade wahrscheinlich ist, es wäre durchaus möglich, daß der Ziegel gefunden würde, in den der Vertrag über den Verkauf von Abrahams Vaterhaus eingeritzt ist. Ein Kaufvertrag über einen Ochsen und ein anderer über ein Feld an einen Namensvetter Abrahams in Babylon aus der gleichen Zeit, der Zeit Ammizalugas, des zehnten Königs aus der ersten Dynastie in Babylon, sind auf uns gekommen. Man könnte die Frage stellen, welcher Grad von Verehrungswürdigkeit diesem Ziegelstein, würde er gefunden, zukäme. Ich wüßte gern, was die Theologen auf diese Frage für eine Antwort haben.
Es kommt darauf an, Abraham nicht in einer unbestimmten legendären Atmosphäre zu sehen. Man muß versuchen, ihn als eine scharf konturierte geschichtliche Persönlichkeit in den Blick zu bekommen. Ohne Zweifel ist er das. Er ist ein Grandseigneur gewesen. Der Pharao in Ägypten hat ihn empfangen. König Melchisedek hat ihn empfangen. In der Bibel ist er mit vielen, bezaubernd humanen Schwächen gezeichnet. Er ist nicht irgendeine Idealfigur. Er ist ein lebendiger Mensch gewesen.
Ich besteige den Ziggurat, den Tempelturm. Sein Mauerwerk besteht aus Ziegeln, die in Asphalt eingebettet sind. Der Tempelturm ist auf einem Rechteck von sechzig mal fünfundvierzig Metern errichtet. Die Wände sind schräg geneigt. Ihre Grundlinien sind auf allen vier Seiten leicht nach innen, die Flächen dagegen ein wenig nach außen gewölbt. Dieses architektonische Prinzip ist auch beim Parthenontempel auf der Akropolis angewendet worden.
Von vorn auf die Längsseite zu führt, aus dem alten Material rekonstruiert, im Neigungswinkel von fünfundvierzig Grad eine Treppe von etwa hundert Stufen auf die erste Terrasse hinauf. Ursprünglich hatte der Ziggurat drei Terrassen. Auf der obersten, in fünfzig Meter Höhe, stand das Tempelgebäude. Auf den

Terrassen waren Gärten angelegt. Das ist eine Erinnerung der Sumerer an das Land ihrer Herkunft. Sie stammen aus irgendeinem Gebirge Mittelasiens. Sie sind über See hierher gekommen. Sie waren gewohnt, ihre Götter auf Bergen zu verehren.
Außer der mittleren, auf den Ziggurat zuführenden Treppe führten noch zwei weitere Treppen im gleichen Neigungswinkel von fünfundvierzig Grad, rechtwinklig zu der mittleren Treppe, von rechts und von links an der Mauer empor zum Hauptportal auf der ersten Terrasse. Wenn die Prozessionen der Priester diese Treppen hinauf- und hinabstiegen, muß das ein malerischer Anblick gewesen sein. Sir Leonard Woolley, der Archäologe der sumerischen Kultur, äußert die geistreiche Vermutung, daß Jakobs Traum von der Himmelsleiter, auf der die Engel auf- und niedersteigen, eine Erinnerung Jakobs an Erzählungen seines Großvaters aus dessen Jugendtagen in Ur ist.
Die Autorität der alten sumerischen Gottheiten, die mythische Naturmächte verkörperten, war so groß, daß noch eineinhalbtausend Jahre, nachdem Ur seine politische Macht verloren hatte, die Götter Urs in Babylon und Ninive verehrt wurden. Ur war die Jahrhunderte hindurch eine heilige Stadt. Die sumerische Sprache war die Kultsprache der babylonischen Priester. So ist sie uns erhalten geblieben.
König Nabonid, der letzte König des neubabylonischen Reiches, hat, ehe der Perserkönig Cyrus der Große im Jahre 538 sein Reich zerstörte, die heiligen Stätten von Ur noch einmal vollständig wiederaufgebaut. So ist der Ziggurat, auf dem ich stehe, nicht der aus Abrahams Zeit. Der alte, der erste Ziggurat, steckt in dem heutigen darin. Man könnte ihn freilegen, aber das wäre nur möglich, wenn man die Zerstörung der erhalten gebliebenen Anlage aus neubabylonischer Zeit in Kauf nähme.
Die Sonne beginnt sich zu neigen. Von der Höhe des Ziggurat blicke ich nach Westen in die wasserlose, unbewohnte Wüste. Dieser Ausblick hat sich seit Abrahams Zeiten nicht geändert. Rings um den Ziggurat breitet sich das Feld der archäologischen Ausgrabungen aus, Tempelanlagen aus allen Epochen, ein Mausoleum mit gut erhaltenen Wänden, ein riesiger Friedhof, Paläste und Wohnhäuser aus verschiedenen Schichten und Jahrhunderten. Die beiden Hafenbecken von Ur sind an einer etwas dunkleren Färbung des Erdreichs deutlich zu erkennen.
In dem Friedhof entdeckte Woolley die berühmten sumerischen Königsgräber. Einige der Gräber waren noch nicht geplündert. Er fand herrliche Goldgefäße, goldene Hauben, einen kunstvoll

ziselierten Dolch, eine mit Lapislazuli und Elfenbein eingelegte Leier mit dem Kopf eines Stiers aus Gold. Er fand ein kleines Silberschiff, ein genaues Modell der Fahrzeuge, welche die Fischer im Shatt el-Arab noch heute benutzen. Er fand den ganzen prachtvollen Goldschmuck der Königin Shub-ad. Königin Shub-ad ist nach Eva die fünfte Frau der Weltgeschichte, deren Namen wir kennen. Die zweite, dritte und vierte sind Ada, Zilla und Naema, die Weiber Lamechs aus dem Geschlecht Kains, die im 4. Kapitel der Genesis erwähnt werden. Die Schönheit der ausgegrabenen Kostbarkeiten, die heute im Iraqimuseum in Bagdad aufbewahrt werden, bezeugt den hohen Stand der Kultur, aus der Abraham stammt.
Zweihundert Meter südlich des Ziggurat ist ein Stück der Stadt aus der Zeit um 2000, also aus Abrahams Zeit, ausgegraben worden. Es sind gepflasterte Gassen, die ich entlanggehe. Die Häuser scheinen nicht ohne Luxus gewesen zu sein. Sie hatten innen eine Galerie. Die Archäologen schließen das aus den im Boden gefundenen verkohlten Resten der Holzbalken, welche die Galerien getragen haben.
Ohnweit dieser Ausgrabungsstelle ist eine tiefe Grube. Hier hat Woolley, durch unendliche Massen des Schutts der Jahrtausende hindurchstoßend, so lange in die Tiefe gegraben, bis die Arbeiter auf eine Lehmschicht stießen, die jungfräulicher Boden zu sein schien.
Nichts hätte näher gelegen, als den Spaten wegzulegen. Das ist nicht geschehen. Es war ein großer Augenblick der Archäologie. Sein wissenschaftlicher Instinkt sagte Woolley, daß hier etwas nicht stimme. Am Abend des Tages, an dem seine Arbeiter auf die Lehmschicht gestoßen waren, stand Sir Leonard nachdenklich vor der fast vierzig Meter tiefen Grube. War er tatsächlich am Boden der Geschichte angekommen?
Am nächsten Morgen ergriff er den Theodoliten und stellte durch Messungen fest, daß der Boden der Grube mehrere Meter über der Höhe lag, die geologisch zur Zeit der vermuteten ersten Besiedlung zu erwarten gewesen wäre. Nur mit großer Mühe brachte Woolley seine Beduinen durch das Versprechen eines zusätzlichen Lohnes dazu, weiterzugraben. Nach eineinhalb Metern stießen sie auf einen fossilen Tierknochen, den der Fluß vom Gebirge herabgeschwemmt hatte. Nach drei Metern kamen neue Schichten von Siedlungen ans Licht. Sie stammen aus vorsumerischer Zeit. Aber auch hier schon fanden sich Reste von festgebauten Häusern, Spuren eines zivilisierten Volkes, von

dem man freilich vorläufig noch keine genauen Vorstellungen hat. Vielleicht gehören diese Völker zur Hassunakultur, die, dreieinhalbtausend Jahre vor Abraham, auf 5300 vor Christi Geburt datiert wird. Diese Lehmschicht zwischen den Siedlungsschichten kann auf keine andere Weise als durch eine große und lang anhaltende Überschwemmung entstanden sein. Sie ist ein geologisches Dokument der Sintflut. Für die frühen sumerischen Geschichtsschreiber war die Sintflut ein im Gedächtnis wohl bewahrtes historisches Ereignis, das die sumerische Königsliste unterbricht. Die zehn Königsnamen, die diese Liste aus der Zeit vor der Sintflut nennt, entsprechen den zehn Patriarchen der Bibel von Adam bis Noah.
Die Goldstücke, die Sir Leonard in die Grube von Ur geworfen hat, haben sich gelohnt.
So bin ich eine Gasse aus des Erzvaters Jugendtagen entlanggeschritten über ein viertausend Jahre altes Pflaster. Kurz nachdem Tharah mit seinem Sohn Abraham, seiner Schwiegertochter Sarai und seinem Enkel Lot die Stadt Ur verlassen hatte, traten große kriegerische Ereignisse ein. Es handelt sich um eine der vielen Völkerwellen, die immer wieder erobernd aus Arabiens Wüsten hervorbrachen. Glanz und Größe des alten Königreichs Ur gingen zugrunde. Man fühlt sich versucht zu sagen – rechtzeitig, um die Überlieferung zu bewahren, habe Abraham das bedrohte Ur verlassen.
Diese Feststellung kann aber so nicht getroffen werden. Die goldenen Schätze der sumerischen Königsgräber, die Gasse Abrahams, die Spuren der Sintflut, das alles hat Sir Leonard Woolley aus der Erde gegraben. So eindrucksvoll diese Enthüllungen sind und so sehr Historie und Archäologie unseren Blick für die frühe Biblische Geschichte schärfen, eine Frage bleibt offen. Es ist die Frage, welche Überlieferung Abraham aus Ur nach Haran und Canaan mitgenommen hat.
Im 4. Kapitel des Buches Genesis, bei der Erwähnung des Enos, der ein Enkel Adams war, heißt es: »Zu der Zeit fing man an, zu predigen von des Herrn Namen.« Als Gott mit Noah den Bund schloß und den Regenbogen als Zeichen dieses Bundes setzte, war es das letztemal vor Abraham, daß Gott zu einem Menschen sprach. Dann spricht Gott noch einmal, ehe er beim Turmbau zu Babel die Sprache verwirrt. Zu wem Gott die Worte des 11. Kapitels der Genesis gesprochen hat, wird nicht erwähnt. Aber nicht nur, daß Gott dann nicht mehr zu den Menschen gesprochen hat, auch die Überlieferung, daß »gepredigt wurde in

des Herrn Namen«, muß unterbrochen gewesen sein. Wir wissen, daß Abrahams Vorfahren, und sogar noch sein Vater, den Göttern Sumers gedient haben. Das wird in der Bibel ausdrücklich gesagt. Im 24. Kapitel des Buches Josua heißt es: »Josua versammelte alle Stämme Israels gen Sichem und berief die Ältesten von Israel, die Häupter, Richter und Amtleute. Und da sie vor Gott getreten waren, sprach er zum ganzen Volk: ›So sagt der Herr, der Gott Israels: Eure Väter wohnten vorzeiten jenseits des Stroms, Tharah, Abrahams und Nahors Vater, und dienten andern Göttern.‹«

Das 12. Kapitel der Genesis fängt unvermittelt mit dem Satz an: »Und der Herr sprach zu Abraham: ›Gehe aus deinem Vaterlande und von deiner Freundschaft und aus deines Vaters Hause in ein Land, das ich dir zeigen will.‹«

Wenn wir nicht wüßten, daß Abrahams Vorfahren den heidnischen Göttern gedient haben, wäre die Sache nicht schwierig. Dann könnten wir, auch ohne daß das ausdrücklich in der Bibel gesagt wird, eine mündliche Überlieferung annehmen. Aber die Überlieferung ist unterbrochen gewesen. Wir wissen nichts darüber, wie Gottes Wort von Noah zu Abraham weitergegeben worden ist.

Von Abraham an wird die Überlieferung der Offenbarung nicht mehr unterbrochen. Er ist der Erzvater. Was Abraham nach vielleicht vielen Jahrhunderten heidnischer Götterverehrung befähigt hat, Gottes Wort zu hören und zu verstehen, ist eine Frage, auf die das Alte Testament keine Antwort gibt. Ich vermute, daß diese Frage zu beantworten auch die Wissenschaft so leicht nicht imstande sein wird.

Nach tausend Meilen, die ich durch die Wüste gefahren bin, bin ich auf dem Ziggurat von Ur auf ein Problem gestoßen, das ich, hätte ich die Bibel ein wenig fleißiger gelesen, zu Hause hätte entdecken können.

An den Wassern von Babylon

Babylon – das ist Bab-ilu, das Tor Gottes. Dieser stolze heidnische Name hat durch die Ereignisse, die als eine großartige Prozession durch das Tor Gottes gezogen sind, mythische Bedeutung bekommen.

Früh am Morgen, vorbei am Triumphbogen mit den geflügelten Löwenmenschen aus Ninive, verlasse ich Bagdad. Die Sonne ist eben aufgegangen. Noch ist der Morgen frisch. Rötlich leuchtende Nebelstreifen ziehen über das herbstliche Land. Dieses Land zwischen Euphrat und Tigris ist der älteste Boden, dem der Mensch durch Bewässerung und Ackerbau Frucht abgewonnen hat. Immer wieder kreuzt die Straße auf kleinen überhöhten Brücken wasserführende Kanäle. Einer der Kanäle trägt nach dem Mann, der ihn vor viertausend Jahren gebaut hat, den Namen »Hammurabis Glück des Volkes«. Ein Denkmal der Dankbarkeit im Herzen des Volkes!

Von Zeit zu Zeit fahre ich an einem Stück Land vorbei, auf dem feine parallele Striche zu erkennen sind, die flachen Furchen, die der Bauer mit seinem Holzpflug gezogen hat. Dieses Netz feiner Parallelen ist die Geometrie der Kultur. Im Land zwischen Euphrat und Tigris ist der Pflug erfunden worden. Die Holzpflüge der Bauern sehen noch heute genau so aus, wie die Bildhauer vor Tausenden von Jahren sie in die Reliefs, auf denen die Fruchtbarkeit der Erde gepriesen wird, eingemeißelt haben.

Die Felder liegen voller Steine. Man meint, es müßte möglich gewesen sein, im Lauf von mehr als hundert Generationen bäuerlichen Fleißes diese Steine allmählich wegzuräumen. Mein kenntnisreicher Fahrer, selbst der Sohn eines Bauern aus dieser Gegend, erklärt mir, der Bauer lasse die Steine liegen, weil sie in ihrem Schatten ein wenig Feuchtigkeit festzuhalten vermögen. Beim Pflügen rollt der Holzpflug die Steine still und bescheiden aus seinem Weg. Ein Eisenpflug wäre nach einer Furche so schartig, daß er nicht mehr zu gebrauchen wäre.

Der Euphrat ist einer der Flüsse, die aus dem Strom des Paradieses kommen. »Es ging aus von Eden ein Strom, zu wässern den Garten, und teilte sich von da in vier Hauptwasser.« Eines dieser Hauptwasser ist der Euphrat.

Babylon ist die erste Stadt, die im Alten Testament mit Namen genannt wird. In der Völkertafel des 10. Kapitels der Genesis heißt es von Nimrod, daß der Anfang seines Reiches Babel, Erech, Akkad und Chalne im Lande Sinear gewesen seien. Diese Plätze sind Namen uralter Städte, von denen wir heute wissen, wo sie gelegen haben. Der Erzählung von der Sintflut folgt die Geschichte vom Turmbau zu Babel und von der Verwirrung der Sprache, die bei der Ausgießung des Heiligen Geistes zum erstenmal wieder gelöst wird. Die Zeit der Gründung Babylons ist im Nebel einer undurchdringlichen Vergangenheit verborgen.

Babylon hat zwei große Blütezeiten erlebt. Das altbabylonische Reich hat von 1830 bis 1550 vor Christi Geburt gedauert. Sein bedeutendster Herrscher ist König Hammurabi, der erste große Gesetzgeber der Geschichte. Er nennt das zweite Jahr seiner Regierung »das Jahr, in dem ich die Gerechtigkeit begründete«. Seine Gesetzgebung war auf alten sumerischen Überlieferungen aufgebaut. Sie hat in Babylon tausend Jahre lang gegolten. Im Jahre 1901 wurde in Susa eine Dioritsäule gefunden, auf der die Gesetze des Hammurabi in kalligraphisch vollendeter Keilschrift eingemeißelt sind. Auf dieser Säule steht der Satz, daß der Gesetzgeber die Pflicht habe, den Schwachen vor dem Starken zu schützen. Zwischen dem Codex des Hammurabi und den späteren Gesetzen der Hebräer bestehen viele, bis in Einzelheiten gehende Übereinstimmungen.

Die zweite Blütezeit Babylons beginnt mit König Nebukadnezar II. Sie dauert fort unter Cyrus dem Großen, dem ersten König des Perserreiches, und reicht bis zu Alexander dem Großen. Alexander schlug nach seinen glänzenden Feldzügen seine Residenz in Babylon auf. Während der Vorbereitung eines Feldzugs zur Eroberung Arabiens ist er in Babylon an einer Malaria tropica gestorben. Die zweite Blüte Babylons hat dreihundert Jahre gedauert.

Vom Babylon der zweiten Blütezeit besitzen wir eine ausführliche Beschreibung aus der Feder eines ausgezeichneten Schriftstellers. Es ist Herodot, der in der Mitte des 5. Jahrhunderts Babylon besuchte. Zahlreich sind die Zeugnisse über Babylon aus Inschriften und Ziegelsteinbibliotheken.

Die Ruinen Babylons sind um die Jahrhundertwende von der Deutschen Orientgesellschaft unter Leitung von Robert Koldewey ausgegraben worden. Heute trifft auf diese glanzvolle Stätte menschlicher Geschichte zu, was der Prophet Jesaja geweissagt hat:

»Also soll Babel, das schönste unter den Königreichen, die herrliche Pracht der Chaldaeer, umgekehrt werden von Gott wie Sodom und Gomorra, daß man hinfort nicht mehr da wohne ... sondern Wüstentiere werden sich da lagern und ihre Häuser voll Eulen sein ... und Feldgeister werden da hüpfen und wilde Hunde in ihren Palästen heulen und Schakale in den lustigen Schlössern ... Und ich will Babel machen zum Erbe der Igel und zum Wassersumpf ... spricht der Herr.«

Diese Weissagung, die Jesaja zu einer Zeit machte, als Babylon die mächtigste Stadt des Erdkreises war, dieses Babylon, das der

Prophet selbst einmal »Du Zarte und du Üppige« nennt, ist in schauerlicher Weise in Erfüllung gegangen. Die Ausgrabungen sind ein wüstes und schwer zu durchdringendes Trümmerfeld. In der Einsamkeit der Nacht muß dieses Feld eine unheimliche Stätte ruheloser Geister der Vergangenheit sein.
Der Beduine, der sich meiner unerbittlich annahm, konnte nur ein paar Brocken Englisch. Er hatte nicht viel Ahnung. Nachdem ich ihn durch ein vernünftiges Trinkgeld losgeworden war, kletterte ich, beladen mit Karte, Kompaß, Baedeker, Grundrissen und Rekonstruktionszeichnungen, in der zunehmenden Hitze hügelauf, hügelab durch das ausgedehnte Gelände.
Herodot gibt den Umfang der Stadt zur Zeit seines Besuches mit vierhundertundachtzig Stadien an. Das sind etwa fünfundsiebzig Kilometer. Babylon war also damals so groß wie heute Paris. Die Wälle seien über hundert Meter hoch und fünfundzwanzig Meter breit gewesen. Zur Zeit Alexanders des Großen, also etwa hundert Jahre später, war die bewohnte Stadt auf einen Umfang von fünfundzwanzig Kilometern zusammengeschrumpft. Das ist der Umfang der heutigen Ausgrabungen. Man stelle sich vor, was da noch unter der Erde liegt!
Inmitten der Reste von Ziegelmauern und alten Türmen steht, ein bemerkenswertes heidnisches Symbol männlicher Herrschgewalt über die weibliche Erde, ein mächtiges Steinmonument auf einem neuen Postament, der berühmte über einer liegenden Frauengestalt stehende babylonische Löwe.
Die Monumente der Ausgrabungen in Mesopotamien sind nicht so eindrucksvoll wie die Denkmäler Ägyptens oder Griechenlands. Das Baumaterial ist all die Jahrhunderte hindurch in diesem Land ohne Steine, ohne Holz und ohne Metall der bescheidene Ziegelstein gewesen. Er war nur in der Sonne gebrannt.
Nach Zerstörungen wurden die Trümmer eingeebnet und auf ihnen die neuen Bauten errichtet. So wuchsen diese mesopotamischen Städte im Lauf der Jahrtausende zu Hügeln bis zu hundert Metern Höhe an. Was die Archäologen freilegen können, sind fast immer nur Fundamente. Will man zu älteren Schichten vordringen, muß man die jüngeren zerstören. Dazu kommt, daß die Bauern die Ziegel dieser Trümmerstätten, ihrer vorzüglichen Qualität wegen, jahrhundertelang für ihre eigenen Bauten verwendet haben. Es bedarf der Übung, um an Hand der Trümmer und der Pläne das Bild von einst wiedererstehen zu lassen.
Das erste Babylon, das Babylon Hammurabis in der ersten Hälfte des 2. Jahrtausends, ist von außerordentlicher Bedeutung

für die Geschichte der Entstehung des Alten Testaments. Dieses erste Babylon mit all seinen kostbaren Schätzen und Tempeln aus alter Zeit wurde im Jahre 689 vollständig zerstört. Das war kurz vor der Aufrichtung des neubabylonischen Reiches. Der Zerstörer war der Assyrerkönig Sennacherib.

Die Assyrer müssen ein schreckliches Volk gewesen sein, gewalttätig, böse, herrschsüchtig, ohne eine Spur von Humor. Wie alle Tyrannen hatten sie eine Vorliebe für überdimensionale Bauten. Schon in der Antike haben sie eine schlechte Presse gehabt. Sie auch waren es, die das »Ausreißen« von Völkern als Terrormethode in die Politik eingeführt haben.

Zur Zeit der Könige, im Jahre 932, hatte sich das jüdische Volk in zwei Königreiche geteilt, das nördliche Israel mit der Hauptstadt Samaria und das südliche Juda mit der Hauptstadt Jerusalem. Israel wurde im Jahre 722, also etwas über hundert Jahre vor der babylonischen Gefangenschaft, von dem assyrischen König Shalmaneser erobert. Sein Nachfolger Sargon eroberte Samaria. Die Methode des Ausreißens einer ganzen Bevölkerung wurde in diesem Fall so erfolgreich angewendet, daß Israel, der zweite jüdische Staat, und seine aus Syrien verschleppten Bewohner spurlos verschwunden sind. Daß dem anderen jüdischen Staat, dem Reiche Juda, das nur einmal, unter David und Salomo, eine Großmacht war, trotz seiner zahlreireichen Kriege mit fast allen Nachbarn, trotz seiner leidenschaftlich leichtfertigen Revolten gegen die mächtigen Herrscher von Ninive und Babylon, Torheiten, vor denen die politisch klarblickenden Propheten immer wieder gewarnt haben, nicht das gleiche Schicksal wie seinem nördlichen Bruderstaat Israel zuteil geworden ist, daß dieses Juda alle Wechselfälle der Geschichte bis zur Geburt Jesu Christi überlebt hat, ist ein Phänomen, das seinesgleichen in der Geschichte nicht hat. Mit den gewöhnlichen historischen Kategorien kann dieses Phänomen nicht erklärt werden.

Die Zerstörung durch Sennacherib war so gründlich, daß die Ausgrabungen vom Babylon des alten Reiches nur Spuren zutage gefördert haben. Was wir vom alten Babylon wissen, stammt größtenteils aus der Bibliothek des Königs Assurbanipal, der um das Jahr 700 vor Christi Geburt in Ninive regierte. Dieser König war ein Liebhaber und Kenner der Literatur. Die Entzifferung der Keilschrifttafeln seiner Bibliothek hat neues Licht auf die Geschichte der Entstehung des Epos der Schöpfung geworfen.

Die Chaldaeer, wie die Bibel die Babylonier nennt, hatten eine auf sumerischen Überlieferungen beruhende Geschichte der Schöpfung, die in vielen wichtigen Punkten mit dem Bericht der Bibel übereinstimmt. Da Europa bis zu den Entdeckungen der Archäologie unserer Zeit für seine Kenntnis des Volkes Israel auf die Bibel angewiesen war, hat es die Geschichte der Juden nur aus der Perspektive der biblischen Chronisten gesehen. Die Archäologen haben gezeigt, daß die hebräische Kultur tief in die geistige Welt Westasiens eingebettet war, daß die Juden Anteil an den Überlieferungen Babylons und Sumers hatten. So ist die Neigung der Juden, von Jahwe abzufallen und fremden Göttern zu dienen, historisch verständlich.
Worin die Juden sich von ihrer geistigen Umwelt unterschieden, ist die allen Erklärungen sich entziehende Tatsache, daß sie von Anfang an die Idee des allherrschenden Gottes hatten. Der Versuch, den Sachverhalt so darzustellen, als sei die jüdische Gottesidee auf einen beduinischen Stammesgott zurückzuführen und habe dann eine Entwicklung zur Transzendenz durchlaufen, läßt nicht nur das Zeugnis der in ihren Aussagen so verläßlichen Bibel außer acht, er scheitert am Wesen der Sache.
Eine Idee so hohen Ranges wie die Idee Gottes als eines Wesens, das unsichtbar und unerkennbar ist, eines Wesens, dessen Eigenschaften nicht nur unbekannt sind, das vielmehr Eigenschaften in der Art, wie der irdische Mensch oder irdische Dinge Eigenschaften haben, gar nicht haben kann, wird dem Menschen nicht durch einen Prozeß fortschreitender Erkenntnis zuteil. Auch die fortgeschrittenste Erkenntnis wird dieses Wesen niemals begreifen. Nicht der Mensch ist, irgendwie biologisch, auf der Welt und kommt auf rationalem Wege allmählich hinter das Geheimnis seiner Existenz. Gott hat den Menschen erschaffen und läßt es ihn wissen.
Ich finde nicht einmal, daß man fromm sein muß, um das zu verstehen. Die Entwürfe früher Kulturen, das Geheimnis der menschlichen Existenz mythologisch zu erklären, befriedigen durch ihre Poesie. Die Versuche, die Transzendenz unseres Daseins naturwissenschaftlich zu erklären, sind in einem solchen Maße unbefriedigend und genügen selbst den bescheidensten intellektuellen Ansprüchen so wenig, daß die Hypothese einer Creatio ex nihilo dagegen eine einfache und überzeugende Sache ist.
Es entspricht in vollkommener Weise der Unvollkommenheit der menschlichen Natur, daß Gott sich immer wieder offenbart. Die

Bibel erzählt die Geschichte der Propheten, der Männer, die dazu ausersehen waren, neue Offenbarungen in geschichtlicher Zeit zu verkünden. Petrus, in seiner Pfingstpredigt, nennt schon David einen Propheten. In der Geschichte der Menschheit gibt es nichts, was den Propheten in Israel vergleichbar ist. Die Propheten waren es, die im Volk Israel, das durch seine ganze Geschichte hindurch ständig leiblich und geistig bedroht, ständig von Gefahren umwittert war, die Idee Gottes als des Schöpfers Himmels und der Erden aufrecht erhielten, bis daß die Zeit erfüllet war.
Der letzte dramatische Höhepunkt der Geschichte der Erkenntnis Gottes im Volk Israel fällt in das glanzvolle zweite Babylon. Das Babylon, das durch die Ausgrabungen Koldeweys zutage gefördert wurde, ist das Babylon des jüdischen Exils.
Der Begründer des zweiten, des neubabylonischen Reiches war, zusammen mit seinem Vater Nabopolassar, König Nebukadnezar von Babylon. Als Kronprinz besiegte Nebukadnezar den durch Syrien bis zum Euphrat vorgedrungenen Pharao Necho in der berühmten Schlacht von Carchemish. Dieser selbe Nebukadnezar war es, der den König Jojachim von Juda besiegte und die Juden in die babylonische Gefangenschaft führte.
Es war nicht das ganze jüdische Volk, das weggeführt wurde, sondern nur die, die man seitdem die »Oberen Zehntausend« nennt. Die Weingärtner und Ackerleute wurden von den klugen Babyloniern im Land gelassen. Sie hatten für die Besatzungskosten aufzukommen.
Die Babylonier verfuhren mit ihren Feinden human. Jeremia schreibt einmal in einem Brief nach Babylon:
»So spricht der Herr, der Herr Israels, zu allen Gefangenen, die ich habe von Jerusalem wegführen lassen gen Babel: ›Bauet Häuser, darin ihr wohnen mögt; pflanzet Gärten, daraus ihr Früchte essen mögt; nehmt Weiber und zeugt Söhne und Töchter . . . suchet der Stadt Bestes, dahin ich euch habe lassen wegführen, und betet für sie zum Herrn. Denn wenn's ihr wohlgeht, so geht's euch auch wohl.‹«
Dem Jeremia wurde, auf ausdrückliches Geheiß des Königs Nebukadnezar, freigestellt, ob er in Juda bleiben oder mit nach Babylon kommen wolle. Der Prophet entschied sich dafür, die zurückgelassene arme Bevölkerung im besetzten Gebiet nicht zu verlassen. Er wurde der beratende Prophet bei Gedalja, dem babylonischen Hochkommissar in Jerusalem. Aus Daniel wissen wir, daß die jungen jüdischen Männer dem König dienten. Ne-

hemia war eine Exzellenz am Hofe in Susa. Er hatte das Amt des königlichen Mundschenks inne. König Jojachim wurde, freilich erst nach einer Gefangenschaft von siebenunddreißig Jahren, begnadigt. Von da an hat er bis an sein Lebensende eine königliche Pension bezogen.

Beim Betreten der Ausgrabungsstätte stößt man zunächst auf das berühmte Ishtartor. Ishtar war die Göttin der Fruchtbarkeit. Sie verschmolz später mit der griechischen Demeter. Das Ishtartor ist eine ausgedehnte Anlage, tief in der Erde liegend. Ich schreite zwischen fünfzehn Meter hohen Ziegelmauern dahin, an deren Rohziegeln überlebensgroße Stiere, Drachen und Löwen noch zu erkennen sind. In sorgfältig bemessenen Abständen sind sie über die großen Flächen verteilt. Die Reliefs sind mit leuchtend bunten, emaillierten Ziegeln verkleidet gewesen. Diese ganze Pracht wurde vor fünfzig Jahren nach Berlin gebracht.

Ein Teil des Ishtartores wurde von Nebukadnezar selbst zugeschüttet, um eine höher gelegene Prozessionsstraße bauen zu können. Die herrlichen Emailreliefs der heiligen Tiere Drache, Stier und Löwe wurden, ehe man sie zuschüttete, sorgfältig eingemauert. So sind sie in gutem Zustand erhalten geblieben. Es liegt hier der Fall vor, daß die Frömmigkeit der Wissenschaft gedient hat.

Die mit großen Steinplatten gepflasterte Prozessionsstraße des Königs Nebukadnezar ist zum größten Teil freigelegt. Sie ist mehrere Kilometer lang. Sie beginnt am Ishtartor und endet am Ziggurat, dem Turm, auf dessen Spitze der Tempel Marduks, des Gottes Babylons, stand. Auf dieser Straße wurden in prunkenden Prozessionen die Statuen der Götter von den Priestern entlanggetragen. Die heilige Straße war auf beiden Seiten von Palästen eingerahmt, von deren Größe wir uns nach den ausgegrabenen Grundmauern noch heute ein Bild machen können. Die Straße muß einen Eindruck gemacht haben wie die Champs Elysées in Paris zwischen dem Louvre und dem Arc de Triomphe.

Herodot beschreibt den Besuch, den er dem Tempel des Marduk auf dem Ziggurat abgestattet hat. Der Turm hatte acht Stockwerke. Der Pfad, der hinaufführte, wand sich um den Turm herum. Auf den mit Gärten bepflanzten Terrassen standen Bänke, auf denen der antike Tourist sich ausruhen konnte. Im Tempel standen neben dem Bild des Gottes eine reichgeschmückte Lager-

statt und ein Tisch aus purem Gold. Der Zutritt scheint für jedermann frei gewesen zu sein.
An den großen Festtagen standen die in Babylon in der Verbannung lebenden Juden am Rand der heiligen Straße, während die fremden Götter in Glanz und Gold und Pracht an ihnen vorübergetragen wurden. In dem allgemeinen Jubel durften sie ihre Trauer nicht zeigen. Diese Tage der großen Götterfeste waren es, an denen die Juden, während das ganze Volk feierte, zu den stillen, verlassenen Ufern des Euphrat hinabgingen, an den Wassern von Babylon saßen und weinten.

Es war eine harte Prüfung, die Jahwe den Juden auferlegt hatte. Zudem war es eine große Versuchung.
Die fremden Götter hatten ihren Gläubigen die Macht gegeben, Jahwes heilige Stadt Jerusalem zu erobern, seinen Tempel zu zerstören, das auserwählte Volk in die Gefangenschaft zu führen. Sie hatten die Macht, ihr Volk reich, frei und glücklich zu machen. Sie waren älter als Moses, älter als Abraham. Die Babylonier hatten eine heilige Stadt, Ur, die schon zu Abrahams Zeiten tausend Jahre alt gewesen war. Das babylonische Epos der Schöpfung ging, wie der Schöpfungsbericht im Buche Genesis, bis an den Anfang der Welt zurück.
Wir wissen aus der Geschichte, wie anfällig das jüdische Volk jederzeit für fremden Götzendienst war. Selbst nach den Wundern, die Gott beim Auszug aus Ägypten an den Kindern Israels getan hatte, opferten sie am Berge Sinai dem Goldenen Stier. Sogar Aaron, der Bruder Mosis, ein Mann der geistigen Elite, war an diesem Abfall nicht ganz unschuldig.
Dazu muß die gepflegt dekadente Kultur der Weltstadt Babylon auf ein geistig so empfängliches Volk, wie die Juden es waren, einen außerordentlichen Eindruck gemacht haben. Babylon war immer schon ein Zentrum der Wissenschaft, der Religion, der Philosophie gewesen. Zu der religiösen Versuchung, die Macht der fremden Götter anzubeten, trat eine intellektuelle Versuchung, die nicht minder gefährlich war.
Hier in Babylon, zur Zeit des Königs Nebukadnezar, fand das erste Zusammentreffen zweier Mächte statt, die seitdem nicht aufgehört haben, miteinander zu streiten. Hier in Babylon trafen die Juden auf die hochentwickelte chaldaeische Wissenschaft. Hier zum erstenmal trafen Glaube und Wissenschaft aufeinander.
Die Babylonier waren in der Mathematik weit fortgeschritten.

Sie waren hervorragende Astronomen. Die Sterne wurden durchaus nicht von Gott bewegt. Sie bewegten sich nach festen mathematischen Gesetzen, von denen ein chaldaeischer Galilei schon damals einige gefunden hatte. Nach diesen Gesetzen konnte man die Bewegungen der Gestirne berechnen. Die chaldaeische Astrologie stand hoch über der heutigen. Wir haben allen Grund anzunehmen, daß die Chaldaeer noch Kenntnis von uralten Weisheiten gehabt haben, die der Menschheit unterdessen verlorengegangen sind. Die Lehrstätten der Wissenschaft standen den jungen gebildeten Juden offen. Wenige Jahrhunderte später bemächtigten die Juden sich mit Eifer und Erfolg der griechischen Wissenschaft. Im Exil von Babylon haben sie dieser Versuchung widerstanden.

Etwas südlich der großen Prozessionsstraße wurde der Palast Belsazars ausgegraben. Belsazar war der Enkel des großen Nebukadnezar. Ich stehe auf den großen, glatten Steinplatten des Saales, in dem das berühmte Fest stattgefunden hat, das im 5. Kapitel des Buches Daniel beschrieben ist. Belsazar hatte die goldenen Gefäße aus dem Tempel Salomons, die Nebukadnezar aus Jerusalem geraubt hatte, herbeibringen lassen, um seine Tafel damit zu schmücken. Die Flammenschrift erschien an der Wand des Festsaals. Der König erbleichte. Die lärmende Gesellschaft verstummte. Keiner der chaldaeischen Magier vermochte die Flammenschrift zu deuten. Daniel wurde geholt. Er, der machtlose, gefangene Jude, hielt dem mächtigen König von Babylon eine Rede, in der noch, wie der Nachhall eines Gewitters, etwas von dem Zorn Mosis über die falschen Götter grollt. Daniel hielt Belsazar das Beispiel des großen Nebukadnezar vor, der sich vor Gott gedemütigt hatte.

»Und du, Belsazar, sein Sohn, hast dein Herz nicht gedemütigt ... sondern hast dich wider den Herrn des Himmels erhoben, und die Gefäße seines Hauses hat man vor dich bringen müssen, und du, deine Gewaltigen, deine Weiber und deine Kebsweiber, habt daraus getrunken, dazu die silbernen, goldenen, ehernen, eisernen, hölzernen, steinernen Götter gelobt, die weder sehen, noch hören, noch fühlen. Den Gott aber, der deinen Odem und alle deine Wege in seiner Hand hat, hast du nicht geehrt. Darum ist von ihm gesandt diese Hand und diese Schrift, die da verzeichnet steht. Das ist aber die Schrift, allda verzeichnet: Mene, Mene, Tekel, U-pharsin.

Und sie bedeutet dies: Mene. das ist: Gott hat dein Königreich

gezählt und vollendet. Tekel, das ist: man hat dich in einer Waage gewogen und zu leicht gefunden. Peres, das ist: dein Königreich ist zerteilt und den Medern und Persern gegeben.«
Der König war großmütig genug, den Deuter des Geheimnisses mit einer goldenen Kette zu belohnen und zu erklären, daß er von nun an der Dritte Mann im Königreich sei. Dann kommt in der Bibel nur noch der eine Satz:
»Aber in derselben Nacht ward der Chaldaeer König Belsazar getötet.«
Wenig später nahm Cyrus der Große Babylon ein. Cyrus schritt die Prozessionsstraße zum Tempel des Gottes Marduk entlang. Er ergriff die Hände des Götterbildes. Das Volk war überzeugt, der Gott Marduk selbst habe Cyrus zum König von Babylon bestimmt.
Die Perser waren keine Assyrer mehr. Die vornehme iranische Kultur war sogar der babylonischen an Humanität überlegen. Cyrus schickte die verschleppten Völker in ihre Heimat zurück. Er befahl sogar, die heiligen Geräte aus dem Tempel Salomos wieder nach Jerusalem zurückzubringen. Dort blieben sie, bis der römische Feldherr Titus im Jahre 70 nach Christi Geburt Jerusalem zerstören mußte. Auf seinem Triumphbogen auf dem Forum in Rom sind einige der Geräte abgebildet. Wir wissen, wie der siebenarmige Leuchter Salomos ausgesehen hat.
Seit der Zeit des Titus geht kein rechtgläubiger Jude durch den Triumphbogen des Mannes, der Jerusalem zerstört hat. Die nach Rom verbrachten Geräte aus dem Tempel von Jerusalem sind erst bei der Plünderung Roms durch die Vandalen verschwunden. Vielleicht besitzt die koptische Kirche noch etwas von diesen Kostbarkeiten. Man sagt, daß bis vor kurzem noch in den Gewölben der Grabeskirche in Jerusalem einiges vom Schatz des Königs Herodes aufgehoben worden sei. Darunter hätten sich die letzten erhaltenen Geräte aus Salomos Tempelschatz befunden. Wo diese Gegenstände, die der kriegerischen Verwicklungen in Palästina wegen in Sicherheit gebracht wurden, heute sind, ist unbekannt.
Die Großmut des Perserkönigs Cyrus hat nichts daran ändern können, daß der Staat Juda sich von der Eroberung durch Nebukadnezar jahrhundertelang nicht erholen konnte. Der Neubau des Tempels unter Zerubabel war mit der Pracht des salomonischen Tempels nicht mehr zu vergleichen. Traurig wie zu allen Zeiten sprachen die alten Leute vom Glanz der Vergangenheit.

Das Exil hat die Juden gezwungen, sich auf das zu besinnen, was in der Welt zu verwirklichen ihre Aufgabe gewesen ist. Erst in der babylonischen Gefangenschaft, nachdem sie Heimat, Eigentum, Vaterland und die heilige Tempelstätte Jahwes verloren hatten, machten die Juden endgültig zu ihrem festen Besitz, was an die ganze zivilisierte Menschheit weiterzugeben ihr geschichtlicher Auftrag war – ihren altüberlieferten Glauben an den einen, allherrschenden Gott.
Das einzige, was sie ins Exil hatten mitnehmen können, war dieser Glaube und das Gesetz Mosis gewesen. Nicht einmal ihre Feste konnten sie in der Verbannung feiern. Sie konnten nicht opfern. Jahwe nimmt nur die Gaben des verheißenen und gelobten Landes. Damals bekam der Sabbat bei den Juden die Bedeutung, die er seitdem bei ihnen hat. Damals wurden die Juden zum »Volk des Buches«, wie noch Mohammed sie nennt. In diese Zeit auch gehen die Anfänge des Talmud zurück, des großen theologischen Kommentars zum Alten Testament.
An den Wassern von Babylon ist eine der großen Schlachten in der Geschichte des menschlichen Geistes geschlagen worden. Es waren Heimatlose, Verschleppte, ihrer Freiheit Beraubte, die im Unglück die Hoffnung nicht aufgaben, daß die alten Weissagungen sich erfüllten. Während Babylon zum Erbe der Igel und zum Wassersumpf geworden ist, hat die Menschheit das Erbe dieser Hoffnung angetreten.

Der Weg nach Jerusalem

In der Nacht ist Schnee gefallen. Es ist Ende November. Der Djebel Kasyun, der Berg Abrahams am Nordrand von Damaskus, blitzt in der Morgensonne. Der Tag, der unvergleichliche Tag, an dem ich Jerusalem sehen soll, ist gekommen.
Ob ich mein Ziel erreichen werde, ist bei der Abfahrt von Damaskus noch nicht sicher. In Palästina herrscht Krieg. Der Waffenstillstand ist ständig in Gefahr. Vor wenigen Tagen erst hat es an der Demarkationslinie der Vereinten Nationen einen ernsten Zwischenfall gegeben.
Durch Jerusalem läuft die Front. Das alte, von der Stadtmauer Sultan Solimans umschlossene Jerusalem, in dem Golgatha und das Heilige Grab liegen, ist in arabischer Hand. Der neue Teil der Stadt ist im Besitz der Israelis. Auf der westlichen Stadt-

mauer stehen die Soldaten der Arabischen Legion. Sie blicken in das Niemandsland, das sie von ihren Feinden trennt.
Das jordanische Visum zu bekommen war recht schwierig. Ich habe das nicht als Mangel an Gastfreundschaft empfunden. Ein Fremder, der auf dem Landweg von Damaskus nach Jerusalem will, fährt durch die arabische Etappe hindurch. Auch wenn er ein Pilger ist, kann man ihm nicht ansehen, ob er sich nicht für militärische Dinge interessiert. Die Leidenschaften der Kriegführenden sind erregt. Auf beiden Seiten herrscht ein finsterer, gnadenloser Haß. So konnte es, bei einer plötzlichen Veränderung der Lage, leicht eintreten, daß ich trotz meines Visums an der Grenze nicht durchgelassen würde.
Wir fahren durch die Gärten, Palmenwälder und Felder der Oase Damaskus. Dann beginnt wieder die Wüste. Die gut asphaltierte Straße verbindet Damaskus, die Hauptstadt Syriens, mit Amman, dem alten Philadelphia, der Hauptstadt des Hashemitischen Königreichs Jordanien.
Schon an der syrischen Grenzstation ist die Kontrolle zwar höflich, aber genau. An der jordanischen Grenzstation betrete ich das Gebäude, in dem die Pässe visiert werden. Im Office sitzt ein dicker, freundlicher Mann, der Typ eines Sergeanten. Er trägt die Uniform der von dem Engländer Glubb-Pascha aufgebauten Arabischen Legion. Noch jeden Sergeanten in jeder Armee der Welt hat es gefreut, als Kapitän angesprochen zu werden. Eine kleine List kann auch hier nicht schaden. »Morning, Captain!« Der dicke, freundliche Mann springt auf und begrüßt mich herzlich: »Morning, Sir!«
Was war? Er, fast immer als Sergeant angesprochen, war wirklich Kapitän. Er lud mich zu einem Mokka ein. Ich bekam meinen Stempel.
Als wir weiterfuhren und ich mich gerade befriedigt in meinen Sitz zurücklehnen wollte, durchfuhr mich ein kleiner Schreck. Fast wäre es ein Schwindel gewesen, mit dessen Hilfe ich das Heilige Land betreten hätte. Aber schließlich, die transjordanische Wüste ist noch nicht das Heilige Land, und der freundliche dicke Mann war ja wirklich Kapitän.
Bevor wir nach Amman kommen, passieren wir eines der vielen Lager, in denen die aus Palästina geflohenen oder vertriebenen Araber hausen. Die Vereinten Nationen stellen für ihre Ernährung vier Dollar pro Kopf und Monat zur Verfügung. Die Behausungen der Flüchtlinge bestehen aus leeren Ölkanistern, der Schale dessen, was der Reichtum des Vorderen Orient ist.

Amman liegt in einem tief eingeschnittenen Tal. Neben dem römischen Amphitheater der alten Stadt Philadelphia stehen Hochhäuser am Rand der Wüste. An den Berghängen wechseln die Villen der Vornehmen mit Höhlen, in denen die Armen wie in der Steinzeit hausen. Auf der Hauptstraße parken Hunderte von Autos. Meistens sind es große amerikanische Wagen. Vor den Caféhäusern drängen sich zwischen Zeitungsjungen, Straßenverkäufern, Lastträgern und jenen orientalischen Figuren, die zum Lobe des Daseins immer Zeit haben, Pferde, Esel und Kamele. Es herrscht ein unbeschreiblicher Lärm. Dieser Lärm hat etwas Fröhliches, etwas von der überquellenden Lust des Lebens. Es scheint, als hätten diese alten Völker keine Nerven. Allmählich vergißt auch der Franke, daß er Nerven hat.
Das Auto, mit dem ich gekommen bin, ist samt seinem Fahrer verschwunden. Ich habe keine Ahnung, ob und wie die Fahrt weitergehen wird. In der Tasche habe ich ein zerrissenes Stück Papier mit ein paar arabischen Zeilen, die ich nicht lesen kann. So bleibt mir Zeit, die schmalen, scharf geschnittenen Gesichter der Beduinen, die ihre Kamele die Straße entlangtreiben, zu betrachten. Bei dem wunderbaren Lärm huscht mir der Gedanke durch den Kopf, ob Beduinen Neurosen bekommen können. Es ist ein vollständig lächerlicher Gedanke.
Nach einer Stunde klopft mir ein freundlicher Mann, den ich noch nie gesehen habe, auf die Schulter und schiebt mich in ein Auto. Es stellt sich heraus, daß wir so lange gewartet haben, bis sieben zahlende Passagiere beieinander sind. Nur wenn jeder Platz im Auto besetzt ist, lohnt sich die Fahrt. Bei diesem Warten hätte es geschehen können, daß ich die ganze Fahrt durch das Jordantal im Dunkeln hätte machen müssen. Ich habe Glück. – Einer der Beduinen im Auto hat ein Schäfchen auf dem Schoß.
Hinter Amman beginnen die so schmerzlich wohlbekannten Erscheinungen der Etappe – Brückenwachen unter Gewehr, Betonbunker an der Ausfallstraße, Stacheldrahtverhaue, Verpflegungslager, Feldküchen und herumlungernde Soldaten. Viele Männer, wenig Frauen. In der Tasche ein Billett für zwanzig Dollar, fahre ich durch den Krieg.
Der Wagen klettert aus dem Tal von Amman heraus. Am Horizont taucht eine Hügelkette auf. Es sind die Berge von Moab, die Hauptverteidigungslinie der Araber östlich des Jordan, die Berge, von denen aus Moses, ehe er sterben mußte, einen Blick in das Gelobte Land getan hat.

Jerusalem ist eine sehr alte Stadt. Bei Hesekiel, Kapitel 16, Vers 3, sagt der Herr von der Stadt Jerusalem, daß ihr Vater aus dem Geschlecht der Amoriter und ihre Mutter aus den Hethitern sei. Die älteste geschichtliche Nachricht, die wir von Jerusalem besitzen, ist zweihundert Jahre älter als die Eroberung der Stadt durch die Juden. Diese Nachricht findet sich in den Briefen, die Abd-Khiba, ein in Jerusalem residierender Vasall des Pharao Amenophis IV., an den ägyptischen Hof geschrieben hat. Amenophis IV. Echnaton ist der Begründer des Sonnenkultes in Ägypten. Seine Gattin war die Königin Nofretete.

Diese berühmt gewordenen Briefe sind im Archiv des Pharao in Tell el-Amarna gefunden worden. Danach werden sie die Amarnabriefe genannt. Sie sind in Keilschrift in babylonischer Sprache um die Wende des 15. zum 14. Jahrhundert geschrieben. In diesen Briefen bittet Abd-Khiba immer wieder um Hilfe gegen die Feinde des Pharao. Sie scheint nicht gewährt worden zu sein. Von dem Namen Abd-Khiba ist die erste Hälfte das semitische Wort für Sklave, die zweite der Name einer hethitischen Gottheit. Es gibt gute Gründe anzunehmen, daß Abd-Khiba der Repräsentant einer hethitischen Aristokratie gewesen ist, die damals in Mittelpalästina herrschte. Unter König Davids Paladinen sind zwei Hethiter. So wäre also die Angabe in Hesekiel 16, 3 wörtlich zu nehmen. Schon zur Zeit Abd-Khibas war Jerusalem eine alte Stadt.

Der Name Jerusalem in den Amarnabriefen ist Urusalim. Dieser Name ist zur Hälfte sumerisch, zur Hälfte semitisch. Er bedeutet »Stadt des Friedens«.

Als die Juden ins Land kamen, war Jerusalem eine Festung der Jebusiter. Die Jebusiter waren Semiten. Die Eroberung Canaans durch die Juden ist ein Vorgang, der sich über mehr als zweihundert Jahre erstreckt hat. Es war nicht eine rein militärische Eroberung. Lange Zeiten hindurch haben die Juden verhältnismäßig friedlich zwischen den alten Einwohnern des Landes gelebt. Dabei haben sie die eingesessene Bevölkerung unterwandert. Erst mit der Eroberung Jerusalems durch König David traten die Juden die volle Herrschaft an.

König Salomo baute den Tempel in Jerusalem. Die Bundeslade, die so lange durch die Wüste getragen worden war, fand eine feste Statt. Neben dem Tempel errichtete Salomo seinen prunkvollen Palast. Unter ihm ist die Stadt aufgeblüht. Es war die Zeit, in welcher die Juden, die als Wüstenbeduinen nach Canaan

gekommen waren, die überlegene phönizische Kultur übernahmen.
Jerusalem ist in seiner Geschichte unzählige Male erobert und viele Male zerstört worden. Seine Glanzzeiten waren kurz, seine Elendszeiten lang und fürchterlich.
Die Stadt ist heute drei Weltreligionen heilig. Seit der Eroberung durch König David und dem Bau des Tempels Salomos ist Jerusalem die heilige Stadt der Juden. Sie wird es immer bleiben. Seit der Messias auf Golgatha ans Kreuz geschlagen wurde, ist Jerusalem ein Heiligtum der Christenheit. Seit der Eroberung durch den Islam und der Errichtung des Felsendomes ist Jerusalem eine heilige Stadt der Mohammedaner, deren Rang nur von Mekka übertroffen wird.

Den Kamm der Berge von Moab zu erreichen, braucht die Straße nur wenige hundert Meter anzusteigen. Dann geht es wieder ins Tal hinab, das Tal des Jordan. Die Straße folgt einem vielfach gewundenen kleinen Fluß. Am springenden Wasser des Flüßchens stehen Weiden und Buchen. Trotz der späten Jahreszeit sind sie grün. Die Hänge sind kahl und steinig. Das Bild erinnert an die Täler, die vom Kamm der Alpen nach Süden hinabführen.
An der Straße steht ein großes Schild mit der Aufschrift »Sea Level«. Wir befinden uns auf Meereshöhe. Von jetzt an habe ich das Gefühl, daß die Straße unaufhaltsam in die Tiefe stürzt. Nicht nur, daß ich das weiß, innert einer halben Stunde wird es im Wagen heiß. Wir öffnen die Fenster. Die hereinströmende Luft ist warm. Weiden und Buchen verschwinden. Palmen tauchen auf. Daß eine bewohnte Landschaft vierhundert Meter unter dem Meeresspiegel liegt, gibt es nur an dieser einzigen Stelle der Erde.
Der Wagen biegt um eine vorspringende Bergnase. Vor meinen Augen öffnet sich das Jordantal. Links liegt die tief dunkelblau leuchtende Fläche des Toten Meeres. An der Mündung des Jordan ins Tote Meer treten die Berge von beiden Seiten hart an die Ufer heran. Das Tote Meer hat die Größe des Genfer Sees.
In den schroffen Klüften am Westufer des Toten Meeres liegt Mâr Sâba, ein Kloster, in welchem der heilige Sabas gelebt hat und gestorben ist. Seine Gebeine wurden von einem um den Ruhm seiner Vaterstadt besorgten Venezianer nach Venedig gebracht. Dort ruhen sie neben den sterblichen Überresten des Apostels Markus, die aus Alexandria nach Venedig überführt

wurden. Im Kloster St. Sabas wurde die Geschichte des indischen Prinzen Josaphat aufgeschrieben. Hier ist der heilige Johannes Chrysorrhoas von Damaskus gestorben und begraben.

Wir nähern uns dem Jordan. Ein schmaler Fluß, dessen Lauf von Gärten, Feldern und Palmenhainen begleitet ist. Auf dem anderen Ufer liegt ein Landstädtchen. Dahinter steigt steil der zerklüftete Westrand des Jordantales auf. Hinter diesen nackten, wüsten Bergen liegt Jerusalem. Die Sonne schickt sich an, hinter dem Gebirge unterzugehen. Die Felszacken der Osthänge beginnen, sich mit einer ersten abendlichen Röte zu färben.

Während ich noch in das Bild der Landschaft versunken bin, stößt mich mein freundlicher syrischer Nachbar an. Er scheint in der Biblischen Geschichte bewandert zu sein. Er weist auf das Städtchen und sagt lächelnd: »Jericho!«

Nichts kann bewegender sein, als wenn sich ein Name, der schon die Phantasie des Knaben beschäftigt hat, in einem Augenblick in eine geographische Realität verwandelt. Wie großartig ist das, was die Bibel über die Eroberung der Stadt durch Josua erzählt!

Sechs Tage lang umwandeln die Juden, jeden Tag einmal, die unersteigbaren Mauern der Stadt. Vorweg ziehen die Bewaffneten. Es folgen die Priester mit den Posaunen. Dann kommt die Bundeslade. Den Beschluß macht der Haufe des Volkes. Von den Mauern herab verhöhnen die Feinde diesen unglaublichen Zug. Am siebenten Tage wird die Stadt siebenmal umwandelt. Dann werden die Posaunen geblasen. Das Volk erhebt ein Feldgeschrei. Die Mauern von Jericho stürzen ein.

Jericho ist die älteste Stadt, die es auf der Welt gibt. Archäologie und Vorgeschichte haben in gemeinsamer Arbeit nachgewiesen, daß dieser Platz seit dem 10. vorchristlichen Jahrtausend ununterbrochen besiedelt war. Das Posaunenkonzert Josuas hat also, obwohl es eines der frühesten musikalischen Ereignisse der Weltgeschichte ist, in einer für Jericho späten Zeit stattgefunden. Bei den Ausgrabungen sind einige der Steine von den Mauern, die vor Josuas Augen zusammenstürzten, zutage gefördert worden.

Wir halten vor der Brücke. Nachdem die Soldaten, die die Brücke bewachen, umständlich unsere Papiere geprüft haben, fahren wir über den Jordan. Um diese Jahreszeit hat der Fluß nicht viel Wasser, aber immer noch eine schnelle Strömung.

Ohnweit dieser Brücke ist die Stelle, an der Johannes Jesum taufte.

Während wir in Jericho einen kleinen Halt machen, kommen die arabischen Legionäre aus dem Etappenkino, wo sie sich an Marilyn Monroes Tugend erfreut haben. Dann fährt der Wagen wieder ins Gebirge hinein.
Auf der vielfach gewundenen Straße, die immer wieder einen Blick ins Jordantal freigibt, steigen wir ebenso schnell, wie die Sonne sinkt. Die Felswände des Ostufers haben sich in ein rotglühendes Band verwandelt. Die Farbvaleurs erinnern an Alpenglühen. Nur sind die Töne satter und leuchten kräftiger. Die Fläche des Meeres ist in ein totes Schwarz zurückgesunken. Nach einer halben Stunde erreicht die Straße den Kamm des Gebirges südlich des Ölbergs.
Vor mir liegt Jerusalem, von diesem Punkt aus, wie auf einem Bild, vollständig zu übersehen. Der Eindruck ist einfach und großartig. Was ich sehe, ist »die hochgetürmte Feste Zion«. Das Bild entspricht den Darstellungen frühmittelalterlicher Maler.
Gelegen auf einer Felsplatte, umgeben von tiefeingeschnittenen Tälern mit steil abstürzenden, grauen Hängen, eingefaßt in eine gewaltige, von großen Toren unterbrochene Stadtmauer, innerhalb deren eng und steil Paläste und Häuser, Kirchen mit mächtigen Kuppeln, Türme und Minaretts sich drängen, ein Menschenwerk, aufsteigend aus einer wilden und zerklüfteten Berglandschaft, von den letzten Strahlen der untergehenden Sonne als Silhouette in den Horizont gezeichnet, ragt die alte heilige Stadt gen Himmel.
Mag dieses Bild im Lauf der Geschichte immer wieder sich verändert haben, selbst als Trümmerhaufen hat Jerusalem auf seiner Felsenhöhe seit König Davids Zeit niemals aufgehört, die Feste Zion zu sein, von der Jesaja sagt, daß der Herr da wohne. Nichts scheint bei diesem Anblick einleuchtender, als daß diese irdische Stadt das Abbild eines himmlischen Jerusalem ist.
Durch viele, viele Jahrhunderte hindurch haben Pilger, nach den Mühsalen der Fahrt zum Heiligen Land, ergriffen vor diesem das Herz bewegenden Anblick gestanden. Manch fromme Seele mag, wenn in ihrer letzten Stunde die Schönheit des irdischen Jerusalem aus der Erinnerung auftauchte, die Hoffnung geschöpft haben, der Schönheit des himmlischen Jerusalem ansichtig zu werden.
Als ich zurückflog, habe ich das Bild Jerusalems noch einmal gesehen, wie die Adler es seit König Davids Zeit gesehen haben. Aus dieser Perspektive ist Jerusalem eine drohende Festung in einer zerrissenen Mondlandschaft von erhabener Verlassenheit,

ein Werk des Menschen inmitten der Schöpfung. Man kann sich keinen adäquateren Schauplatz vorstellen für jene Ereignisse, welche vor zweitausend Jahren die Peripetie der Geschichte herbeigeführt haben und nicht aufhören werden, auf der Welt zu wirken, solange sie währt.
Die Fahrt endet in der Dämmerung am Damaskustor, dem nördlichen Tor der Stadtmauer von Jerusalem. Unmittelbar neben dem Toreingang beginnen die Drahtverhaue der Front.

Die heiligen Stätten

Durch das Damaskustor betrete ich am nächsten Morgen die Stadt Jerusalem. Der Tag ist trüb und kalt. Es regnet. Die Gassen sind eng und dunkel. Die Häuser sind aus Stein erbaut. Der Stein ist von einer dem Auge angenehmen dunkelgrauen Farbe. Ab und zu spannt sich ein gemauerter Bogen über den Weg. In den Gewölben sitzen Handwerker und Händler. Häufig sind die Gassen von Treppen unterbrochen. Deshalb gibt es innerhalb der Stadtmauer keine Automobile. Ich fühle mich um Jahrhunderte in die Vergangenheit zurückversetzt.
Im ganzen alten Jerusalem gibt es zur Zeit keinen einzigen Juden. Das ist in der Geschichte schon mehrere Male vorgekommen. Sowohl nach der Eroberung der Stadt durch Titus als auch nach der durch Hadrian wurde den Juden das Betreten der Stadt bei Todesstrafe verboten.
Den Christen ist nach der endgültigen Rückeroberung Jerusalems durch die Araber am Ende der Kreuzzüge im Jahre 1291 der Zutritt zu den heiligen Stätten sehr bald wieder gestattet worden. Nur das von den Arabern aufgehobene römische Patriarchat von Jerusalem wurde nicht wieder zugelassen. Von 1291 an residierte der römische Patriarch von Jerusalem fünfhundert Jahre lang in Rom. 1847 wurde er in Jerusalem wieder eingesetzt. Mit dem Amt des Patriarchen ist das Amt des Wächters des Heiligen Landes verbunden. Dieses Amt wird vom Haupt der Franziskaner Syriens, Palästinas und Ägyptens versehen. Die Franziskaner sind der einzige Orden, der ohne Unterbrechung seit der Zeit der Kreuzzüge an den heiligen Stätten tätig war.
Während ich nachdenklich die Gasse entlangschreite zwischen Händlern, Eseln und Soldaten, zwischen Beduinen und Armeniern, zwischen abessinischen und griechischen Mönchen, sehe ich

an einer Ecke eine Nonne und ein junges Mädchen knien. Sie beten vor einer Marmortafel mit der Inschrift

HIC CRUX AD SYMONEM CYRENAEUM IMPONITUR.

An dieser Stelle wurde das Kreuz dem Symon von Kyrene aufgelegt. Es ist die fünfte Station der Via Dolorosa, der Schmerzensstraße der Passion. Die Via Dolorosa endet in der Kirche des Heiligen Grabes.

Jerusalem ist seit den Tagen Jesu zehnmal erobert und dabei fünfmal vollständig zerstört worden. Schon bei der Belagerung durch Titus, 70 nach Christi Geburt, gingen Stadt und Tempel in Flammen auf. Sechzig Jahre danach gründete Kaiser Hadrian auf den Trümmern eine neue Stadt, die er nach dem Namen seiner Familie Aelia Capitolina nannte. Das Heilige Grab wurde mit einer Terrasse übermauert. Auf dieser Terrasse wurde ein Tempel der Venus errichtet. Doch wurde die Stadt schon kurz danach, bei der Niederwerfung des Aufstandes Bar Kochbas, den Rabbi Akiba für den Messias erklärt hatte, wiederum vollständig zerstört. Danach versinkt für zwei Jahrhunderte die Geschichte Jerusalems in undurchdringliches Dunkel.

Dann kam die Kaiserin Helena nach Palästina. Sie baute Kirchen an fast allen Plätzen, die mit dem Leben und dem Tod Jesu in Zusammenhang stehen. Das Heilige Grab wurde wiederentdeckt.

Eusebius von Caesarea, der Kirchenhistoriker, der zu jener Zeit lebte, schreibt mit der ganzen Skepsis des Gelehrten, daß das Heilige Grab »wider alle Erwartung« gefunden worden sei.

Mit dieser Feststellung des Eusebius beginnt der wissenschaftliche Streit um die Echtheit des Heiligen Grabes. Er ist seitdem weder zur Ruhe gekommen, noch konnte er entschieden werden.

Der Einfall, daß der einzige überlebende Zeuge des Todes Jesu, Ahasver der ewige Jude, der Kaiserin Helena im Traum erschienen sei und ihr die Stelle des Grabes gezeigt habe, ist nicht weniger geistreich als der Hinweis des Honourable Reverend George Finlay, daß es für Kaiser Konstantin ein leichtes gewesen sein müsse, die Lage des Grabes aus den Tabellen des römischen Census feststellen zu lassen. Das Grab hatte zum Privatbesitz des Joseph von Arimathia gehört. Der römische Fiskus ist in der Vermessung und Besteuerung von Grundstücken von geradezu moderner Präzision gewesen. Aber Ahasver ist kein

archäologisches Argument, und die Tabellen des römischen Census wurden, wie Sueton und Tacitus uns versichern, bei den Bränden Roms unter Nero und Vespasian vernichtet.
Im Jahre 614 wurde Jerusalem vom Perserkönig Chosroes zerstört. 637 wurde es vom Kalifen Omar, 1072 von den Selçuken, 1099 von den Kreuzfahrern erobert. 1187 nahm Sultan Saladin den Franken Jerusalem wieder ab. 1617 fiel es in die Hände der osmanischen Türken. 1917 zog die englische Armee in Jerusalem ein. In unserer Zeit eroberten es die Araber von den Israelis. Selbst diese Liste des Schreckens enthält noch nicht alles Unglück, das die Stadt seit dem Tode Jesu getroffen hat.
Nach den Erfahrungen der Archäologie liegt die Stadt Jerusalem, in welcher Jesus gelebt hat, unter wenigstens zwanzig Metern Schutt. Nun ist aber Jerusalem auf einer von Schluchten zerrissenen Felskuppe erbaut. Zwar sind sogar diese Schluchten im Lauf kriegerischer Ereignisse gelegentlich mit Schutt gefüllt worden, aber einige der Felskuppen ragen aus den Schuttmassen heraus. Da gerade die Felskuppen historisch wichtige Plätze sind, ist die Bestimmung einiger archäologischer Punkte auf wenige Möglichkeiten eingeschränkt.
Wir wissen, wo die Burg Davids gestanden hat. Wir wissen, wo der Tempel Salomos gestanden hat. Wir wissen, daß die Kirche zum Heiligen Grab an derselben Stelle steht, an der Kaiser Konstantin die erste Basilika erbaut hat. Wir wissen sogar, wie diese Basilika ausgesehen hat. Die Archäologen haben ihr Bild rekonstruiert. Die an das Langschiff sich anschließende Rotunde, in der die Kapelle des Heiligen Grabes steht, ist in St. Michael in Fulda nachgebildet worden. Auch sind heute die Archäologen und Historiker überwiegend der Meinung, daß der Felsen, über dem die Grabeskirche steht, tatsächlich Golgatha ist.
Golgatha lag »außerhalb der Mauer, nahe bei der Stadt«. Archäologisch handelt es sich um die Frage, ob die von Nehemia nach der babylonischen Gefangenschaft erbaute Mauer zur Römerzeit noch immer die Stadtmauer gewesen ist. Der Verlauf der Mauer Nehemias ist bekannt. Sie läuft südlich von Golgatha entlang. Wenn die Mauer Nehemias zur Römerzeit noch immer die Stadtmauer war, ist der Felsen unter dem Dach der Grabeskirche das historische Golgatha.
Die Archäologie Jerusalems füllt Bibliotheken. Es kann kein aufregenderes und auch kein wichtigeres Thema geben. Nur sollte diese vortreffliche Wissenschaft, wenn sie eine Frage in anderthalbtausend Jahren nicht hat entscheiden können, es ver-

meiden, von frommem Betrug zu sprechen, wo geglaubt wird, was sie nicht weiß.
Die Skepsis der Wissenschaft ist nicht fähig, und freilich auch nicht befugt, Symbole zu verstehen. Die Via Dolorosa hat, wie aus den Berichten der Pilger hervorgeht, im Lauf der Jahrhunderte ihren Ort mehrfach gewechselt. Aber die Passion hat in Jerusalem sich ereignet. Anderthalbtausend Jahre frommer Verehrung sind auch eine historische Tatsache. Es ist nicht anzunehmen, daß Verehrung dem Himmel weniger wohlgefällig ist als wissenschaftlicher Streit. Ein vortrefflicher Archäologe des 19. Jahrhunderts hat gesagt: »In Jerusalem ist alles historisch.«
Die Kirche zum Heiligen Grab in ihrer heutigen Gestalt stammt aus der Zeit der Kreuzzüge. Sie ist seitdem vielfach beschädigt worden. Sie ist ständig durch Erdbeben gefährdet. Im Jahre 1808 ist sie von einer schweren Feuersbrunst heimgesucht worden.
In der Mitte der ausgedehnten Anlage liegt die eigentliche Grabeskirche, umgeben von einem Kranz von Kapellen, die zur Heilsgeschichte in Beziehung stehen. Eine dieser Kapellen ist über dem Felsen von Golgatha errichtet. Um den Mittelteil der Anlage gruppieren sich Klosterzellen verschiedener Mönchsorden, die Sakristeien der christlichen Bekenntnisse, die Residenz des griechisch-orthodoxen Patriarchen und eine Anzahl weiterer Kapellen, darunter die der Auffindung des Kreuzes. Insgesamt mögen es hundert Räume sein.
Unter dem Dach der Kirche zum Heiligen Grab sind, an dieser einzigen Stelle der Welt, alle christlichen Bekenntnisse vereinigt. Die Zwiste, die dabei zuweilen entstanden sind, braucht man nicht allzu ernst zu nehmen. Das Motiv dieser Streitigkeiten war immer die Übertreibung einer Tugend, der Tugend der Frömmigkeit. Den Spott der Moslems freilich haben diese Zwiste oft genug herausgefordert.
Die Kirche ist von keiner Stelle aus in ihrem Gesamtbild zu übersehen. Nur vor dem Südportal, durch das man sie betritt, ist ein freier Platz. Der Eindruck der aus grauen Steinen gemauerten Fassade ist der einer frühromanischen Kirche. Am Eingang ist ein Tribut an Sultan Saladin zu entrichten. Die Bewachung der Grabeskirche ist ein Privileg, das seit dem Ende der Kreuzzüge in einer Moslemfamilie vom Vater auf den Sohn vererbt wird.
Im großen Vorraum der eigentlichen Kirche liegt der Stein, auf dem Joseph von Arimathia und Nikodemus den Leichnam Jesu gesalbt und in Linnentücher gehüllt haben. Der Stein gehörte

im 15. Jahrhundert den Kopten, im 16. Jahrhundert den Georgiern. Später kam er unter den Schutz der griechisch-orthodoxen Kirche.
Den letzten fünf Stationen der Passion folgend, wende ich mich nach rechts, steige etwa zwanzig Stufen hinauf und komme in eine Doppelkapelle. In der ersten Kapelle ist der Ort, wo Jesus ans Kreuz geschlagen wurde. Die zweite Kapelle ist über dem Felsen Golgatha errichtet. Eine in Silber gefaßte Vertiefung im Stein ist die Stelle, an der das Kreuz gestanden hat.
Unter der Kapelle von Golgatha liegt, in den Felsen gehauen, eine Höhle, in der, nach einer tiefsinnigen Überlieferung, Adam begraben war. Als das Blut des Erlösers durch eine Felsspalte auf Adams Leichnam hinabfloß, sei er zum Leben erwacht. ». . . Die Gräber taten sich auf und standen auf viele Leiber der Heiligen, die da schliefen, und gingen aus den Gräbern nach seiner Auferstehung und kamen in die Heilige Stadt und erschienen vielen.«
Das Innere der Grabeskirche ist düster. Zum Schutz gegen einen möglichen Artilleriebeschuß sind Bogen und Wände mit starken Holzgerüsten abgestützt.
Frei unter der Kuppel der Kirche steht eine Marmorkapelle. Sie hat einen kleinen Vorraum, die Kapelle der Engel. In ihr steht der Stein, den die Engel vom Eingang des Grabes wälzten. Dahinter liegt das Heilige Grab. Die Tür ist niedrig. Wer auch immer diesen Raum betreten will, muß sein Haupt beugen. Die Wände sind aus Marmor. Weihrauch füllt den Raum. Von der Decke hängen dreiundvierzig kostbare Ampeln herab. Alle Konfessionen der Christenheit verharren in Verehrung vor dem Stein, auf dem der Leichnam des Erlösers im Grab gelegen hat. Mönche und Nonnen knien oder liegen, tief ins Gebet versunken, auf dem Boden.
Kein Platz auf der Welt ist so lange Zeit ohne Unterbrechung im Bewußtsein der Menschen lebendig gewesen, an keiner Stätte hienieden sind so viele Gebete zusammengeströmt wie hier an der vierzehnten, der letzten Station der Via Dolorosa, dem Ende des Leidensweges Christi.
Während hier sein Leichnam lag, war er niedergestiegen zum Totenreich. Hier ist er auferstanden.
Nicht einmal die Jünger hatten das Wunder glauben wollen. Davon ist ein alter Brauch geblieben. Wenn am Tag der Auferstehung die Priester den um die Grabkapelle versammelten Gläubigen das

»Χριστὸς ἀνέστη – Christós anéste«
zurufen, antwortet die Gemeinde:
»'Αληθῶς ἀνέστη – Alethōs anéste«.
Christus ist auferstanden!
Wahrhaftig, er ist auferstanden!

Am Fuß des Ölbergs, jenseits des Baches Kidron, liegt der von einer Mauer umgebene Garten Gethsemane, daneben eine Kirche und ein Kloster der Franziskaner. Aus Berichten von Pilgern wissen wir, daß Gethsemane schon im 4. Jahrhundert an dieser Stelle angenommen worden ist. Die Lage stimmt mit den Angaben der Bibel überein.
Vom Garten Gethsemane aus sieht man Jerusalem liegen. Aus dieser Tiefe gesehen, steigt es drohend in den Himmel hinauf. Zu Jesu Zeiten ragte der Tempel über die Stadtmauer empor. Durch das Goldene Tor der Mauer war Jesus, von der jubelnden Menge begleitet, am Palmsonntag in Jerusalem eingezogen. Sie riefen: »Hosiannah! Gelobt sei, der da kommt in dem Namen des Herrn, der König von Israel!« Noch glaubten die Juden, daß das Reich, das Jesus aufrichten werde, ein Königreich irdischer Macht und irdischer Herrlichkeit sei.
Bis ins 8. Jahrhundert zog alljährlich der griechische Patriarch von Jerusalem, auf einer Eselin reitend, durch das Goldene Tor in Jerusalem ein. Im Jahre 810 wurde es von den Arabern zugemauert. Es gab bei ihnen eine alte Prophezeiung, durch dieses Tor werde an einem Freitag ein christlicher Eroberer in die Heilige Stadt einziehen. Diese schlichten Seelen meinten, durch eine Ziegelmauer den Lauf der Geschichte aufhalten zu können.
Daß Jesus, der von der Polizei des Hohenpriesters gesucht wurde, so nahe bei Jerusalem blieb, brauchte die Jünger nicht zu verwundern. Es müssen unglaubliche Massen von Menschen gewesen sein, die zum Passahfest in Jerusalem zusammenströmten. Ein römischer Gouverneur ließ einmal die zur Opferung im Tempel bestimmten Passahlämmer zählen. Es waren, wie der Geschichtsschreiber Josephus berichtet, zweihundertsiebzigtausend.
Im Garten Gethsemane stehen acht Ölbäume. Es sind mächtige, gedrungene, von tiefen Rissen und Schrunden zerfurchte Stämme. Viele Male mag der Blitz in sie gefahren sein. Sie sehen wie verwitterte Felsen aus, nur, daß ihnen die frischen Zweige mit den glatten, blaugrünen, lanzettförmigen Blättern entsprießen.

Die Bäume sind von außerordentlichem Alter. Der älteste von ihnen hat einen Umfang, der größer ist als der des berühmten, als historisch geltenden Ölbaums des Plato an der Straße von Eleusis nach Athen. So ist es wohl möglich, daß dieser graue alte Baum ein überlebender Zeuge des Geschehens jener Nacht ist, in der Jesus der menschlichsten seiner Anfechtungen, der Furcht des Herzens, preisgegeben war.

Nur zwei Wegstunden von Jerusalem entfernt liegt Bethlehem, die Stadt, in der das Zeitalter, in welchem wir leben, begonnen hat.

Der Name Bethlehem ist alt. Er bedeutet »Platz des Brotes«. Über Jahrtausende hat der Name sich unverändert erhalten. Als Jesus von sich sagte, daß er das Brot des Lebens sei, mögen seine Jünger an den Ort seiner Geburt gedacht haben.

In Bethlehem hat sich die bezaubernde Liebesgeschichte zwischen Ruth und Boas abgespielt, die uns im Buche Ruth berichtet wird. Ruths und Boas' Sohn Obed ist der Großvater König Davids. Da Joseph aus Davids Stamm war, war Bethlehem der Ort, an den er sich zu der vom Kaiser Augustus befohlenen Volkszählung zu begeben hatte. So ist es gekommen, daß Jesus auf der Wanderschaft geboren wurde.

Bethlehem ist ein bescheidenes Landstädtchen. Da die Straße von Jerusalem nach Bethlehem durch israelisches Gebiet führt, haben die Jordanier eine Umgehungsstraße gebaut. So nähert man sich heute der Stadt vom Osten, vom Tale her.

Hingebreitet über einen vorspringenden Bergsattel, dessen Hänge, von Gärten und Olivenhainen bestanden, sanft abfallen, ist Bethlehem eine heitere Stadt. Dank den Pilgern, die aus aller Welt hierher kommen, ist das Städtchen von freundlicher Wohlhabenheit. Seine Bewohner sind Bauern und Hirten.

Über der Grotte, in der Jesus geboren wurde, hat Kaiser Konstantin im Jahre 330 eine herrliche Kirche errichten lassen. Obwohl auch Bethlehem einige Male zerstört worden ist, ist die Kirche erhalten geblieben. Sie ist eine der ältesten der Christenheit.

Im Lauf der Jahrhunderte wurden an die Basilika Konstantins zahlreiche Gebäude angefügt. So ist das ursprüngliche Bild der Kirche von außen heute nicht mehr zu erkennen. Das Innere ist im wesentlichen in der ursprünglichen Form erhalten geblieben.

Die den Geist der Gelehrten und das Gemüt des Pilgers auch

hier fesselnde Frage, ob dies nun der historische Platz der Geburt Jesu sei, ist nicht so schwierig gelagert, wie das bei solchen Fragen in Jerusalem der Fall ist. In den Evangelien wird zwar nichts von einer Grotte gesagt. Lukas erzählt, Maria habe das Kind in eine Krippe gelegt, denn sie hatten sonst keinen Raum in der Herberge. Diese Krippe kann sehr wohl in einer Grotte gestanden haben. In der Umgebung Bethlehems gibt es zahlreiche solche Höhlen. Die Hirten retten sich bei plötzlichen Gewittern mit ihren Schafen und Ziegen in ihren Schutz. Heute werden diese Grotten von arabischen Flüchtlingen bewohnt.

Die erste Erwähnung der Geburtsgrotte verdanken wir Justin, dem Märtyrer. Das ist im Jahre 155. Einhundertundfünfzig Jahre sind eine Zeitspanne, die im gewöhnlichen Leben durch mündliche Überlieferung leicht überbrückt wird. Es sind nicht mehr als drei Generationen. In dem Haus, in dem mein Urgroßvater 1773 geboren wurde, habe ich als Knabe meine Ferien verbracht.

Der Kirchenvater Origenes erörterte, etwa um das Jahr 250, ausführlich die Frage der Echtheit des Platzes. Er sagt, sogar die Feinde des Glaubens gäben zu, daß dies die Grotte der Geburt Jesu sei.

Der heilige Hieronymus hat vom Jahre 386 bis zu seinem Tode im Jahre 420 in Bethlehem gelebt. Hieronymus hat die Bibel ins Lateinische übersetzt. Er ist uns wohlbekannt durch den entzückenden Stich Dürers »Der heilige Hieronymus im Gehäuse«. Zu den Füßen des Heiligen liegt ein Löwe. Niemals auf Erden wieder hat es einen Löwen gegeben, der so lieb ausschaut wie dieser treue Zellengenosse Hieronymi. Der Kirchenvater versichert, der Platz sei historisch. Jedenfalls ist diese Überlieferung eine der ältesten in der Geschichte des Christentums.

Im Jahre 614 verwüstete der Perserkönig Chosroes ganz Palästina. Die Grabeskirche in Jerusalem ging in Flammen auf. Chosroes kam nach Bethlehem, um auch die Kirche der Geburt zu zerstören. Auf einem Mosaik an der Außenwand der Kirche, auf dem die Anbetung der Drei Weisen aus dem Morgenland dargestellt war, entdeckte Chosroes, daß die Weisen in persische Gewänder gekleidet waren. Er ließ die Kirche unberührt.

Vor der Kirche der Geburt ist ein weiter, freier, mit Steinplatten ausgelegter Platz. An der Längsseite türmen sich festungsartige Mauern. Die Schmalseite wird von der Fassade des

Atriums der Kirche eingenommen. Die Portale sind bis auf eine niedrige Tür zugemauert. Die Längsachse der Kirche verläuft von Westen nach Osten.

Die Kirche der Geburt ist gemeinsamer Besitz der griechischen, der armenischen und der römischen Kirche. Auf ihrer Nordseite erhebt sich eine mit einem Franziskanerkloster verbundene römische Kirche, die der heiligen Catharina geweiht ist. Auf der Südseite schließen sich das armenische und das griechische Kloster an die Kirche an.

Die Geburtskirche ist im Inneren von schöner Einfachheit. Ihr Grundriß ist ein Kreuz. Der Langbau hat fünf Schiffe. Das Mittelschiff wird von zwei Reihen alter Säulen mit korinthischen Kapitellen begrenzt. An diesen Säulen finden sich Spuren mittelalterlicher Malereien. In der Höhe, an den Wänden über den Säulen, sind einige Mosaiken aus dem 12. Jahrhundert erhalten geblieben, auf denen die Apostel ohne Heiligenschein dargestellt sind.

Die Grotte der Geburt liegt unter dem reichgeschmückten Altar. Zwei Treppen rechts und links des Altars führen durch Marmorportale hinab in die Tiefe, hinab in die Höhle, in der Jesus Christus das Dunkel der Welt erblickt hat.

Die eigentliche Geburtsgrotte ist klein und niedrig. Wände und Fußboden hat man mit Marmor verkleidet. In einer Nische steht an der Stelle der Geburt ein Altar, unter dem ein silberner Stern in den Boden eingelassen ist mit der Inschrift

HIC DE VIRGINE MARIA JESUS CHRISTUS NATUS EST.

Wie in der Kapelle zum Heiligen Grab, hängen von der Decke kostbare Ampeln herab, in deren Bedienung die verschiedenen christlichen Bekenntnisse sich teilen. Vor dem silbernen Stern knien zwei Nonnen, neben ihnen, auch er im Gebet, ein Beduine.

Von der Grotte der Geburt führt ein Gang nach Westen. An seinem Ende ist eine Aushöhlung im Felsen, aus der zum Gebrauch der Heiligen Familie eine Quelle entsprungen ist. Seit dem 15. Jahrhundert wird erzählt, daß der Stern, der die Weisen aus dem Morgenland geführt hatte, in diese Quelle gefallen sei, aber nur von Jungfrauen gesehen werden könne. Was auch immer die Skeptiker sagen mögen, seit fünfhundert Jahren hat keine fromme Jungfrau da hineingeblickt, ohne den Stern zu sehen.

Der Gang biegt dann nach Westen um zu der Stelle, an der der

Engel des Herrn dem Joseph im Traum erschien und ihm befahl, mit Maria und dem Kind nach Ägypten zu fliehen.
Die Art, wie in dieser Grotte jedem einzelnen Ereignis, das in der Bibel erwähnt wird, sein Platz zugewiesen ist, hat in ihrer Einfalt etwas Rührendes.
In einem weiteren Seitengang liegt das Grab des heiligen Hieronymus und dahinter die Zelle, in der er, von seinem Löwen bewacht, die Bibel übersetzte und seine zahlreichen Briefe in alle Welt schrieb. Die ganze unterirdische Anlage liegt im Bereich des Chors der Kirche.
Vom Kirchplatz aus sieht man in das Tal hinunter, in dem den Hirten die Geburt des Heilands verkündet wurde.

Seit der Zeit des Kaisers Konstantin ist in Jerusalem gebaut worden. Durch alle Jahrhunderte hindurch hat die Christenheit in dieser Stadt immer wieder Kirchen, Klöster, Hospize und Herbergen errichtet. In der Zeit der Kreuzritter kamen noch Befestigungswerke hinzu. Immer wieder sind die Bauten der Zerstörung anheimgefallen. An manchen Stellen ist an ein und demselben Platz mehrere Male hintereinander eine neue Kirche auf den Trümmern der alten errichtet worden.
In einer Stadt, die so vielen Religionen heilig ist, haben es die Archäologen schwer. Nur selten dürfen sie da graben, wo sie graben möchten. An einer Stelle haben sie eine Ausgrabung gemacht, die, so einfach sie zwischen all der Pracht und Großartigkeit der Bauten Jerusalems erscheinen mag, merkwürdig und erregend ist. Es ist die Treppe, die zum Teich von Bethesda hinabführt. Der Teich von Bethesda wird im 5. Kapitel des Johannesevangeliums erwähnt.
»Darnach war ein Fest der Juden, und Jesus zog hinauf gen Jerusalem. Es ist aber zu Jerusalem bei dem Schaftor ein Teich, der heißt auf hebräisch Bethesda und hat fünf Hallen, in welchen lagen viele Kranke, Blinde, Lahme, Verdorrte, die warteten, wann sich das Wasser bewegte. Denn ein Engel fuhr herab zu seiner Zeit in den Teich und bewegte das Wasser. Welcher nun zuerst, nachdem das Wasser bewegt war, hineinstieg, der ward gesund, mit welcherlei Seuche er behaftet war. Es war aber ein Mensch daselbst, achtunddreißig Jahre lang krank gelegen. Da Jesus ihn sah liegen und vernahm, daß er so lange gelegen hatte, spricht er zu ihm: ›Willst du gesund werden?‹ Der Kranke antwortete ihm: ›Herr, ich habe keinen Menschen, wenn das Wasser sich bewegt, der mich in den Teich lasse; und wenn ich

komme, so steigt ein anderer vor mir hinein.‹ Jesus spricht zu ihm: ›Stehe auf, nimm dein Bett und gehe hin!‹ Und alsbald ward der Mensch gesund und nahm sein Bett und ging hin.«
Das ummauerte Wasserbecken, an dem diese Szene sich abgespielt hat, und die Treppe, die zu ihm hinabführt, sind von den Archäologen ausgegraben worden. Wie zu erwarten war, liegt das Becken zwanzig Meter unter der Oberfläche der heutigen Stadt. So schwer es in Jerusalem ist, einen Platz zu finden, der zuverlässig als historisch gesichert betrachtet werden kann, hier ist das der Fall. Hier ist eine Stelle, an der Heilsgeschichte, Überlieferung und Archäologie re vera zur Übereinstimmung kommen.
Drei Stufen der Treppe, die zum Teich von Bethesda hinabführen, sind aus Mörtel gemauert, der mit dicken, glatt geschliffenen Kieselsteinen gemischt ist. Von diesen drei Stufen läßt sich mit Sicherheit sagen, daß sie zu der Treppe gehören, die zu Jesu Zeiten zum Teich von Bethesda hinabgeführt hat.
Diese drei alten Steinstufen, vom Regen glänzend, im Lauf einer langen, langen Zeit von Tausenden von Füßen geglättet, diese drei alten Steinstufen in der Stadt Jerusalem ist Jesus Christus, der Sohn Gottes, hinabgeschritten.

Haram esh-Sherîf

Als Abd-Khiba, der Fürst von Urusalim, seine höflichen Briefe an den mächtigen Pharao Amenophis IV. nach Tell el-Amarna schrieb, saßen die Juden im Nildelta im Lande Gosen. Es ist die Zeit, in der die alten Privilegien der Juden aus der Zeit Josephs und seiner Brüder langsam in Vergessenheit gerieten. Die Sklaverei, aus der erst Moses das Volk Israel befreite, hatte begonnen.
Tell el-Amarna ist heute eine Stätte der Ruinen und Schakale wie Babylon. Jerusalem ist so lebendig, so faszinierend, so leidenschaftlich umkämpft wie eh und je. In dem Kampf zwischen den Arabern und den Israelis, der in unseren Tagen entbrannte, geht es nicht um den politischen Besitz irgendeines Platzes. Immer noch ist es die heilige Stadt, um die gekämpft wird.
So wie die Juden, eingebettet in die geistige Welt Westasiens mit ihren ungezählten Überlieferungen, eine Fülle von Elementen der sumerischen, ägyptischen, babylonischen und phönizischen Kultur übernommen haben, so mußte sich der Islam, gegen

Ende des 6. Jahrhunderts in der Wüste Arabiens entstanden, mit der griechischen, jüdischen und christlichen Welt auseinandersetzen.
Die neue Weltreligion traf auf Kulturen, die nicht mehr frühe magische Welten waren wie die Kulturen, auf die die Juden gestoßen waren. Sie waren achtzehn Jahrhunderte früher als der Islam nach Syrien gekommen. Was der Islam vorfand, als er den Vorderen Orient eroberte, waren späte, reife, aufgeklärte Welten. Das mag einer der Gründe für den praktischen Realismus dieser Religion sein. Die metaphysischen Geheimnisse, ohne die keine Religion Herzen und Geister gewinnen kann, entnahm Mohammed in souveräner Weise der jüdischen und christlichen Überlieferung.
Der Ruf, mit dem der Muezzin von der Höhe des Minaretts die Gläubigen auffordert, ihr Gebet zu verrichten, beginnt mit der Formel »Allah akbar!« Der erste Muezzin des Propheten war ein Neger. Dieser glückliche Umstand bereicherte den Islam um ein weiteres Element der Toleranz. »Allah akbar!« heißt nicht, wie es gewöhnlich übersetzt wird, »Allah ist groß«, es heißt »Allah ist größer!« Was auch immer du denken magst – Allah ist größer! Was auch immer deine Augen an Pracht und Herrlichkeit der Welt sehen mögen – Allah ist größer! Wie groß du dir auch immer ihn vorstellen magst – Allah ist größer!
Den hohen Rang der transzendenten Gottesidee der Juden hatte Mohammed begriffen. Er versucht, mit seiner Gottesidee diesen Rang zu erreichen. Zu Mohammeds Zeiten gab es in Medina eine große und reiche jüdische Kolonie. So hatte Mohammed Gelegenheit, das Alte Testament kennenzulernen.
Mohammed schloß seine Lehre an die jüdische Überlieferung vom Erzvater Abraham und vom König David an. Aus dem Neuen Testament übernahm er Johannes den Täufer und Jesus als Propheten. In der Nähe des Goldenen Tores ist in die Stadtmauer von Jerusalem eine Säule eingebaut, von der, nach dem Glauben der Moslems, am Jüngsten Tage ein Seil zur Spitze des Ölbergs gespannt werden wird. An der Säule wird Jesus sitzen, auf dem Ölberg der Prophet Mohammed. Die vom Tode Auferstandenen müssen über das Seil gehen. Die Gerechten werden, von Engeln beschützt, das Seil leichten Schrittes entlangeilen, während die Sünder in den Abgrund der Hölle stürzen werden. Die früheste Nachricht über eine solche »Brücke der Entscheidung« findet sich in der alten persischen Religion.
Die Stadt Jerusalem war für die Beduinen des 7. Jahrhunderts

so faszinierend, daß Mohammed seinen Gläubigen befahl, beim Gebet das Antlitz gen Jerusalem zu wenden. Erst später änderte er das ab und bestimmte als den Ort der Gebetsrichtung Mekka. Während der Streitigkeiten zwischen seinen feudalen ersten Nachfolgern kam es so weit, daß dem Kalifen von Damaskus der Zutritt zur heiligen Stadt Mekka verweigert wurde. Es hat wenig gefehlt, daß damals die Umayyaden Jerusalem zum Mittelpunkt des Islam bestimmt hätten.

Das große Heiligtum des Islam in Jerusalem ist der Felsendom. Er steht auf dem Haram esh-Sherîf, dem »Platz des Tempels«. Der Haram esh-Sherîf ist ein heiliger Bezirk der Mohammedaner in der Südostecke des alten Jerusalem. Um diesen Platz betreten zu dürfen, bedarf es einer besonderen Erlaubnis der geistlichen Behörden. An hohen Feiertagen wird sie nur gläubigen Moslems erteilt.

Der Haram esh-Sherîf ist ein großer freier Platz, im Süden und Osten von der Stadtmauer Sultan Solimans begrenzt, im Norden und Westen von Gebäuden und Kolonnaden umgeben. Seine Länge von Norden nach Süden beträgt dreihundert Meter, seine Breite von Osten nach Westen zweihundert Meter. In der Mitte, auf einer erhöhten steinernen Estrade, zu der breite, schwingende Treppen hinaufführen, steht, frei nach allen Seiten, überwölbt von einer mächtigen Kuppel, der Felsendom. Bis zur Höhe der Fenster ist seine Außenseite mit Marmorplatten verkleidet, von da an nach oben mit Porzellanziegeln des persischen Stils. Die leuchtenden Farben der Ziegel, blau und weiß, an den Ecken grün und weiß, geben dem Bau einen prunkend festlichen Charakter. Koransprüche in geschwungenen Schriftzeichen führen als Fries um das Gebäude herum. Sultan Soliman, der den Dom mit diesem Schmuck versah, hat seinem Beinamen »der Prächtige« Ehre gemacht.

Die Moslems haben Grund, auf die Schönheit des Felsendoms, der neben der von Abraham in Mekka errichteten Kaaba ihr zweites großes Heiligtum ist, stolz zu sein. Der Felsendom steht an der Stelle, von der einst der mit Gold verkleidete Tempel Salomos seinen Glanz in die Welt hinausstrahlte.

Am Südrand des Platzes steht eine zweite große Moschee, die Mesjid el-Aksâ. Das Goldene Tor liegt etwa in der Mitte der östlichen Mauer, von der aus der Ölberg zu sehen ist. Südlich davon steht der Stumpf der Säule des Jüngsten Gerichts.

Der Felsendom ist um das Jahr 700 erbaut worden. Er wird zuweilen auch die Omarmoschee genannt. Aber der Erbauer war nicht Omar, der Eroberer Jerusalems, sondern 'Abd el-Malik, der »Vater der Könige«, Kalif von Damaskus. Der Einfluß der Hagia Sophia auf die Gestaltung dieses Kuppelbaus ist unverkennbar. Auch seine Ausstattung zeigt byzantinischen Stil. Um diese Zeit waren die Araber bei der Errichtung solcher Prachtbauten noch von griechischen Baumeistern abhängig.

Der Grundriß des Doms ist ein regelmäßiges Achteck. Das Innere ist von großer Pracht. Eine hohe auf Säulen ruhende Galerie zieht sich um den ganzen Dom herum. Die Säulen sind durch ein schmiedeeisernes Gitter miteinander verbunden. Dieses Gitter ist eine französische Arbeit aus dem 12. Jahrhundert.

Die Kreuzritter waren, als sie Jerusalem eroberten, der Meinung, der Felsendom sei der alte Tempel Salomos. Zur Zeit des lateinischen Königreiches Jerusalem war der Felsendom in ein Templum Domini, einen Tempel des Herrn umgewandelt. Nach dem Vorbild dieser arabischen Moschee haben die Tempelritter in London, Laon und Metz Kirchen gebaut.

Die Glasfenster des Felsendoms, die ebenfalls aus der Zeit Sultan Solimans stammen, hüllen das Innere des Doms in gedämpftes Licht. Über dem Mittelteil der Moschee wölbt sich die Kuppel. An einer Stelle schaut der Himmel durch ein Loch herein. Es rührt von einer Granate her, von der die Kuppel jüngst getroffen wurde. Um die Galerie zieht sich ein breites blaues Band mit goldenen Lettern der ornamentalen kufischen Schrift. Es sind Verse aus verschiedenen Suren des Koran. Hier unter dem Halbmond auf der Kuppel des Felsendoms, der hinüberblickt nach dem Kreuz auf der Kirche zum Heiligen Grab, an der Stelle, an der einmal der Tempel Salomos stand, sagt der Koran, daß Jesus zwar das Wort der Wahrheit, aber nicht Gottes Sohn, sondern nur der Sohn der Maria und der Gesandte Gottes und seines Wortes sei.

Das Ziel des alttestamentarischen Glaubens, die messianische Botschaft, hat Mohammed verfehlt.

Von den Portalen des Felsendoms heißt eines Bâb el-Jenneh, das Tor des Paradieses, ein anderes Bâb el-Dâûd, das Tor Davids.

In der Mitte der Moschee ragt zwei Meter über den Fußboden ein natürlicher Fels auf. Er hat einen unregelmäßigen Grundriß von etwa zwanzig mal fünfzehn Metern. Das ist der heilige Felsen, nach dem die Moschee benannt ist. Über diesen Felsen ist ein dichter Schleier gebreitet, den hebräische Jahrtausende und arabische Jahrhunderte aus Geschichte, Überlieferung und Legende gewoben haben.

Nach dem Talmud liegt der Felsen über dem Eingang zu einem Abgrund, in welchem noch immer die Wasser der Sintflut rauschen. Abraham habe hier den Altar errichtet, auf dem er seinen Sohn Isaak opfern wollte. Der König Melchisedek habe hier geopfert. Jakob habe den Stein gesalbt. Jeremias habe bei der Zerstörung Jerusalems die Bundeslade unter dem Felsen verborgen. Nach hebräischem Glauben ist sie noch heute an dieser Stelle.
Die Moslems glauben, daß unter diesem Stein das Bir el-Arwâh sich befinde, der Schacht der Seelen, in welchem zweimal in jeder Woche die Geister der Toten sich zum Gebet versammeln.
Jesus habe, auf diesen Felsen geschrieben, den großen und unaussprechlichen Namen Gottes entdeckt. Das habe ihn instand gesetzt, seine Wunder zu vollbringen.
Mohammed hat einmal gesagt, ein Gebet an diesem Felsen wiege mehr als tausend Gebete irgendwo sonst in der Welt. Er selbst hat hier gebetet. Von hier ist er auf dem Rücken seines wunderbaren Rosses el-Burak zum Himmel geritten. Die Stelle im Felsen, wo sein Haupt geruht hat, wird gezeigt. An einer anderen Stelle ist der Abdruck der Hand des Engels, der den Felsen festgehalten habe, welcher im Begriff gewesen sei, dem Propheten auf seiner Reise zum Himmel zu folgen. Hier werde am Jüngsten Tag die Trompete zum Gericht geblasen werden, und Gottes Thron werde auf dem Felsen stehen.
In den Boden eingelassen ist ein Stück Jaspis, der Deckel von König Salomos Grab. In dieses Grab habe der Prophet neunzehn goldene Nägel geworfen. Am Ende jedes Zeitalters falle ein Nagel heraus. Wenn alle herausgefallen seien, werde das Ende der Welt gekommen sein. Eines Tages habe der Teufel das Grab aufgebrochen und begonnen, die Nägel zu zerstören. Da Gold mit gewöhnlichen Mitteln nicht zerstörbar ist, muß der Teufel sich atomarer Kräfte bedient haben. Als nur noch dreiundeinhalber Nagel übrig waren, habe der Engel Gabriel den Teufel bei seiner Arbeit entdeckt und ihn vertrieben.
Mit großer Ehrerbietung zeigt mir mein arabischer Führer die Stelle, wo die grüne Fahne des Propheten aufbewahrt wurde. Mit einer gewissen behaglichen Skepsis zeigt er mir dann eine riesige Flasche, in der, wie er sich ausdrückte, das aufbewahrt werde, bei dem die meisten Meineide der Welt geschworen worden seien. In der riesigen Flasche sind drei Haare vom Barte des Propheten.
Dieses bezaubernd poetische Gewirr von Legende, Überliefe-

rung und Geschichte entzieht sich einer kritischen Beurteilung. Erregender sind die sicheren Daten der Geschichte, die mit diesem Platz verbunden sind.
Es besteht Grund anzunehmen, daß die Tenne Aravnas, des Jebusiters, auf der, wie es im zweiten Buche Samuelis im 24. Kapitel steht, David seinen Altar errichtete, dieser Felsen war. Wir wissen, daß hier der Tempel Salomos stand, und daß der Tempel, den König Herodes in großer Pracht errichten ließ, genau an der Stelle des Tempels Salomos erbaut wurde.
Vom Tempel König Salomos ist nichts erhalten geblieben. Doch kennen wir, durch die Beschreibung im Alten Testament, kaum ein Bauwerk des Altertums so genau wie diesen Tempel. Die Grundmauern des Tempels Salomos könnten freigelegt werden, wenn die Archäologen den Spaten im Haram esh-Sherîf ansetzen dürften. Das ist unmöglich. Es fragt sich, ob es ein Nachteil ist, daß es auf Erden noch einige Stellen gibt, wo der Neugier der Wissenschaft Grenzen gesetzt sind.
Den Tempel des Herodes beschreibt Josephus. Außerdem gibt es noch eine Beschreibung im Kodashim des babylonischen Talmud aus dem 2. Jahrhundert. Wahrscheinlich stand der Altar vor dem Tempel des Herodes auf dem heiligen Felsen. Das Heiligtum selbst war aus weißem Stein erbaut. Josephus gibt für die Größe der einzelnen Steine zwölf Meter mal zwei Meter mal sechs Meter an. Das waren also enorme Blöcke. Die Front des Baus war ebenso breit wie hoch, etwa fünfzig Meter im Geviert. Sie war ganz und gar mit Gold überzogen. Wenn der erste Strahl der über den Bergen von Moab aufgehenden Sonne das goldene Dach des Tempels traf, muß das ein grandioser Anblick gewesen sein. Das ganze Dach war mit goldenen Spitzen bedeckt, damit die Vögel den Bau nicht verunreinigen konnten.
Das Allerheiligste des Tempels wurde vom Hohenpriester nur einmal im Jahr zum Fest der Versöhnung betreten. Als Pompeius die Stadt erobert hatte, begab er sich, zum Schrecken der Juden, sogleich in den heiligen Tempelbezirk. Das war jedem, der nicht gläubiger Jude war, bei Todesstrafe verboten. Eine Tafel, auf der dieses Verbot in griechischer Sprache eingemeißelt ist, ist erhalten. Sie befindet sich im Museum in Konstantinopel.
Der Schrecken der Juden verwandelt sich in vollständige Verwirrung, als Pompeius das Heiligtum selbst betritt. In dieser Szene, ein halbes Jahrhundert vor der Geburt Jesu Christi, treffen zwei Weltalter aufeinander. Der große Pompeius, Herr des

Ostens, der als mächtiger Triumvir mit Cäsar und Crassus das Römische Weltreich beherrschen sollte, er, der das Genie Cäsars, aber nicht sein Glück hatte, ein hochgebildeter Mann, als glänzender Feldherr tief beeindruckt von der unglaublichen Tapferkeit dieses kleinen jüdischen Volkes, das gegen das Weltreich rebelliert hatte, war während der Belagerung zu der Überzeugung gekommen, daß es der Glaube an den Gott Jahwe war, der diesem Volk die Kraft gab, gegen alle Widerstände an seinem Gesetz, der Thora, festzuhalten. Pompeius will wissen, wer dieser Gott ist.
In der glänzenden Rüstung eines römischen Patriziers schreitet Pompeius mit seinem streng gefurchten, von Saturn gezeichneten Gesicht durch die abgerissene, ärmliche, halbverhungerte Menge der Besiegten. Unter dem schweigenden Entsetzen der Juden betritt er das Tempelgebäude und hebt den Vorhang vor dem Allerheiligsten.
Das Allerheiligste ist leer.
Gott ist unnahbar, unverletzbar, unnennbar, unvorstellbar, unsichtbar.
Der Blitz Jahwes hat nicht eingeschlagen, aber der römische Feldherr in seiner glänzenden Rüstung, der schweigend durch die schweigende Menge das Heiligtum verläßt, ist nicht mehr der Sieger. Der Feldherr Pompeius ist, lange bevor das Römische Weltreich den Höhepunkt seiner Macht erreicht, der erste Römer, dem eine Ahnung aufgegangen ist, daß ein neues Zeitalter heraufziehe. Auf den Glanz seines Ruhmes war der erste Schatten gefallen.
Pompeius war von seinem Erlebnis so beeindruckt, daß er die Schätze des Tempels unberührt ließ. Kurz danach erschien der tüchtige und habgierige Crassus in Jerusalem. Er plünderte den Tempel aus. Wenig später verlor Crassus seinen Krieg gegen die Parther und kam dabei zu Tode.
Hundert Jahre später wurde der Tempel, den König Herodes unterdessen erbaut hatte, bei der Eroberung Jerusalems durch Titus zerstört. Seitdem betritt kein rechtgläubiger Jude mehr den Tempelbezirk, aus Furcht, er könne die Stelle entweihen, an der das Allerheiligste gestanden hat. Im Bewußtsein der gläubigen Juden hat das Allerheiligste des Tempels noch immer eine reale Existenz.
Von der Grundmauer des Tempels ist an der nach der Stadt zu gelegenen Seite ein Stück stehen geblieben. Das ist die Klagemauer, an welcher die Juden das Schicksal Zions seit Jahrhun-

derten beweinen. Schon der Pilger von Bordeaux, der im Jahre 333 in Jerusalem war, berichtet von dieser Sitte. Zur Klagemauer steigt man viele Stufen hinab. Die alten Steine sind glatt geschliffen von den Händen, die sie gestreichelt, von den Lippen, die sie geküßt, von den Stirnen, die sich schmerzvoll gegen sie gelehnt haben. Heute ist an diesen allerletzten Steinen, die von der Herrlichkeit der Vergangenheit übrig geblieben sind, die Klage der Juden um Zion verstummt.

Ein Kloster in der Wüste

Namen haben Patina. Namen leuchten von den Spuren der Zeit, die über sie hinweggegangen ist.
Sinai! Was für ein Wort! Dieser Berg tritt nur ein einziges Mal in einem ganzen Erdzeitalter aus der namenlosen Natur in die Namhaftigkeit der Geschichte. Ein einziges Ereignis gibt dem Namen Sinai den dunklen Glanz, mit dem er durch die Jahrtausende leuchtet.
Gott sprach zu Moses ...
Auf dem Sinai hat die Menschheit die Gebote empfangen, die zu erfüllen noch heute ihre ungelöste Aufgabe ist.
Ein paar Jahre nach dem ersten Weltkrieg bin ich als junger Mann durch den Suezkanal ins Rote Meer gefahren. Wir hatten Glück damals. Als der Sinai querab Backbord lag, war es sechs Uhr morgens. Ich stand auf der Brücke. Die Sonne ging auf. Aus den Morgennebeln enthüllte sich in der Ferne der mächtige, als Pyramide steil aufsteigende Gebirgsstock. Mit goldenen Rändern zeichnete die Sonne den von Schnee bedeckten Berg des Moses scharf in den östlichen Himmel hinein. Ich habe dieses Bild aus meinen jungen Tagen niemals vergessen.
Ein Menschenalter später stehe ich in Suez in der Morgendämmerung am Kanal. Wir warten auf die Überfahrt. Es beginnt, hell zu werden. Hundert Meter weiter werden die Konturen eines Minaretts sichtbar. Die Dattelpalmenhaine der Oase Suez erstrecken sich bis an den Kanal.
Vier große Überseedampfer, hell erleuchtet, ziehen, gespenstisch geräuschlos, langsam, in großen Abständen an uns vorüber. Wo mögen sie hinfahren? Nach Colombo, Calcutta, Soerabaya, Hongkong, Sydney? Mein Ziel ist das 13. Jahrhundert vor Christi Geburt.
Die Schiffe dürfen nicht mehr als vier Meilen Fahrt machen,

damit nicht die Bugwelle die Sandufer des Kanals unterspült. Bei vier Meilen Fahrt in dem ruhigen Wasser vernimmt man von den mächtigen Schiffen nichts als das leise Rauschen der Schiffsschraube. Hie und da lehnt ein Matrose an der Reling. Der Schiffskoch eines Öltankers wischt sich mit seiner weißen Mütze den Schlaf aus dem Gesicht, gähnt einmal laut, spuckt in Richtung Afrika ins Wasser, dreht sich um und verschwindet in seiner Kombüse. Zuweilen hört man das Kommando eines Lotsen, vom Rudergänger wie ein Echo wiederholt.
Der Himmel fängt an sich zu röten. Wiederum geht die alltäglich ewige Großartigkeit eines Sonnenaufgangs in der Wüste über die Szene. In die tiefe Stille hinein ertönt, langsam einsetzend, allmählich anschwellend, die singende Stimme des Muezzin, der vom nahen Minarett die Gläubigen zum Gebet ruft: »Allah akbar! Allah akbar!«
In ihrer klagenden Melodie gemahnt die Stimme an die Vergänglichkeit des Menschen inmitten der Schönheit der Natur.

Die Halbinsel Sinai liegt zwischen Afrika und Arabien. Der Golf von Suez trennt sie vom afrikanischen Festland. Die nördliche Spitze des Golfs ist durch den Suezkanal mit dem Mittelmeer verbunden. Der Golf von Akaba trennt die Halbinsel von Arabien. Sie ist ein Dreieck, dessen Spitze nach Süden ins Rote Meer hinein weist. Fast an dieser Spitze liegt der Berg Sinai. Eigentlich ist er ein Gebirgsstock mit drei Spitzen – dem Djebel Serbal, dem Djebel Mousa und dem Djebel Catharina. Die höchste der drei Erhebungen ist der Djebel Catharina mit 2600 Metern.
Hundert Kilometer südlich der Stelle, an der wir auf die Überfahrt über den Kanal warten, liegt, in dem Wüstengebirge zwischen dem Nil und dem Golf von Suez, ein koptisches Kloster. Es wurde am Ende des 3. Jahrhunderts gegründet.
Die koptische Kirche führt ihre Geschichte bis auf den Apostel Markus zurück. Die Kopten sind die echten Nachkommen der Ägypter aus der Zeit der Pharaonen. Die koptische Sprache ist eine Tochter der alten ägyptischen Sprache.
Severus ibn al-Muqaffa, ein koptischer Gelehrter, der am Ende des 10. Jahrhunderts in Ägypten gelebt hat, berichtet die Geschichte von der Entstehung der ersten christlichen Gemeinde am Nil.
Als der Apostel Markus in Alexandria landete, kam er in eine reiche, blühende und durch ihre Gelehrsamkeit berühmte Welt-

stadt. Während er durch die volkreichen Straßen dahinschritt, gab es in dieser Weltstadt außer ihm selbst nur einen einzigen Christen. Das war der Apostel Petrus. Dem Markus riß der Schuh. Er ging zu einem Schuster. Der Schuster flickte den Schuh. Dabei bohrte er sich mit der Ahle in die Hand. Erschrocken rief er aus: »Gelobt sei Gott!« Der Apostel, überrascht und erfreut, den Namen Gottes in dieser Heidenstadt zu vernehmen, heilte des Schusters Hand und beschloß, in Alexandria zu bleiben. Der Schuster Annainos, der erste christliche Ägypter, der erste koptische Christ, wurde der Nachfolger des Apostels Markus auf dem Bischofsstuhl von Alexandria.
Das Christentum verbreitete sich in Ägypten schnell. Die Ägypter haben immer an ein Leben nach dem Tode geglaubt. Sie waren seit den frühesten Zeiten ein Volk von hoher Moral und großer Strenge der Sitten. So war die Strenge der Sitten, die die neue Religion befahl, ihnen nichts Fremdes. Die wunderbare Klarheit der neuen Botschaft muß ihnen wie ein strahlendes Licht erschienen sein, das den Wirrwarr der alten Götterwelt im Schatten versinken ließ.
Im Jahre 451 fand das berühmte vierte Ökumenische Konzil von Chalcedon statt. Es hatte die Frage zu entscheiden, ob die Lehre des Eutyches, eines koptischen Christen, anzunehmen oder zu verwerfen sei. Eutyches lehrte, daß die menschliche Natur Christi von seiner göttlichen Natur nicht getrennt werden könne, daß Christus also nur eine Natur habe: μόνην φύσιν – monen physin. Davon kommt der Name Monophysiten. Das Konzil beschloß, daß die Lehre des Monophysitismus zu verwerfen sei. In Christus seien zwei Naturen, die göttliche und die menschliche, vereint. Die Kopten sind bei der Lehre des Eutyches geblieben. Seitdem bilden sie eine eigene Kirche, der sich die abessinischen Christen angeschlossen haben.
Der Gründer des koptischen Klosters in der Wüste am Roten Meer war der heilige Antonius. Anachoreten, Einsiedler in der Wüste, hat es in Ägypten seit den ältesten Zeiten gegeben. Der heilige Antonius war der erste Christ, der sich von der Welt zurückzog, um sich der Betrachtung Gottes hinzugeben. Andere Einsiedler scharten sich um ihn. Es entstand ein Kloster, das erste Kloster der Christenheit.
Antonius ist einhundertundvier Jahre alt geworden. Er starb im Jahre 356. Andere Klöster entstanden. Hundert Kilometer nördlich von Luksor gründete Pachomios das Kloster von Tabanesse. Seit dem Jahre 323 versammeln sich dort zweimal im

Jahr die Mönche der koptischen Kirche. In Tabanesse hat Pachomios die Regel für die Klöster Ägyptens erlassen. Es war eine strenge, eine asketische Regel. Noch zu Antonius' Lebzeiten machte Athanasios, Patriarch von Alexandria, auf seiner Reise nach Rom im Jahre 340 den Westen mit dem Klosterwesen des Ostens bekannt.

Das Kloster des heiligen Antonius blüht seit seiner Gründung im 3. Jahrhundert ohne die geringste Unterbrechung. Durch keine Tat hätte Antonius die Welt mehr verändern können als dadurch, daß er auf die Tat und auf die Welt verzichtete. Er war der erste Mönch der Christenheit, »und so wurde er, kinderlos, der Vater eines unermeßlichen Geschlechts«.

Wir setzen über den Kanal. Auf der anderen Seite ist die ägyptische Paß- und Zollkontrolle. Hier beginnt die Wüste, deren auch heute noch niemand Herr ist. Wir müssen angeben, an welchem Tag wir aus der Wüste zurück sein wollen. Wenn wir vierundzwanzig Stunden überfällig sind, wird man uns suchen. Gegenüber dem Zollhaus ist ein Detachement des ägyptischen Kamelreiterkorps untergebracht. Zwanzig der rassigen grauen Reitkamele liegen im Sand. In ihrem wunderbaren, der Wüste so angemessenen Hochmut würdigen sie unseren Wagen keines Blickes. Wir müssen für die ganze fünftägige Reise nicht nur Benzin und Verpflegung mitnehmen, sondern auch das Wasser. Wenn wir Pech haben und steckenbleiben, werden diese Kamele uns suchen.

Die Fahrt geht an der Küste des Roten Meeres entlang. Es ist eine recht gute Asphaltstraße. Sie endet nach etwa sechzig Kilometern bei einem kleinen Hafen. Er dient der Verladung des Manganerzes, das heute auf der Halbinsel gewonnen wird. Zur Zeit der Pharaonen war die geologische Kostbarkeit des Sinai der Türkis. Hinter dem Hafen wird die Straße zur Wüstenpiste. Plötzlich, gänzlich unvermutet, biegt der Fahrer von dieser Piste nach links ab, quer durch das Gelände auf das Gebirge zu. Für die siebzig Kilometer von hier bis zum Kloster der heiligen Catharina am Fuß des Djebel Mousa braucht das Auto neun Stunden. Der Fahrer ist ein Sudanese, ein prachtvoller und zuverlässiger Bursche. Über seine linke Backe ziehen sich zwei regelmäßige Narben, die Abzeichen seines Stammes. Die Geschwindigkeit übersteigt selten die Grenze von fünfzehn Stundenmeilen. Zuweilen gibt der Sudanese Gas und geht auf achtzig oder neunzig, um über Flugsandstrecken hinwegzuhuschen.

Diese kleinen Becken von Flugsand sind wie Sümpfe, in denen man bei langsamer Fahrt hoffnungslos steckenbleibt.
Im Wagen sitzt noch ein dänisches Fräulein, das der Manager der Reise mir als Hostess mitgegeben hat. Von ihr erfahre ich endlich etwas Authentisches über die Schlittenhunde der Eskimos. Sie war zwei Jahre als Krankenschwester in Grönland. Der Vierte im Wagen ist ein Novize des Klosters, ein junger Grieche, den mitzunehmen mich der Erzbischof hatte bitten lassen. Er ist ein netter junger Mann, freundlich, von angenehmer Höflichkeit und Bescheidenheit. Seine Eltern sind im griechischen Bürgerkrieg umgebracht worden. Was alles mag der junge Mann schon erlebt haben, daß er zu dem Entschluß gekommen ist, in ein Kloster in der Wüste zu gehen! Freilich, nachdem er schon Abschied von der Welt genommen hat, um sein Leben in der Wüste zu verbringen, setzt ihn der Satan noch einmal für zwei Tage neben ein hübsches Mädchen, das ihn auf der ganzen Fahrt in der reizendsten Weise verwöhnt.
Das Kloster, zu dem wir fahren, liegt am Fuß des Djebel Mousa, an der Stelle, an der Moses den Dornbusch brennen sah. Der Djebel Mousa, der Berg Mosis, ist der Horeb. Schon im 3. Jahrhundert haben christliche Eremiten in dieser Wüste gehaust. Der erste dieser Eremiten, den wir mit Namen kennen, ist der heilige Onophrios. Die Kaiserin Helena, die so viele Kirchen in Jerusalem gestiftet hat, hat auch am Horeb eine Kirche gebaut. Dazu ließ sie einen Wachtturm errichten, in dem die Eremiten Zuflucht vor den Beduinen, ihren Feinden, nehmen konnten.
Im Jahre 460 war die spanische Nonne Etheria auf dem Sinai. Ihr Reisebericht ist erhalten. Von ihr wissen wir, daß es schon damals an dieser Stelle ein Kloster gab. Die Nonne muß eine sehr energische Dame gewesen sein. Mit großer Anschaulichkeit beschreibt sie in einem Brief an ihre Klosterschwestern daheim den mühsamen Aufstieg auf eine der drei Spitzen des Sinai.
561 errichtete Kaiser Justinian eine neue Kirche an der Stelle des Brennenden Dornbuschs. Dazu baute er eine feste Mauer um Kirche und Wachtturm. Im Jahre 630, also knapp siebzig Jahre später, nimmt der Abt des Klosters den Titel eines Bischofs vom Sinai an. Die ganze Halbinsel ist heute ein Erzbistum der griechisch-orthodoxen Kirche. Der Erzbischof residiert in Cairo. An hohen Feiertagen besucht er das Kloster, um das Pontifikalamt zu zelebrieren. Auf dem Rückweg nahm ich, da

vierzehn Tage lang kein Kamel gegangen war, auf Bitten des Abtes einen Brief an den Erzbischof nach Cairo mit. Die Adresse des Briefes lautete:

À sa Béatitude
L'Archevêque du Convent de Ste. Catherine
Monseigneur Porphyrios III.
Seiner Herrlichkeit
dem Erzbischof des Klosters der Heiligen Catharina
Monsignore Porphyrios III.

Die heilige Catharina, nach der das Kloster heute benannt ist, war eine Christin aus Alexandria. Sie erlitt unter dem römischen Kaiser Maximinus im Anfang des 4. Jahrhunderts den Märtyrertod. Nach der Überlieferung wurden ihre sterblichen Überreste von Engeln auf den Berg Sinai gebracht, wo sie etwa fünfhundert Jahre später entdeckt wurden. Reliquien der Heiligen werden noch heute in kostbaren byzantinischen Schreinen im Kloster aufbewahrt.

Wir fahren durch ausgetrocknete Flußtäler tiefer und tiefer ins Gebirge hinein. Das Kloster liegt 1200 Meter über dem Meeresspiegel. Die Kühle des Morgens ist verflogen. Es wird heiß. Die Landschaft ist von einer wilden Großartigkeit. Hier läßt nur hin und wieder einmal ein Mensch oder ein Kamel eine schnell verwehende Spur im Sand zurück. Hier ist die Natur mit sich allein. Wenn die Natur mit sich allein ist, spielt sie mit ihren Möglichkeiten. Die geologischen Formationen wechseln schnell. Einmal sind es gezackte, zerrissene Felsabstürze, unter denen wir entlangfahren. Dann wieder kommen steile Kuppen, über die meilenlang schwarze Streifen entlangziehen, die wie Mauern aussehen – in das Gestein eingesprengte Schichten von Asphalt. Allmählich werden die Täler enger. Zuweilen fahren wir auf eine hohe Felswand zu, in der erst im letzten Augenblick ein kleiner Durchgang sich öffnet. Einmal taucht am Ende eines Tales eine Reihe von zwanzig unförmigen, vielleicht fünfzig Meter hohen Säulen auf, die aussehen wie die Ruinen eines von Kyklopen gebauten Heiligtums. Sie sind im Lauf von einer halben Million Jahren vom Regen ausgewaschen worden. Gewaltige Felsbrocken liegen, wie vergessenes Riesenspielzeug, in den Tälern umher. Zuweilen fahren wir über große Felsplatten, die der Sand blank und glatt geschliffen hat. Die fast vegetationslose Landschaft ist in lebhafte Farben getaucht. Weißer Kalk, grauer Granit, schwarzer Asphalt, grüner Porphyr wechseln mit-

einander ab. Über allem wölbt sich der wolkenlose Himmel, von dem die Sonne herabbrennt. Stunde um Stunde geht es durch immer wechselnde Täler aufwärts. Durch diese Landschaft hat Moses die Kinder Israels zum Berge Horeb geführt.
Das Wüstengebirge ist nicht ganz ohne Leben. Hier und dort stehen ein paar Dornbüsche, gelegentlich auch einmal ein halb vertrockneter Baum. Von einem Felsblock blickt ein einsames Kamel zu uns herüber. Bei einem kleinen Halt, um den der Fahrer bittet, sehe ich zum Himmel auf. Gegen die Sonne blitzt ein Schneegestöber von hunderttausend Lichtern, die Flügel der Heuschrecken eines Schwarms, der soeben einfällt. Viele Meilen lang fahren wir über die Leiber ungezählter und unzählbarer Heuschrecken hinweg. Der Schwarm kommt, wie der Sudanese mir sagt, aus Südarabien. Er ist hier eingefallen, fern von menschlichen Siedlungen, fern von jeder Nahrung. Hier werden die Tiere verhungern. Millionen von Lebewesen aus dem unermeßlichen Reichtum der Natur, die sie in unermeßlicher Gleichgültigkeit zugrunde gehen läßt.
Gegen Mittag sehen wir auf einem nahen Hügel einen einsamen Beduinen stehen. Die Wüste in all ihrer unerbittlichen Unnahbarkeit ist dennoch eine humane Landschaft. Wenn man nach vielen Meilen und vielen Stunden in dieser unerhörten Verlassenheit auf einen Menschen trifft, ist es unmöglich, an ihm vorüberzufahren. Wir halten. Der Beduine kommt langsamen Schrittes auf uns zu. Wir begrüßen uns herzlich. Er ist ein junger Mann, aufgewachsen in der Wüste, braungebrannt, mit scharfem Profil, ein Bild der Anmut, der Armut und der Freiheit. Er lacht uns mit prachtvollen weißen Zähnen an. Er bittet um etwas Wasser. Nie habe ich das Wasser so als eine Gabe des Himmels empfunden wie hier, da ich den Beduinen mit langsamen, kleinen Schlucken trinken sehe. Nach einer Weile kommen seine Weiber, tief verschleiert, und ein halbes Dutzend Kinder. Sie alle wollen ihren Durst stillen. Diese Kinder, die kaum mehr als ein zerrissenes Hemd anhaben, sind schlechthin bezaubernd. In ihren glänzenden schwarzen Augen mischen sich auf die heiterste Weise Verlegenheit und Neugier. Zwei Mädchen von vielleicht zehn Jahren strahlen uns an mit jener Genialität kindlicher Koketterie, die Frauen später niemals wieder erreichen. Die Eskimodame aus Grönland ist so entzückt, daß sie unsere ganze Schokolade unter die kleinen Wüstenengel verteilt.
Nach weiteren zwanzig Meilen machen wir erneut einen Halt

Wir stehen am Fuß eines Felsens, dessen schräge Platte viele Meter hoch mit zahlreichen merkwürdigen Zeichen bedeckt ist. In dieser verlassenen Wüste hat eines der großen unbekannten Genies der menschlichen Geschichte mit diesen in den Felsen gemeißelten Zeichen ein ungewöhnliches Denkmal hinterlassen. Es sind Inschriften. Sie wurden im Jahre 1904 von Flinders Petrie entdeckt. Der Platz hat den Namen Serabit el-Khadem.
Diese Inschriften sind die ersten bekannten Versuche einer rein alphabetischen Schrift. Sie werden als protosinaitisch bezeichnet, zum Unterschied von Inschriften im Sinai, die aus einer späteren Zeit stammen. Diese Alphabetinschriften sind aus Hieroglyphen entstanden. Ihr Verfasser ist ein Phönizier, der in den Türkisminen der Pharaonen auf dem Sinai gearbeitet hat. Dieses Felsenalphabet ist Grundlage und Ausgang aller Literatur und Wissenschaft, die auf der Welt je in Buchstabenschrift geschrieben worden ist.
Die Sprache, in der die Inschriften abgefaßt sind, ist ein sehr altes Semitisch. Die Inschriften lassen sich genau datieren. Sie stammen aus der Zeit der 12. ägyptischen Dynastie. Sie sind viertausend Jahre alt. Die 12. Dynastie wurde gegründet von Pharao Amenemhet I. Sie hat zweihundert Jahre geherrscht. Ihre Regenten eroberten Nubien bis zum zweiten Katarakt des Nil. Sie legten Türkisminen im Sinai an. Sie bauten einen Kanal vom Nil zum Roten Meer. Das war im 20. Jahrhundert vor Christi Geburt, zur Zeit des Erzvaters Abraham. Als Moses hier vorbeizog, waren die Inschriften mehr als ein halbes Jahrtausend alt.
Am Nachmittag um fünf Uhr beginnt es dunkel zu werden. Wir haben den 7. Dezember. Wir biegen aus einer breiten Mulde in ein enges Felsental ein. Nach zehn Minuten hält der Wagen auf der breiten Rampe am Fuß der Mauer des Klosters der heiligen Catharina. Die Mauer, aus Granitblöcken erbaut, ist zwischen zwölf und fünfzehn Metern hoch. Das Kloster ist ein großes Rechteck, vollständig von der Mauer eingeschlossen. Noch bis zur Mitte des vorigen Jahrhunderts hatte die Mauer kein Tor. Die Besucher wurden in einem Korb auf die Mauer hinaufgehißt. Nur wenn Seine Herrlichkeit der Erzbischof das Kloster besuchte, wurde eine Pforte in die Mauer gebrochen. Nach seinem Einzug wurde sie sofort wieder zugemauert. Heute stehen die Beduinen der Gegend im Dienst der Mönche.
In jedem griechisch-orthodoxen Kloster gibt es einen Gastpfleger, einen Mönch, der für die Fremdlinge sorgt. Hier ist es Vater

Damian, ein besonders liebenswürdiger und freundlicher Mann. Im Kloster gibt es köstlich frisches Wasser aus einer Gebirgsquelle. Für Verpflegung muß man selbst sorgen. Die Gastzimmer liegen in einer Galerie, die sich nach dem Innern des Klosters öffnet. Die Galerie gewährt einen Blick auf zahlreiche Höfe und Gebäude, die durch Treppen und vielfach verschlungene Gänge miteinander verbunden sind. Jahrhunderte haben hier gebaut.

In der Mauer läuft ein wohlerhaltener Wehrgang mit Schießscharten um das ganze Kloster herum. Alles ist von außerordentlicher Sauberkeit. Nur einige der Gebäude beginnen zu verfallen. Die Zahl der Mönche ist nicht mehr groß. Die grobe Arbeit, früher von Novizen und Laienbrüdern verrichtet, wird heute von Beduinen getan. Das Kloster ist nicht arm. Seine Besitzungen in Rumänien hat es zwar verloren, aber die Liegenschaften in der Türkei sind den Mönchen erhalten geblieben.

In der Mitte des Klosterbezirks, fast wie in einem Trichter, ganz in der Tiefe, halb schon im Boden versunken, steht eine von außen ziemlich unscheinbare Kirche aus grauem Granit. Es ist die Kirche, die Kaiser Justinian in den Jahren 561 bis 565 hier errichten ließ. Sie ist seitdem unversehrt erhalten geblieben. Nur der Dachstuhl wurde einmal erneuert.

Von der Zinne der Mauer werfe ich noch einen Blick auf die letzte Röte des Sonnenuntergangs. Die Berghänge stürzen steil von beiden Seiten auf das Kloster herab. Sie sind kahler, zerklüfteter Felsen. Nur hie und da steht im Tal ein Dornbusch oder eine Tamariske. Der südliche Berghang gehört schon zum Horeb, dem Berg des Gesetzes. Groß und leuchtend geht der Mond über der einsamen Szene auf. Er übergießt die unwahrscheinliche Verlassenheit mit einer Flut von Silber.

Als Gäste des Klosters sind außer uns noch fünf entzückende alte Weiblein da. Es sind griechische Pilgerinnen aus Cairo, die die Mühe der Reise nicht gescheut haben. Sie alle haben den schönen Namen Catharina. Es ist der Vorabend des Festes ihrer Heiligen, das am nächsten Tage in einer feierlichen Messe begangen werden soll.

Wir sitzen in einer Küche mit einem riesigen rußigen Kamin, auf dessen Holzfeuer die Beduinen Mokka bereiten. Wir, das sind die Eskimoschwester, der Sudanese mit den heidnischen Narben auf der Backe, Mousa, der islamische Sheik der Beduinen dieser Gegend, Vater Damian, unser freundlicher Gastpfleger, den wir durch eine neue griechische Zeitung erfreut haben, die fünf reizenden huckligen, eifrig miteinander plappernden schwarzen Catharinen, ein englischer Captain von den Grenadier Guards, der vor acht Jahren Hamburg erobert hat, ein Leutnant von den Coldstream Guards, der wie Lord Byron aussieht, und, wie man sowohl auf sächsisch als auch auf arabisch sagen darf, meine Wenigkeit. Ein Kaffeepalaver in einer solchen Gesellschaft, in fünf oder sechs verschiedenen Sprachen, gehört zu den erlesensten Vergnügungen, die das Leben zu bieten hat. Wir sind glücklich.

Die Nacht war kalt. In dieser Höhe und Jahreszeit bringt sie einige Grade Frost.

Am Morgen standen wir um fünf Uhr auf und stiegen in die Kirche hinab. Der Gottesdienst hatte schon um Mitternacht begonnen.

Unter dem Gesang der Mönche betreten wir das Heiligtum. Der Augenblick ist feierlich und überraschend zugleich. Inmitten dieser kahlen Berglandschaft, an diesem äußersten Platz der Welt, rings umgeben von der einsamen Wüste, ist der Anblick des Inneren der Kirche von reiner Schönheit und großer Pracht.

Die Kirche ist eine Basilika mit zwei Reihen von Säulen. Goldene und silberne Ampeln hängen von der Decke herab. Die Decke ist eine flache Holzdecke mit einem Himmel goldener Sterne. Der Ikonostas, die Bildwand, die in den griechisch-orthodoxen Kirchen den Altar vom Kirchenschiff trennt, ist aus dem 16. Jahrhundert. Sie ist mit Heiligenbildern bemalt. Nichts in dieser Kirche ist neueren Datums als 1800.

Die Kuppel der Apsis, die man über dem Ikonostas sieht, ist mit einem Mosaik aus der Zeit des Kaisers Justinian geschmückt. Es stellt den Christos Pantokrator, Christus den Allherrscher, dar. Er hat ein strenges Gesicht von furchterregender Majestät. Vier Propheten umgeben ihn. Darunter schweben zwei Engel. Sie erinnern an Michelangelos Engel in der Sixtinischen Kapelle. In der trockenen Wüstenluft hat das Mosaik seine leuchtenden Farben behalten. Die Wand unter dem Mosaik ist mit Marmorplatten verkleidet, ein Geschenk Kaiser Justinians an das Kloster. Sie stammen aus dem Tempel der Artemis von Ephesos. Zur Zeit der Erbauung des Klosters waren sie schon über tausend Jahre in religiösem Gebrauch. Um die Wand der ganzen Kirche zieht sich ein handbreites silbergesticktes Band, an dem eine Anzahl kostbarer alter Ikonen aufgehängt sind.

Der herbe Duft des Weihrauchs erfüllt den Raum. Die Väter, würdige Greise mit weißen Bärten, stehen in den Chorstühlen.

Sie sind, zum Fest der heiligen Catharina, mit goldgestickten Gewändern angetan. Ein Stück aus der Bibel wird von der Kanzel verlesen. Über hundert Kerzen brennen. Sie hüllen den Raum in warmes Licht. Leise bricht, durch die Fenster unter dem Dach, das Tageslicht in den Raum. Der Vorsänger, Dikon Eleias, ist ein jüngerer Mönch. Sein Bart ist noch dunkel. Sein Gesicht, mit den großen braunen Augen, ist bleich. Sein Ausdruck ist von tiefem Ernst. Er hat eine unerhört wohlklingende, an Schaljapin erinnernde Stimme. Zuweilen gedämpft, zuweilen ruhig und kräftig durch den Raum hallend, zuweilen ekstatisch sich erhebend, verbindet sich die Stimme des Dikon Eleias mit den Stimmen der anderen Mönche zum Lobgesang Gottes.
Der Gottesdienst dauert viele Stunden. Anschließend werden die Reliquienschreine in feierlicher Prozession um die Kirche getragen. Die Schreine sind alte, mit Juwelen und Email verzierte Goldarbeiten. In jeder der vier Richtungen der Windrose wird noch einmal ein kurzer Gesang angestimmt. Die Sonne ist unterdessen am Himmel hochgestiegen. Sie scheint in die tiefen, steingrauen Gänge, durch die die Patres gemessen dahinschreiten. In den Strahlen der Sonne blitzen das Gold der Gewänder und die Edelsteine der Reliquienkästen. Über die Mauerbrüstungen herabschauend, betrachten die Beduinen schweigend das altehrwürdige, feierliche Bild.
Wie fern ist diese Frömmigkeit den Händeln dieser Welt! Seit dem Jahre 565 nach Christi Geburt ist kein Tag vergangen, an welchem nicht das Lob Gottes gesungen wurde in einem Ritus, der sich seit den Tagen des Kaisers Justinian kaum verändert hat, in dieser Kirche, die als frühe Stätte der Christenheit am Fuß des Berges errichtet wurde, von welchem vor dreitausend Jahren Gott den Menschen das Gesetz gegeben hat.

Der Berg des Gesetzes

An die Basilika des Kaisers Justinian im Kloster der heiligen Catharina am Fuß des Berges Mosis, des Berges des Gesetzes, ist eine Kapelle angeschlossen. In dieser Kapelle steht ein Altar. Er steht an der Stelle, von der im 2. Buch Mosis im 3. Kapitel erzählt wird.
»Mose aber hütete die Schafe Jethros, seines Schwiegervaters, des Priesters in Midian, und trieb die Schafe hinter die Wüste und kam an den Berg Gottes, Horeb.

Und der Engel des Herrn erschien ihm in einer feurigen Flamme aus dem Busch. Und er sah, daß der Busch mit Feuer brannte und ward doch nicht verzehrt; und sprach: ›Ich will dahin und beschauen dies große Gesicht, warum der Busch nicht verbrennt.‹ Da aber der Herr sah, daß er hinging, zu sehen, rief ihm Gott aus dem Busch und sprach: ›Mose, Mose!‹ Er antwortete: ›Hier bin ich.‹ Er sprach: ›Tritt nicht herzu, zieh deine Schuhe aus von deinen Füßen, denn der Ort, darauf du stehst, ist ein heilig Land!‹«

Dies ist, inmitten der Wüste, inmitten dieser kahlen Felsenberge, die seit der Zeit der Schöpfung dazustehen scheinen, ein Platz, der an Würde auf Erden nicht seinesgleichen hat. Es ist der einzige Ort auf Erden, den Gott selbst heilig genannt hat. Hier berief der Herr den Moses, die Kinder Israels aus Ägypten ins Gelobte Land zu führen, das Land, in dem Jesus von Nazareth geboren werden sollte. Das war den frühen Christen Grund genug, ein Heiligtum zu errichten, mochte dieser Platz noch so verloren »hinter der Wüste« liegen.

Wo sonst als hinter der Wüste hätte dieser Platz liegen können!

Moses war am ägyptischen Hofe von einer Tochter des Pharao aufgezogen worden. Er hatte den Rang eines ägyptischen Prinzen. Auch sein Name ist ägyptisch. Es ist lächerlich, daran zu zweifeln, daß Moses eine historische Persönlichkeit ist. Wenn die Juden sich einen nationalen Heros hätten schaffen wollen, hätten sie ihm nicht einen ägyptischen Namen gegeben.

Ohngeachtet seiner hohen Stellung als Prinz am Hofe des Pharao hatte Moses angefangen, sich für die soziale Lage des Volkes, dem er entstammte, zu interessieren. Die Juden leisteten damals Fronarbeit für den Pharao. Moses hatte einen ägyptischen Aufseher, der einen der hebräischen Arbeiter ungerechterweise mit der Peitsche bearbeitet hatte, im Zorn erschlagen. Nach dieser Tat floh er aus Ägypten in die Wüste Midian. Dort hatte er die Tochter des Priesters Jethro zum Weibe genommen und lebte als Beduine, der seine Herden weidete. Bei den Wanderungen von einer der seltenen Wasserstellen der Halbinsel Sinai zur anderen hatte er Gelegenheit, das Land, durch das er später mit dem Volke Israel ziehen sollte, kennenzulernen.

Nach dem Gottesdienst am Morgen des 8. Dezember, dem Tag der heiligen Catharina. fuhrte uns Vater Damian in die Kapelle des Brennenden Dornbuschs. Am Eingang dieser christlichen Kapelle bat er uns, was man sonst nur am Eingang zu mohammedanischen Moscheen zu tun genötigt ist, die Schuhe auszuziehen. Seit der Zeit des Kaisers Justinian im 6. Jahrhundert hat niemand diese Kapelle betreten, ohne sich des Schuhwerks zu entledigen. Tausende von Pilgern durch alle Jahrhunderte hindurch haben den ehrerbietigen Ritus vollzogen vor dem Platz, von dem Gott gesagt hat, er sei heiliges Land.

Die Kapelle ist ein bescheidener Raum. Die Wände sind mit Fresken bemalt. Über der Stelle des Brennenden Dornbuschs liegt eine Silberplatte, in welche Darstellungen aus der Biblischen Geschichte eingehämmert sind. Darüber ist ein Altar errichtet. An bestimmten Tagen wird die Messe an diesem Altar zelebriert.

Daß der Brennende Dornbusch tatsächlich an der Stelle gestanden hat, die heute von der Silberplatte bedeckt wird, ist in hohem Grade wahrscheinlich.

Das Tal des Klosters liegt am Fuß des Horeb. Nur am Grund des Tals stehen einige wenige Dornbüsche und einzelne Tamarisken. Die Berghänge sind nackter Fels. Aus dem Berghang sprudelt eine Quelle. Sie ist die einzige weit und breit. Es ist klar, daß Moses mit seiner Herde an dieser Quelle gelagert hat.

Daß ein Dornbusch brennt und dennoch nicht verzehrt wird, kann ein menschliches Auge höchstens auf dreihundert bis vierhundert Meter Entfernung erkennen. Genau so weit ist die Kapelle von der Quelle entfernt.

Die Berufung Mosis am Brennenden Dornbusch ist ein bedeutendes Ereignis der Geschichte. Merkwürdig, daß die machtvolle Figur Mosis keinen Dichter ersten Ranges zur Darstellung angeregt hat. Michelangelo hat eine Marmorstatue von ihm geschaffen. Hier hat die Leidenschaft eines großen Künstlers in strenger Disziplin der Leidenschaft eines großen Mannes Gerechtigkeit widerfahren lassen. Neuerdings hat Schalom Asch in seinem mächtig dahinflutenden Roman »Moses« den größten Heros seines Volkes dargestellt. Arnold Schönberg hat, in einem unvollendeten Alterswerk, die Ereignisse am Berge Sinai zum Gegenstand einer Oper von großem Wurf gemacht.

Wir verbringen den Tag der heiligen Catharina in heiteren, die Dinge der Welt und die Anliegen des Himmels betreffenden Gesprächen mit den Patres. In dem alten Vorbau auf der Mauer, in den früher mit dem Seilkorb die Besucher heraufgezogen wurden, sitzt Dikon Eleias unter vielen Körben mit kleinen Broten, die am Tage vorher gebacken und geweiht worden sind. Unten an der Mauer sind an die fünfzig Beduinenkinder versammelt. Unter Jubel, Scherzen und fröhlichem Geschrei werden die Brote an sie verteilt. Jedes der Kinder hat irgendeine Hülle mitgebracht. Diese Hüllen werden in Bündeln mit dem Seil heraufgezogen. Darunter sind alte englische und sogar noch einige deutsche Brotbeutel aus dem ersten Weltkrieg. Zuweilen ist es auch nur ein Fetzen Stoff oder ein Stückchen Teppich. Der Dikon zeigt oben eine Hülle vor. Unten meldet sich das zu der Hülle gehörige Kind. Es werden so viele Brote eingewickelt, wie die Familie Mitglieder hat. Dann wird das Bündel zugeschnürt und hinuntergeworfen. Meistens wird es geschickt aufgefangen. Dikon Eleias ist der liebenswürdigen Meinung, daß die geweihten Brote den kleinen Moslemskindern nur gut bekommen könnten.

Innerhalb der Mauern des Klosters steht eine kleine Moschee, deren Minarett neben dem Turm der Kirche bescheiden hervorlugt. Die Araber erzählen, einst habe der Prophet Mohammed das Kloster besucht. Dieser Besuch ist zwar nirgends überliefert, aber schließlich, die Berge von Hedshas mit dem etwas südlicheren Medina liegen der Küste der Halbinsel Sinai gegenüber. Es ist sehr wohl möglich, daß Mohammed, für den Moses ein ebenso heiliger Mann war wie für die Christen, den Sinai einmal besucht hat. Mohammed habe den Beduinen verboten, die frommen Patres weiterhin zu belästigen. Als die Mönche höflich fragten, was sie ihm zu Danke tun könnten, habe er um die Errichtung einer kleinen Moschee an dem heiligen Platz gebeten.

Der Abt lädt uns ein und zeigt uns einiges von den Schätzen des Klosters. Wir dürfen die goldenen, mit Juwelen geschmückten Reliquienschreine betrachten. Er zeigt uns einige der schönsten Ikonen, herrliche Stücke, von denen das älteste, aus kleinsten Mosaiksteinen zusammengesetzt, Maria mit dem Kind darstellt. Es stammt aus dem 8. Jahrhundert. Der Abt zeigt uns einen goldenen Kelch, den König Karl VI. von Frankreich dem Kloster geschenkt hat, dazu einige der elfenbeinernen Bischofsstäbe aus früherer Zeit.

Vater Damian führt uns in die Bibliothek. Hier wurde eines der kostbarsten Bücher der Christenheit, der Codex Sinaiticus, entdeckt.

Der Codex Sinaiticus ist eine griechisch geschriebene Bibel. Von ihren ursprünglich 730 Blättern sind 390 erhalten, darunter das vollständige Neue Testament. Das Manuskript ist um 350 geschrieben. Wahrscheinlich stammt es aus Ägypten. Es gibt nur

noch ein so vollständiges griechisches Bibelmanuskript von gleich hohem Alter, den Codex Vaticanus, der in der Vatikanischen Bibliothek aufbewahrt wird.
Der Codex Sinaiticus wurde im Kloster der heiligen Catharina im Jahre 1859 entdeckt. Der Entdecker ist Constantin von Tischendorf, der bedeutendste Kenner und Entzifferer alter Manuskripte, den die Wissenschaft des 19. Jahrhunderts hervorgebracht hat. 1859 war das Jahr, in dem Charles Darwin »Die Entstehung der Arten« herausgab. Schon bei einem früheren Besuch hatte Tischendorf einige Blätter gefunden, die er unter dem Patronat König Friedrich Augusts von Sachsen 1846 als Codex Friderico-Augustanus in Leipzig herausgab. Das 1859 entdeckte Manuskript gelangte in die Hand des Zaren Alexander von Rußland. Die Transaktionen, die zu der Übereignung an den Zaren führten, sind kompliziert und nicht ganz durchsichtig. Das Kloster hat vom Zaren einen Betrag von zwölftausend Rubel für das Manuskript erhalten, aber der Erzbischof vom Sinai bewahrt noch heute in seinem Safe einen Brief Tischendorfs auf, der Cairo, 16./28. September 1859 datiert ist, den Daten des griechischen und des lateinischen Kalenders. In diesem Brief verspricht Tischendorf, das Manuskript der Heiligen Bruderschaft des Berges Sinai nach einer vereinbarten Zeit zurückzugeben. Die Rückgabe ist nie erfolgt. Die Mönche erheben noch heute den Anspruch, daß das Manuskript ihr Eigentum sei. Durch die russische Oktoberrevolution 1917 fiel das Manuskript in die Hände der Bolschewiki. Ihre Habgier war größer als ihr Glaube an ihren Unglauben. Sie verkauften das Manuskript im Jahre 1933 an das Britische Museum. Das war eine Weltsensation. Der Verkaufspreis betrug zwei Millionen Mark. Das ist der höchste Preis, der jemals, seit es Bücher gibt, für ein Buch bezahlt worden ist. Der größte Teil der riesigen Summe war durch kleine und kleinste Spenden in England zusammengebracht worden. Das Manuskript wird im Britischen Museum aufbewahrt.
Tischendorf hat die wissenschaftliche Herausgabe des Manuskripts noch selbst vorgenommen. Er gibt nicht weniger als 14 800 Stellen an, an denen Verbesserungen vorgenommen wurden. Diese Verbesserungen sind zwischen dem 4. und dem 12. Jahrhundert in das Manuskript eingetragen worden.
Der Zar ließ in Leipzig, in der berühmten Druckerei von Giesecke & Devrient, dreihundert Faksimiles, genaue graphische Nachbildungen des Originalmanuskriptes, auf kostbarem Per-

gament herstellen. Eines dieser Faksimileexemplare schenkte der Zar dem Kloster der heiligen Catharina. In der Bibliothek des Klosters wird dieses Dokument dem Besucher gezeigt.
Auf dem Titelblatt nennt Tischendorf das Manuskript »Codex Bibliorum Sinaiticus Petropolitanus«. Das heißt Sinaitischer Petersburger Bibelkodex. Dann kommen die beiden lateinischen Bemerkungen »ex tenebris protraxit, in Europam transtulit«. Er habe es aus dem Schatten gezogen und nach Europa gebracht. Dieser Schatten war der Schatten des Berges Horeb. Es war der Schatten der Frömmigkeit, der das heilige Buch über eineinhalb Jahrtausende bewahrt hat.
Din Joaquim, der Vater Bibliothekarios, lächelt, als der englische Captain und ich in edlem Wettstreit zwischen dem Eton College und dem Bautzener Gymnasium den lateinischen Text des Titelblattes entziffern.
Die wissenschaftliche Auswertung des Codex Sinaiticus hat als wichtigste Tatsache ergeben, daß die Überlieferung außerordentlich genau ist. Wir sind im Besitz des authentischen Textes der Evangelien in der Form, in welcher sie zuerst niedergeschrieben worden sind.

Am Morgen des nächsten Tages machen wir uns auf, den Djebel Mousa, den Berg Horeb, zu besteigen.
Im Morgengrauen brechen wir auf. Vater Damian begleitet uns. Es geht zunächst etwa zwei Stunden einen gewundenen, nicht allzu steil ansteigenden Pfad hinauf. Das Kloster liegt auf 1200 Meter Höhe. Der Berg ist 2300 Meter hoch. Der Blick über die bergige Landschaft weitet sich. Durch die Täler laufen Kamelpfade. Einmal sehen wir unten in der Tiefe einen einsamen Beduinen, der seines Weges dahinzieht von einem Platz der Verlassenheit zum anderen. Die Sonne steigt. Es wird wärmer.
Als Moses mit den Kindern Israels durch diese Wüste zog, um am Berge Horeb ein Opfer darzubringen, führten die Juden mit sich das uralte Erbe ihres Glaubens an den einen Gott. Den schrecklichsten Abfall seines Volkes vom Glauben der Väter hat Moses erlebt. Als er mit den Gesetzestafeln, die von Gottes Hand beschrieben waren, den Berg herunterkam, denselben Berg, den zu ersteigen wir im Begriff sind, tanzten die Juden in einer wilden Orgie um den Goldenen Stier. Der gewaltige Mann zerschmetterte in seinem Zorn die Gesetzestafeln auf dem Felsen zu unseren Füßen. Das Israel, das er aus Ägypten geführt hatte, war ein Volk von Sklaven. Es mußte erst vierzig

Jahre durch die Wüste ziehen, bis von den Sklaven des Pharao keiner mehr am Leben war, bis das ganze Volk aus freien Beduinen bestand, tapferen Söhnen der Wüste, die fähig waren, die Aufgaben zu bewältigen, die Gott dem Volk Israel auferlegte. Josua und Kaleb sind die einzigen, die, noch in Ägypten geboren, den Jordan überschritten haben. Aaron mußte sterben, und selbst Moses durfte das Gelobte Land nur von weitem erblicken, das von ehrfurchtgebietender Tragik umwitterte Ende eines außerordentlichen Mannes.

Der Pfad läuft eine Meile entlang einer achtzig Meter hohen, senkrechten Wand und verschwindet dann zwischen den Felsen. Von dieser Stelle aus geht ein Pfad, aus mächtigen steinernen Stufen bestehend, noch etwa fünfhundert Meter zur Spitze des Berges hinauf. Er führt, den Felsspalten folgend, steil nach oben, wie es schon die frühen Ikonen darstellen.
Es ist eine mühsame Kletterei. Zuweilen führt die Stufentreppe über einen Grat. Steil stürzen die Hänge nach beiden Seiten in die Tiefe. Bei jedem Halt wirkt die Landschaft gewaltiger. Nirgends weit und breit eine menschliche Behausung.
Endlich erreichen wir die Kuppe des Berges, eine flache Felsplatte von zwanzig mal dreißig Metern Fläche. Da man die Hänge der Pyramide, deren Spitze die Felsplatte ist, nicht sehen kann, hat man das Gefühl, auf eine unwahrscheinliche Weise zwischen Himmel und Erde zu schweben. Auf dieser Felsplatte hat Moses in der Wolke geweilt.
An einer Stelle bildet eine Felsenhöhle eine natürliche Zisterne. Sie enthält klares, eiskaltes Wasser. Diese Zisterne, vom Schnee und Regen des Winters gefüllt, hat es Moses ermöglicht, vierzig Tage und Nächte hier zu bestehen, hier, wo das Unerhörte sich ereignet hat, das Gespräch eines Menschen mit Gott.
Ich habe vieles auf Erden gesehen. Ich kenne nichts, was so einsam, so erhaben, so großartig ist wie der Blick vom Gipfel des Berges Horeb auf die Welt hinab. Im Süden liegt rechterhand der Djebel Catharina in einer Entfernung von zehn Meilen. Auf dieser Seite liegt der Golf von Suez. Dahinter erscheint in dunkelblauem Glast ein Hochgebirgszug, der bis Abessinien reicht. Gerade voraus sind ein paar Inseln an der Spitze der Halbinsel Sinai ins Rote Meer gestreut. Linkerhand der Golf von Akaba, dahinter in einem helleren Blau das Hedshasgebirge, das Randgebirge Arabiens, hinter dem die arabische Wüste und die heiligen Städte Mekka und Medina liegen. Weiße Wolkenschiffe

ziehen langsam über den Himmel dahin. Das Meer erglänzt in der Sonne. So hat die Erde am fünften Tag der Schöpfung ausgesehen. Keine Stätte könnte ein würdigerer Schauplatz des Ereignisses gewesen sein, das sich auf dieser Felsplatte zwischen Himmel und Erde vor dreitausend Jahren abgespielt hat. Bedenkt man, daß die Gesetzgebung auf dem Sinai ein Ereignis ist, das zwischen der Schöpfung und der Vollendung ihres Sinnes mitteninne steht, so sind, selbst für uns Menschen, deren Leben dahinschwindet, als flögen wir davon, diese dreitausend Jahre nur eine kleine Weile.

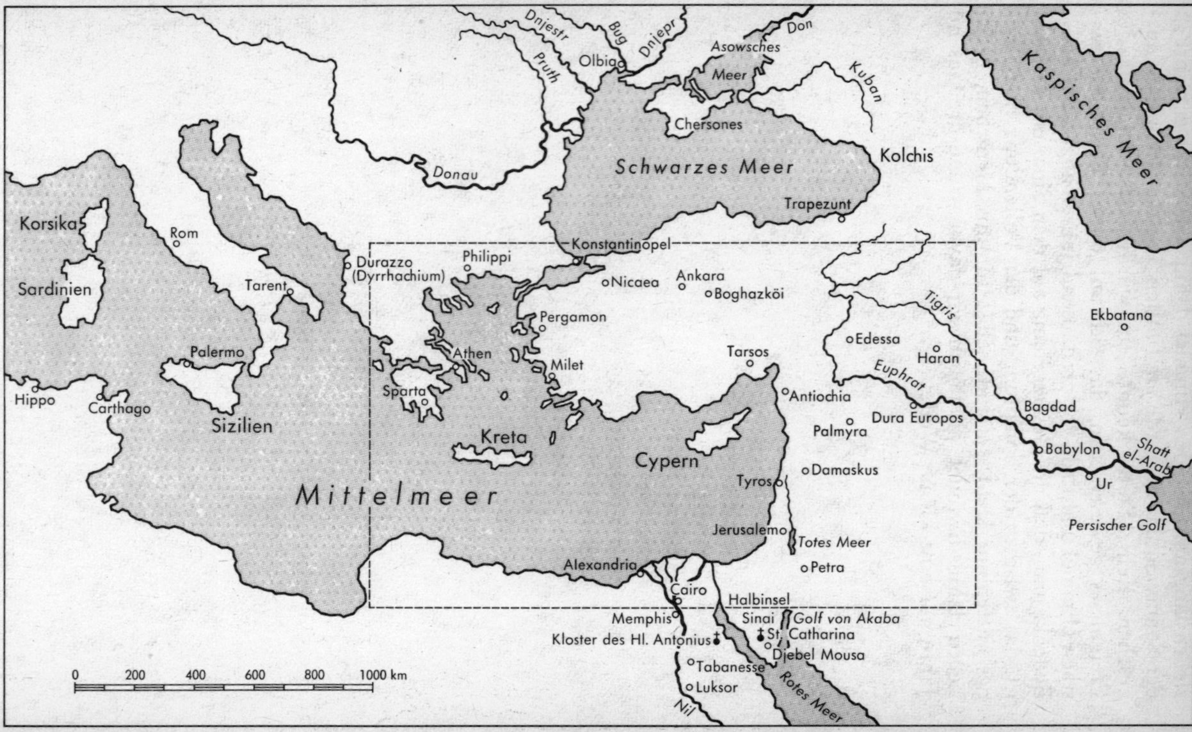
Kaspisches Meer
Schwarzes Meer
Mittelmeer
Dnjestr
Bug
Dnjepr
Don
Asowsches
Meer
Kuban
Olbia
Pruth
Chersones
Kolchis
Donau
Trapezunt
Korsika
Rom
Konstantinopel
Durazzo
(Dyrrhachium)
Philippi
Nicaea
Ankara
Boghazköi
Sardinien
Tarent
Pergamon
Tigris
Ekbatana
Edessa
Palermo
Athen
Milet
Tarsos
Haran
Euphrat
Hippo
Carthago
Sparta
Antiochia
Dura Europos
Bagdad
Sizilien
Palmyra
Kreta
Babylon
Shatt
el-Arab
Cypern
Damaskus
Tyros
Ur
Jerusalem
Totes Meer
Persischer Golf
Alexandria
Petra
Cairo
Halbinsel
Sinai
Memphis
Golf von Akaba
Kloster des Hl. Antonius
St. Catharina
Djebel Mousa
Tabanesse
Luksor
Nil
Rotes Meer
0
200
400
600
800
1000 km

Konstantinopel
Marmara Meer
Philippi
Saloniki (Thessalonike)
Athos
Nicaea
Brussa
Ankara
Boghazköi
Pergamon
Thyateira
Smyrna
Philadelphia
Mäander
Laodicea
Ephesos
Milet
Delphi
Athen
Korinth
Piräus
Mykene
Epidauros
Tyrins
Nauplia
Mistras
Sparta
Kreta
Konia (Ikonium)
Pylae Ciliciae
Tarsos
Issos
Iskenderun (Alexandrette)
Edessa
Haran
Tigris
Euphrat
Dura Europos
Antiochia
Orontes
Aleppo
Kloster des Hl. Symeon des Styliten
Ra's al-Shamra (Ugarit)
Krak des Chevaliers
Homs
Cypern
Byblos
Libanon
Ba'albek
Ma'lula
Beyrouth
Damaskus
Tyros
Mittelmeer
Jericho
Amman
Jerusalem
Bethlehem
Totes Meer
Petra
Alexandria
Nil
San al-Hajar
Suez
Cairo
0
100
200
300
400
500 km

Knaur

Große Unterhaltungsromane

Buck, Pearl S.:
Die Frauen des Hauses K
128 S. Band 676

Buck, Pearl S.:
Fremd im fernen Land
224 S. Band 1065

Buck, Pearl S.:
Geschöpfe Gottes
216 S. Band 1033

Buck, Pearl S.:
Das Mädchen von Kwangtung
160 S. Band 812

Buck, Pearl S.:
Die verborgene Blume
224 S. Band 1048

Michener, James A.:
Die Bucht
928 S. Band 1027

DuMaurier, Daphne:
Rebecca
397 S. Band 1006

DuMaurier, Daphne:
Die Parasiten
320 S. Band 1035

DuMaurier, Daphne:
Träum erst, wenn es dunkel wird
144 S. Band 1070

Palmer, Lilli:
Umarmen hat seine Zeit
304 S. Band 789

Paretti, Sandra:
Der Wunschbaum
288 S. Band 519

Paretti, Sandra:
Maria Canossa
256 S. Band 1047